国家出版基金项目
NATIONAL PUBLICATION FOUNDATION

田野中国·当代民俗学术文库

空间、边界与仪式传统：潍北的乡村生活

李海云　著

齊魯書社

图书在版编目（CIP）数据

空间、边界与仪式传统：潍北的乡村生活 / 李海云著. -- 济南 ：齐鲁书社，2019.12
（田野中国 · 当代民俗学术文库）
ISBN 978-7-5333-4253-1

Ⅰ.①空… Ⅱ.①李… Ⅲ.①乡村－风俗习惯－研究－昌邑 Ⅳ.①K892.452.5

中国版本图书馆CIP数据核字(2019)第292436号

空间、边界与仪式传统：潍北的乡村生活

李海云 著

主管单位	山东出版传媒股份有限公司
出版发行	齊魯書社
社　　址	济南市英雄山路189号
邮　　编	250002
网　　址	www.qlss.com.cn
电子邮箱	qilupress@126.com
营销中心	（0531）82098521　82098519
印　　刷	山东临沂新华印刷物流集团有限责任公司
开　　本	710mm×1000mm　1/16
印　　张	17.5
插　　页	2
字　　数	278千
版　　次	2019年12月第1版
印　　次	2019年12月第1次印刷
印　　数	1–1000
标准书号	ISBN 978-7-5333-4253-1
定　　价	70.00元

在田野中理解中国（总序）

张士闪

近年来学界劲吹“田野风”，行走田野成为时尚。田野调查并不专属于哪一学科，讲究的是深入民间，以参与式观察获得实证材料，当下能有红火气象，诚然可喜。田野调查在我国有着悠久传统，西周时期就已有“问俗知政”制度，专设负责采风的官员即“行人”，到民间搜集歌谣，供当政者了解民情风俗，考察政治得失。据说《诗经》中《国风》和《小雅》的部分诗篇，其由来便与此有关。“礼失求诸野”这句话是否真为孔子所说，一直存有争议，但它赋予“田野”的那种沉甸甸的神圣感，至今还能感受到。

不过，“田野”究竟意味着什么呢？这是我一直萦绕于心的问题。

一

我所理解的“田野”，就是我等众生于其中生老病死的日常生活世界。田野是人类知识的本原，是人类总体行为的发生场所。套用柯林武德的话来说，即生活是“自我—授权”① 的。如果仅依据书面材料分析人性乃至人类，就既高估了人类的理性能力，也低估了日常生活世界的复杂程度。

日常生活是琐碎、模糊的，它当然也会受到国家制度的巨大影响，虽

① ［英］R. G. 柯林武德著，何兆武、张文杰译：《历史的观念》，中国社会科学出版社 1986 年版，第 331 页。

然后者并不见得总是直接发挥作用。① 我们都在日常生活中，视听言行皆为日常，但常被选择性地赋予不同价值，导致我们身在其中却忘了我们在学术视野中的“日常”之理。田野研究作为方法，首要之义就是需要警觉与反思人之常情的缺失。

在现代西方文化研究转向中，日常生活被提升到空前高度予以关注。胡塞尔强调的对“生活世界”的回归，海德格尔的“日常共在”观念，维特根斯坦的“生活形式”分析，福柯关于“规训”的微观性权力的分析等，都是产生了巨大影响的思想。晚近的布迪厄则以人的“习性”为关键性概念，通过对其历史养成与现实运用的观察，试图理解日常生活实践。② 在他看来，“习性”研究的特别意义，在于它代表了一种相对稳定的社会行为规范，在日常生活与社会运行之间提供了一条便捷的阐释路径。

许多著名思想家都惊叹于日常生活力量的不可低估，如黄遵宪说：

> 风俗之端始于至微，抟之而无物，察之而无形，听之而无声，然一二人倡之，千百人和之，人与人相接，人与人相续，又踵而行之。及其既成，虽其极陋甚弊者，举国之人习以为然，上智所不能察，大力所不能挽，严刑峻法所不能变。夫事有是有非，有美有恶，旁观者或一览而知之，而彼国称之为礼，沿之为俗，乃至举国之人，展转沉

---

① 张士闪：“毫无疑问，国家制度‘深深地影响着乡村社会的日常生活’，但在乡村社会语境中，‘国家制度’又经常被视作一种可供谈论、交流、改装或化用的‘文化文本’。”（张士闪：《礼俗互动与中国社会研究》，载《民俗研究》2016 年第 6 期）在民间，这一文本或许会被漠视或忽略，也许会在不断的强化中嵌入地方传统之中，甚或在新语境的诱发之下衍生出新意与价值。从本原的意义上，国家制度是世俗化的产物，而国家制度的实施又在社会中形成新的常识，这亦可视为世俗化的过程。刘铁梁曾提及村落中一种散漫的、冲击着国家想象的“民俗现象”的存在，认为它是任何国家力量也无法消除的，“任何大一统的文化到了民间，都有一个民间化的过程，而这个民间化过程是紧密联系其社区自身存在和发展的需要”，这可视为对上述现象的自下而上的论证。参见王铭铭、刘铁梁：《村落研究二人谈》，载《民俗研究》2003 年第 1 期。

② ［法］皮埃尔 · 布迪厄著，蒋梓骅译：《实践感》，译林出版社 2012 年版，第 79 页。

锢于其中，而莫能少越，则习之囿人也大矣！①

詹姆斯·C. 斯科特也说：

正如成千上万的珊瑚虫杂乱无章地形成的珊瑚礁一样，成千上万的以个体形式出现的不服从与逃避行动构建了其自身的政治或经济屏障……当国家的航船搁浅在这些礁石上时，人们的注意力被典型地吸引到船只失事本身，而不会看到正是这些微不足道的行动的大量聚集才是造成失事的原因。②

黄遵宪认为民众“习俗”是自行其是的，因此以“习之囿人也大”推导变法维新思想的合法性，而斯科特则关注“微不足道的行动的大量聚集”对于国家权力的侵蚀，认为应从日常生活政治理解社会变迁。二人的共同之处，则是都将日常生活与国家命运相提并论。类似思想，早在两千多年前的《史记》中即有表达：

鲁公伯禽之初受封之鲁，三年而后报政周公。周公曰：“何迟也？”伯禽曰：“变其俗，革其礼，丧三年然后除之，故迟。”太公亦封于齐，五月而报政周公。周公曰：“何疾也？”曰：“吾简其君臣礼，从其俗为也。”及后闻伯禽报政迟，乃叹曰：“呜呼，鲁后世其北面事齐矣！夫政不简不易，民不有近；平易近民，民必归之。”③

在这则案例中，君王对于民众日常生活的态度（或者说“民俗政策”），对于王朝命运的影响是如此巨大而直接，难怪被后世视为治国之鉴。其中反复述及的“礼”“俗”话语，既是对中国传统社会形态

① 〔清〕黄遵宪：《日本国志·礼俗志一》。

② ［美］詹姆斯·C. 斯科特著，郑广怀等译：《弱者的武器》，译林出版社 2007 年版，第 43 页。

③ 《史记》卷三三《鲁周公世家》。

的化约表述，又表征着颇富弹性的中国传统政治模式。源远流长的中国传统政治，绝非近代以来西方学者所谓“东方专制主义”一语所能盖棺论定的。

二

在我的家乡鲁中山区洼子村，村民至今有讲礼论俗的传统。村里老人也知道，他们的生活本身是“民俗”，却在分家、葬礼等一些重要场合，依然拿“礼”或“老礼”说事。面对已有或潜存的世俗纠纷，“礼”（而非“理”）是管用的。再看遍及全国各地的庙会节庆、冠婚丧祭、修志续谱、传统游艺等活动，在看似不同的文化表达中，都体现出“礼治社会”的共同特征。如民间祭祀中“天地君亲师”牌位的摆设，乡村巡游时“普天同庆”“天下太平”等旗号的彰显，庙碑家谱中“礼曰”“诗云”的征引，民间口头传统中“圣人言”“老人言”“老礼”“老话”的强调等，都在借用国家权威（礼）而建立地方秩序，却在持续的仪式活动实践中，经由形式模仿而逐渐嵌套于国家政治格局之中，形成了各地同中有异的“家国一体化”传统。我们意识到，民间之“礼”固然是含混的，但这正是民众参与国家礼制建构所留下的文化印迹，并已成为中国传统文化完整谱系中不可或缺的部分。

我还注意到，为各地民众所运用的“礼”“俗”话语，既与国家历史进程中的教化实践有关，也对应于乡村日常生活本身的复杂性质。在乡村社会中，也会出现家庭内部的分化或分工的问题。兄长可能是讲究礼仪、在乡里素有声望的人士，瞧不上“时俗”；兄弟却喜好参与地方信仰仪式、乡民游艺之类的热闹活动。当国家致力于“礼仪下行”之时，对这类家族造成的影响可能就是分裂，最终在地方社会中形成既有分治又有整合的状态。每逢灾乱年头，民众挣扎于生存底线，也会使得社会上“礼”与“俗”的裂缝加大，国家行政难以贯彻基层。这已是每次大的社会灾乱过后，历代王朝总要“整顿风俗”的根本原因，并成为中华文明逐渐建构、整合和传承的有机部分。

我相信，中国传统社会的良性运转，正在于礼俗互动的政治制度框架与弹性实践机制的设计：在社会理念上，国家讲究礼制而不至于脱离俗情，民众以贴近国家正统为正途；在国家政治层面，倡导“为政必先究风俗”“居官以正风俗为先”等民俗政治原则，注重因俗制礼与以礼化俗相结合的社会实践，冀望通过礼仪教化达致礼俗融合的社会理想状态。

当然，村民的讲礼论俗，与国家制度或文化典籍中的礼俗话语并不一致，亦不见得是要谋求上层社会的支持，而重在自树影响，以强调传统伦理、化解民间纠纷或动员公益事务等。但更重要的是，这种民间之“礼”虽与国家礼制有异，却又以贴近国家礼仪正统自命，并自觉调适于国家一统进程中。村民为什么要将自身“民俗”的一部分界定为“礼”？他们在援引“礼”的话语时，如何确信就是（或符合）国家之“礼”？这就是田野研究一展身手的地方了。

田野研究的一大优势，是可以直接碰触已在民间存在久远、至今仍在发挥作用的一些知识和思想，无论它们是以怎样的形式存在（如村志、族谱、庙碑、俗语、节庆、礼仪等），还可以持续观察它们为民众继续使用的过程与样态。这些知识和思想并不见得就完全属于民间，因而与一般意义上的“中国原理”相联系。长期行走田野的学者，都曾有类似经历：有时候偶然听到一两句俗语，忽然就对国家一统进程中积淀一方民众的某种心态心领神会。哈布瓦赫认为“言语的习俗构成了集体记忆最基本同时又是最稳定的框架”①，那么为村民频繁使用的俗语，就可以视为理解地方社会生活的一种捷径。重要历史事件和影响较大的社会观念，必然会在俗语中有所表达。还有些流行更广泛的俗语，如“不经一事，不长一智”“谋事在人，成事在天”等，则代表了中华民族更普遍的文化心性。前者是说人类个体“成人”的过程离不开社会历练，而后者则在激发一种积极奋发精神的同时，并不否认社会条件的制约性。

何谓“下田野”？即指学者走进民众的日常生活，以具体的人和事为研究对象，发现其背后的“人情世故”及其文化意义的过程。古往今来，

---

① ［法］莫里斯·哈布瓦赫著，毕然、郭金华译：《论集体记忆》，上海人民出版社2002年版，第80页。

无论是古代文人的采风问俗实践，还是现代史上知识分子“向民间去”的社会运动，都具有某种“下田野”的色彩。但这些活动往往因为忽视民众的自我表达，难以对民众的日常生活有充分认知。我以为，田野调查之要义，是一种特定的人际交往方式和文化互动实践。民众口述所表达的知识（田野资料）与口述本身所代表的交流行为（田野关系），其实都是具有学术意义的素材。比如一位村民讲同一件事，面对家人、邻居或陌生人的表述肯定会有所不同。不同的社会语境，影响了他的知识表达。

田野研究既以民众日常生活为研究对象，首先就要关注“野”，就是探究以人与自然的互动为基础而形成的人地关系，即“非社会”状态。人总是宿命般地存在于自然环境之中，自然环境是人与社会的共同起点。自然环境凭借其物质构成，不仅为人们提供生计资源，还是人类情感、意志及广泛意义上的实践行为的投射对象，并以意象的方式参与人类心智结构的发育。自然环境通过人的生计劳动，再转化为合乎人需要的物，而富有人文气息的“田野”亦由此生成，这就是更广泛意义上的“文化”发生的过程。譬如那些以凤凰、凤翅、龙头、卧龙、回龙等命名的地理地貌或人工建筑，就是人们附会宏大历史或赋予吉祥寓意所营造的族群认同符号。人与自然环境之间的交互作用看似微不足道，却坚韧地影响着整体社会系统的运行与变迁。因此，马克思曾将“市民社会”界定为“物质的生活关系的总和”①，并认为它是“全部历史的真正发源地和舞台”②。

按照赖特·米尔斯的说法，社会科学应“探讨个人生活历程、历史和它们在社会结构中交织的问题”③，这需要研究者贴近日常生活，体察民众感受，并以田野的眼光理解个人所处的社会结构与历史传统。虽然，生活总如流水般不断逝去，但承载流水的河床还在，田野研究便有章可循。

---

① 《马克思恩格斯选集》第二卷，人民出版社 2012 年版，第 2 页。

② 《马克思恩格斯选集》第一卷，人民出版社 2012 年版，第 167 页。

③ ［美］C. 赖特·米尔斯著，陈强、张永强译：《社会学的想像力》，生活·读书·新知三联书店 2001 年版，第 158 页。

三

田野研究的学术共识，是从地方生活细节入手，在民间与国家的相互建构中理解中国政治传统。如果说“地方性知识”（克利福德·格尔兹语）是人类文化的起点与载体，那么我们常说的“文化传统”无非是稳定化了的文化，而“传统文化”则是做大做强了的“文化传统”。文化的意义在于为生活提供价值，但对于文化的价值判断，却长期来自政治系统、学术系统，而非占据人类绝大多数的芸芸众生的生活系统，诚为咄咄怪事。久而久之，人们甚至会淡忘“生活是文化之根”的常识，以至于需要一种“眼光向下”的学问，长期在田野中观察民众生活系统，做相关的价值辨别及清理工作，提醒整个社会不要忽略或淡忘来自民众生活系统的文化判断。

中华民族是众多族群的集合，中华传统文化是在对多元地方文化的融会、提炼中形成的，而与礼俗相关的话语形式与社会实践，涉及中华民族自古及今持续的思想构成与社会运作，因而成为理解这一过程的重要路径。历经波澜起伏的近现代社会变迁，其精髓仍在当今社会生活中潜在传承。近年来，已有不少学者以田野调查为基础，对国家之“礼”与民间之“俗”之间复杂的互动关系进行研究，显示出“在田野中理解中国”的广阔前景。

长期在中国做田野调查的科大卫教授，将地方信仰、祖先祭祀、社区节诞、民众文字传统、庙宇建筑等视作“有意义的礼仪标签”，试图以此“重建地方社会整合到中华帝国的过程”①。近年来，他又提出“国家对地

---

① 科大卫、刘志伟：“在不同时间不同空间，尽管人们都同样追求大一统，但他们用来定义大一统的标签往往不一定相同。在把地方传统纳入大一统范畴的过程中，尽管他们总是会努力把对自我的认知与对大一统认知之间的距离拉近，他们建构的大一统样式与其他人建构的大一统样式在概念和行为上仍然可以有很大的差异，问题不在于这种差异有多大，而在于他们对正统的理解和定义是否有规律可循。”见氏著《“标准化”还是“正统化”？——从民间信仰与礼仪看中国文化的大一统》，载《历史人类学学刊》2008 年 10 月第一、二期合刊。

方社会的影响，不一定是控制，也可以是地方社会很主动、很巧妙地把国家制度引入来处理地方上的问题。所谓地方整合到国家，就是一种认同的过程”，因为“我们在田野考察的基础上注意到，这种认同跟地方社会与国家机构打交道的形式很有关系”①。在他看来，国家政治建构与地方社会发展之间的互动过程，即“形成中国的历史”，而在这一互动过程中形成的“礼仪标签”，就是“理解中国”的关键。无独有偶，在历代王朝“礼下庶人”的教化过程中，刘志伟、孙歌看到的却是“礼俗互动”的基层政治实践，“读书人在民间推行士人之‘礼’的过程，常常是通过把原来民间社会秩序中的‘俗’纳入‘礼’的体系之中来实现的……礼教在民间的渗透推广，并不是一个自上而下的过程，而是读书人和士大夫阶层自觉地把民间的社会秩序之‘俗’纳入礼的规范中来的过程”②。或许正鉴于此，郑振满将历史人类学的研究范式归结为“注重民间文献，注重田野调查，力求回到历史现场，从民俗研究历史”③，我相信这一理念也适用于更多的学科。

如此，以田野的眼光看文献，以历史的眼光看民俗，就在“礼”“俗”之间看到了“俗化之礼”“礼化之俗”等所谓“礼俗相交”的社会状态。其实，南宋思想家吕祖谦本来就说得很是清楚：“礼俗不可分为两事，制而用之谓之礼，习而安之谓之俗。”④ 历代县志中常见的“俗成民化”之说，是地方官普遍设定的社会治理目标，“俗成”即社会风气明显好转，“民化”则指民众经由教化达致“礼仪自觉”，彻底成为“化内之民”。

再看国家之“礼”，也并非成于一时、定于一尊，其本身即屡经重建、多元复合的产物。在不同的历史时期，所谓“礼制”并未由儒学所垄断，

---

① 科大卫、张士闪：《“大一统”与差异化——历史人类学视野下的中国社会研究——科大卫教授访谈录》，载《民俗研究》2016 年第 2 期。

② 刘志伟、孙歌：《在历史中寻找中国——关于区域史研究认识论的对话》，香港大家良友书局有限公司 2014 年版，第 115 ~ 117 页。

③ 郑振满：《华南学者的历史人类学：传承与互动》，载《开放时代》2016 年第 4 期。

④ 〔宋〕王应麟：《困学纪闻》卷四。

佛道之学对于“礼”的建构也各有绵延的传统。譬如在春秋战国时期，有楚礼也有夷礼，礼的相对性极为明显。在元朝时期，全真教曾力压儒、佛而以“国家之礼”自居，一度在众多地区担当起社会教化与组织的职责，成为沟通王朝政治与地方社会的重要方式。时过境迁，历史上国家礼制的多元建构却依然会对地方社会持续发生影响。我们在田野中见到的多种民间文献，如族谱、碑刻、契约文书、诉讼文书、日用类书、民间礼仪本、宗教科仪书、宝卷、善书、唱本、剧本、账本、杂记等，就生动地显示出了这一点。

赵世瑜曾为田野研究树立了一个宏大目标：

> 我们要研究的，就不只是中国文化的“大一统”的结构本身，而是形成其结构的复杂历史过程，尤其需要对不同地域历史演变作比较的研究……中国社会秩序是以“礼仪”为核心，建筑形式、行政制度、产权代表、武装力量等都是礼仪的表征，因此可以作为理解统一性的切入点。①

当然，这需要无数田野个案的长期累积和以小见大的层进拓展。

四

在田野中遭逢的一切，既是现实，也是历史，足可展开绵密而深邃的思考。钟敬文说“一滴水的意义是不能低估的”②，罗志田说“历史的共性完全可以展现在个人的经历和体验之中”③，都说的是个案研究之长。不过在田野研究中，现实的多重面相与人性纠结需要辨析，历史的杂乱堆积与回环嵌套也需要厘清，因而抱持一种谦卑心态是必要的，因为“历史留

---

① 赵世瑜、申斌：《从社会史到中国社会的历史人类学》，载日本中国史学会《中国史学》第25卷，2015年10月。

② 钟敬文：《民间美术与民间文化问题——在山东高密民间艺术展览座谈会上的讲话》，载《民间工艺》创刊号，1984年10月。

③ 罗志田：《知人论世：回归以人为主体的历史》，载《读书》2019年第11期。

给后人的本来就不可能是一个完整的图像，本来就都是些‘碎片’，关键在于人们如何发现它们之间的联系及其意义，把它们连缀起来”①。在田野中搜集“碎片”的工作固然辛苦，而在纷然“碎片”中发现和建立关联则尤费斟酌，这需要有足够的想象力。我曾试图这样概括我的田野研究思路：

> 一是注重人地互动的关系，从人与自然之间长时段的相互塑造关系来理解民俗传统；二是注重中国社会发展进程中礼俗互动的关系，从乡村生活实践中观察整个社会的礼俗互动态势，梳理其价值演化的脉络、机制与逻辑；三是关注田野调查中的人际互动关系，将田野访谈视作一种特定的人际交往方式和文化互动实践。②

这样的表达并不完整，但是有感而发，意在提醒田野同道们应兼顾多维思考。就上述三种互动关系而论，任何一维的些许变化又都会影响其他，并在复杂联动中将这一微变放大或削弱，从而影响整个社会系统的运行和演化。比如人际关系固然是在人地关系的基础上发展起来，但既同为社会性的存在，人地关系又可视为人际关系的延伸，并连同在长期礼俗互动中凝结而成的社会结构，一起汇作我们当下正在观察的社会关系整体。

我相信，就学术方法而言，唯有置身于田野之中，才能真正理解一种地方传统的约定俗成，并在更长时段、更广阔区域被传承，乃至与国家政治形成因应互动的关系。换句话说，当我们在田野中亲密接触一个个活生生的人，体会“芸芸众生”内部的千差万别，内心就有了五味杂陈。在田野故事多种版本的背后，映照的恰是人情世故众生相。田野研究是凸显“人的实践”的研究模式，贯穿于整个工作过程的，应是那种持之以恒地探究个体日常生活的好奇心。海外学者萧凤霞曾说：

---

① 赵世瑜等：《走向多元开放的社会史——中国社会史研究30年的回顾与前瞻（超越名实之辨的社会史）》，载《光明日报》2009年3月24日。

② 张清俐：《“深描”中国村落文化变迁》，载《中国社会科学报》2017年7月10日。

> 我着力研究在田野考察过程中碰到的一个个人，我探讨某些事物为什么对他们那么重要，尝试了解他们的选择和取向，是经过一个怎样复杂的历史过程而形成的。……像中国这样庞大的政治实体，不论在帝国时期还是在现代，有那么大的地区文化差异，又经过那么繁复的兴衰周期，它是怎样维系着人民共同的想象的呢?①

这席话是对田野研究目标的绝好概括。我们在田野中所接触的民众生活文化，与长期高居庙堂的儒家经义，以及道、法、墨等百家之学，同是秉承于中华民族古老的精神血脉，而各有损益，多元相通，并非势同水火，因此才会有“礼失求诸野”的说法。“呦呦鹿鸣，食野之苹。”我们真希望能有更多怀有学术良心与善意的人走进田野，联起手来，俯下身去，一步一步共同实现“在田野中理解中国”的宏愿。

---

① 萧凤霞:《廿载华南研究之旅》，载《清华社会学评论》2001年第1期。

目 录

绪　论

本书是关于乡村民俗仪式的研究，牵涉广泛意义上的地方民俗传统的发生、传承与建构机制，特别是在漫长历史中凝结的乡村知识系统。其研究策略，是从人与地的互动关系入手，并借助边界这一工具性概念展开。自古以来，人类与大自然之间始终处于一种互动之中，这也构成了人类精神活动的基础。人地关系，既包括地理环境对人的活动的限定，也包括人对自然地理的接受与改造的过程，以及在这一实践活动中的意义赋予。边界意识近乎人类本能，比如人们对自然风物的感受，就是采用命名、传说、仪式等手段，在自然空间中划分边界，并通过日常生活实践中的“设界”“混界”“跨界”“越界”之类行为，组织与调整社会生活。更重要的是，人们还借助自然空间的经验，对社会空间进行划界、调整与管理，由此发生了丰富的“神圣”体验、情感活动和理性认知等，产生了效果历史。乡村民俗仪式，是观察上述现象的一面镜子，具有理解地方民俗传统、民众知识系统与乡村生活世界的以小见大的学术张力。

本书选择潍北东永安村为个案，意义正在于此。民俗学者眼中的边界，大都是倾向于从民俗事象入手，挖掘、理解那些深嵌于民众生活实践中的文化感受。如刘铁梁提出的“村落劳作模式”，赵旭东关注的村落闭合节律，张士闪主张的“礼俗互动”研究，以及安德明等所提倡的“家乡民俗学”研究，都是如此。① 他们都努力尝试贴近作为民俗主体的民众，并注意对乡村日常生活做开放式的多维互动的理解，因而都不同程度地注意到民众在生活实践中的边界运用。上述学者的富有成效的研究，启发笔者进一步聚焦民众日常生活中对于边界的具体运用（如划界、规则、底线、等级等），而本书从民俗学视角出发的关于边界的进一步探索也才成为可能。

诚然，村民生活并不仅仅与村落有关。就本书的研究而言，如果不能对包括整个潍水下游地区的地域层级结构有所认知，就难以理解东永安村。正如东永安村一年一度的“烧大牛”“烧大马”仪式活动，必须放置在整个潍北地区的“焚烧圣物圈”中才有可能真正理解一样。在这里，更久远的区域地理变迁、悠久的国家历史进程与地方社会发展，以及紧贴于大地的村民日常生活，都交织混融在一起，并在村落仪式活动中有着集中的象征与展示。鉴于此，本书将边界当作一种分析概念，试图透过空间大小不一、文化意义多重的边界设置现象，阐释这一村落—家族的历史传统与当下生活。更重要的是，笔者还试图突破诸多民俗仪式边界的表象，解读民众与边界意识有关的意义赋予和运作实践，探索民众主体的文化创造精神与社会调适机制。

空间、边界与地方

民俗学自诞生之日起，就将人地关系视为其研究基础，自在情理之中。1846 年，汤姆斯将 Folklore 一词界定为在普通人中流传的传统信仰、传说、风俗，以及“古老年代的风俗、习惯、仪典、迷信、歌谣、寓言等”②，由

---

① 参见刘铁梁：《劳作模式与村落认同——以北京房山农村为案例》，载《民俗研究》2013 年第 3 期；赵旭东：《闭合性与开放性的循环发展——一种理解乡土中国及其转变的理论解释框架》，载《开放时代》2011 年第 12 期；张士闪：《礼俗互动与中国社会研究》，载《民俗研究》2016 年第 6 期；安德明：《家乡——中国现代民俗学的一个起点和支点》，载《民族艺术》2004 年第 2 期。此外，还有多位学者在这方面做出了富有成效的研究，限于篇幅，不再赘述。

② ［英］威廉·汤姆斯：《民俗》，见［美］阿兰·邓迪斯编，陈建宪、彭海斌译《世界民俗学》，上海文艺出版社 1990 年版，第 6 页。

对民俗的时间性的强调，凸显因时间之隔而导致的人类生活与文化的差异。由此发轫的现代民俗学，则由民俗的时间之隔扩展到空间之别，并逐渐形成了关于民俗的“文化遗留物”与“民俗建构论”两大理念。时至今日，在各种民俗志的书写实践中，仍习惯于将地理环境置于首位，由此展开篇幅不菲的所谓“民俗语境”的描述。只不过，这种所谓的“民俗语境”描述往往将地理生态视作静态的先天因素或客观存在，而少见从人地互动的人文空间维度予以理解。其实，“理想的乡村文化书写，应贴近村民生活，深描其生活世界与文化意义，并以此为基础对村落组织传统与变迁作进一步探究”①，然而即使在所谓“家乡民俗学”的研究中，也少有借助“生于斯，长于斯”的生活便利，深描父老乡亲之于家乡特定空间的理性运用、情感想象与“神圣”体验，也就更难以真正理解民众的生活世界与文化意义。

相形之下，近代人文地理学关于人地关系的研究则独辟蹊径，从对空间边界的厘定开始，主张以人文建构的视角重新理解自然地理。如李特尔认为：“地理学研究的目的，要求人们将其活动及其空间作为一个统一的舞台，因而，要叙述的不仅仅是这个舞台本身，而是它与人的关系。”② 玛西则进一步从地方生活的构建入手，将“地方”视为理解各种社会关系网络的关键点，从而将地理空间与人的主体实践、意义赋予等更密切地联系起来。③ 克罗农强调将地方置于不断演变的社会、文化与自然环境网络中来理解④。段义孚注重从人的感官体验来理解地方，则从不同维度拓展了人地互动关系的学术意义。特别是段义孚对于“地方”与“地方感”的论述，可谓深中肯綮：

---

① 张士闪：《当代村落民俗志书写中学者与民众的视域融合》，载《民俗研究》2019 年第 1 期。

② 引自韩渊丰等：《区域地理理论与方法》，陕西师范大学出版社 1993 年版，第 8 页。

③ ［英］玛西：《全球地方感》，见［英］克雷斯韦尔著，王志弘、徐苔玲译《地方：记忆、想象与认同》，台湾群学出版有限公司 2006 年版，第 113 页。

④ ［英］克雷斯韦尔著，王志弘、徐苔玲译：《地方：记忆、想象与认同》，台湾群学出版有限公司 2006 年版，第 70 页。

> 微观意义上的地方不仅是人的避难与呵护场所，还是血缘关系及其他社会关系的纽带。宏观意义上的地方是人心灵的栖息地。“地方感”的标准模式强调经过一段时间后获取直接而复杂的体验，诉诸常识，而在标准模式之外还存在未经漫长的体验而产生的精神层面的强烈情感，最具代表性的是对神圣的空间和神圣的地方的敬畏感。①

空间是人类活动的基础，也是其获取人生意义、建立社会秩序的前提。段义孚还曾用“恋地情结”来定义人类对于物质环境的所有情感纽带，并以“地方”含括人类的空间经验：“也许人类对环境的体验是从审美开始的。……人对环境的反应可以来自触觉，即触摸到风、水、土地时感受到的快乐。更为持久和难以表达的情感则是对某个地方的依恋，因为那个地方是他的家园和记忆储藏之地，也是生计的来源。”②“地方”作为人们生于斯、长于斯的特定空间，首先是作为一种生存资源而被感知，此后经过岁月轮回而产生情感，以及因群体组织的产生而获得理性运用。

显然，以上述学者为代表的现代人文地理学研究，早已超越了传统的“地理环境决定论”，而特别强调人类日常生活实践与地理空间的内在关联，从中寻找人们不断赋予意义进而将地理空间人文化的依据。有趣的是，这一研究旨趣恰与我国传统意义上对“风俗”的认知殊途同归。在中国古代典籍的表述话语中，“风”“习”“俗”三个词语既可单用，又可合指，而在相似的含义中各有强调：所谓“风俗”或“因风成俗”的说法，强调了民俗之跨越空间的特性；“风习”和“习俗”中的“习”，则偏重民俗传承过程中对于时间的超越；使用最多的“俗”的提法，实际上强调的是文化的相对性，以及不同文化在高下或平等意义上的并置状态。揆“风俗”之本义，一是如《月令》所言，古人遵循四时之风的提示认识和理解自身生活，并顺理成章地将那些世代流传、似乎天经地义的生活节律

---

① ［美］段义孚著，宋秀葵、陈金凤译：《地方感：人的意义何在?》，载《鄱阳湖学刊》2017 年第 4 期。

② ［美］段义孚著，志丞、刘苏译：《恋地情结》，商务印书馆 2018 年版，第 136 页。

和生活方式称为“风俗”，如与季节相适应的庆典、礼仪等；二是王朝统治者在“观风俗，知得失”的实施政教的意义上，将“风俗”理解为传承已久、当下风行的民间文化。① 此后，在中国传统的学术谱系中，都将民俗理解为跨越时空的文化存在，并与永恒的伦理价值法则相联系，从而作为进一步的政治征用的依据，这一现象值得我们深思。

笔者认为，统合现代人文地理学以“地方”“空间”为关键词的已有研究，在田野个案中体认与阐释地方民俗传统，有助于接续我国历史上与“风俗”相关的传统学术脉络，拓展当今民俗学的研究视野，并有望超越当代民俗学在“文化遗留物”与“民俗建构论”两极话语之间的长期摇摆或游移。② 事实上，传统民俗学已经注意从空间区隔的维度理解民俗，强调民俗的空间特性即地方性，这本身并没有错。所谓“十里不同风，百里不同俗”，即凸显了民俗传承的地方性特征。以空间区隔为基础，通过边界设定而逐渐建构起来的地方性，也的确是民俗的本质之一。只不过，传统民俗学对于民俗边界的理解仅止于此，而没有注意到民众在边界运用实践中的动态与多元，特别是话语形式与操持实践之间的高度复杂性。作为一种人文现象，边界在人类生活中普遍存在。在人类社会生活中，既有山川、河流、湖泊等所形成的自然地理边界，也有基层聚落对于小型生活共同体的边界的划分，还有超大型社会共同体关于边界的更为复杂多元的区分。即便在人们最普通的言语交流中，也往往会有或隐或显、形形色色的边界表达。

---

① 刘宗迪曾将古代文献中的“风俗”与现代学术研究所常用的“民俗”加以区分，认为两个用语体现出说话者不同的立场，意在强调当代民俗学家作为本民族风俗传统阐释者与传承者的使命，但也同时说明作为一种人文现象的民俗，乃是人们在人地关系基础上建构起来的地方传统。参见刘宗迪：《惟有大地上歌声如风》，《读书》2004 年第 2 期。此外，日本学者和辻哲郎亦曾探索风土与人的存在方式的关系问题，将“风土”定义为某一地方的气候、气象、地质、地力、地形、景观等的总称，提倡“在‘风土’中发现自己，寻找相互连带中的自己”，可谓异曲同工。参见［日］和辻哲郎著，陈力卫译：《风土》，商务印书馆 2018 年版，第 5、9 页。

② 李海云：《空间、边界与地方民俗传统——潍北东永安村人地关系考察》，载《民族艺术》2019 年第 5 期。

本书关注潍北东永安村，意在通过对具体村落仪式的聚焦，理解乡土社会中的边界运用，从人地互动、人际互动的角度理解地方民俗传统的建构与实践机制，以小见大地阐释中国社会生活。该村地处渤海莱州湾南岸潍北平原，历经沧海桑田之变，村内“三大家族”不仅居住空间边界明显，而且在诸多仪式活动中各有定规，并在每年正月间“烧大牛”“烧大马”仪式中有突出表现。① 事实上，在三大家族内部有着多层次的、微妙的边界区分，只是在面对不同的社会情境之时，有着不同的叙事表达而已。笔者在进一步的调查中发现，不仅在一村之内，而且在这一带乡土社会中，村与村之间依托不同的仪式进行区隔也较为普遍。将仪式中的边界作为乡土社会边界研究的核心分析点，可以较为清晰地窥知边界的丰富含义、层级关系以及“混界”表现。相对于其他民俗事象而言，乡土仪式就像是一个巨大无比的“筐”，既有丰富的形式表达，也与乡土生活的方方面面都有勾连，难测究竟。民众心中的仪式，不仅是人与人沟通的途径，亦是人对逝去的人表达“哀思”的媒介。在村落生活中，仪式常常成为划分、强化边界以确定地权的重要手段，譬如土地庙的使用、游神巡境活动等。也正是在仪式操演的过程中，本即存在于日常生活中的某些边界更易凸显，而关于群体心理、社区传统与个人身份感的认同等都会牵涉其中，由此得以培育、强化或变迁。何况乡土社会中的仪式，是具有相当的灵活性、流动性与复杂性的，由此入手，或可对已有的边界理论有所拓展。

近些年来，笔者参与了山东大学民俗学团队关于潍水下游地区的多次田野考察，大致包括“禹王台狐仙庙会”“下营祭海烧船”“西永安烧轿”“郭家庄打秧歌”“地龙经拳”“渔洞埠编织技艺”“渔埠烧大牛”“北埠子村烧牛马”“远东庄烧轿”“寒浞传说”“柳毅传说”“瓦城孙膑崇拜”“小章竹马”“峡山玉皇演驾”“潍县玉清宫”等，受益良多。正是在这些调

---

① 需要说明的是，在东永安村，“烧大牛”“烧大马”也常被称为“发牛”“发马”。对于祭品如纸扎、纸锞等的焚烧，当地村民多称之为“发”。显然，“发”作燃烧之义。为行文方便，本书除个别采用民众直接叙述话语外，行文叙述多用“烧”“焚烧”。

查活动中，笔者逐渐对整个潍水下游地区的地域层级结构有所认知，开始从整体区域社会的视角，思考一村一族的文化表现，并进一步聚焦于村民的边界意识问题。笔者意识到，正是在明清以来的历史进程中，村落地理生态以及家族关系的变迁，促成了今日的村落社会格局，影响到当下民众的边界意识。因此，更久远的区域社会地理与礼仪传统，对于当下村落社会与文化的影响亦是不能忽略的。

由此想来，从村落仪式个案出发的边界研究的视角，不仅应在对村落组织生活与行为观念的阐释中发挥重要作用，如村民如何认知与表达边界，如何利用文化边界的设置组织生活，边界对于聚落社会的形成有什么作用等，还应该通过村落仪式个案使“边界”内蕴的学术阐释力得以更充分的释放，比如乡土社会边界有着怎样丰富的表征与价值，边界之于人类群体生活意味着什么，边界在民俗传统与当下生活实践中居于怎样的位置等。进一步推想，村民运用话语和行为的实践讲述历史，创造认同，强化身份，设计边界，但同时对此又有所跨越或超越，其依据与逻辑是什么。换言之，笔者希望通过对这一民俗仪式的研究，窥见社会结构与内部逻辑，并结合这一带长时段的地理变迁，在关注村落生计、仪式传统的基础上，能够更好地从人地互动的角度理解民俗传统的建构与实践机制，并试图以小见大地探讨地方社会发展脉络中人文空间的意义赋予。

边界的研究

已有研究表明，与汉语中“边界”一词类似的语言表达，在世界各地普遍存在，属于地方性的常识范畴。然而作为专门的学术用语，要想把握其准确意指并不容易。每个人都注定生活在“地方”中，边界首先是地方性知识的生成与传承的前提或预设。在现象发生学的意义上，人们只有看到事物之间的区别，划清边界，才会形成关于事物的知识，这说明划分成类的边界意识是人类理解与认知自然环境、人类生活和人本身的基础性能力。在西方，关于边界的研究自有其学术传统，而以古典社会学为代表，大致是将其作为社会区分的一种学术工具。① 直至进入 20 世纪以来，学者开始从语言学、现象学、文化人类学等理论视角出发，关注边界与族群生活、地方社会的建构，其研究成果产生了广泛影响。下文不拟对边界研究的整个西方学术脉络进行梳理，而仅就对中国当代学术影响较大的四种思想予以简要回顾。需要说明的是，这四种思想分别从地理学、社会学、人类学、心理学等学术领域出发，形成了不同特色的边界研究，至今仍具启发意义，但在学术脉络上并不一定有直接的承袭关系。

瑞士地理学家克洛德·拉费斯坦（Claude Raffestin）对于“边界”与“界限”做了细致的学术厘定：

> 边界是包括在界限（limes：沿着田野边缘的路）这个总的范畴内的……界限，即划定了的界限，意味着建立了一种秩序，这条线不只是把“这边”和“那边”分隔开来，还把“以前”和“以后”分隔开来，在这个意义上说来，界线不仅具有空间性，而且也有时间性。……任何界限、任何边界都具有目的性：它们出自一种意愿；它们从来不是专断的，并且人们还尽力先通过宗教仪式，后通过政治程序而使之合法化。②

显然，拉费斯坦的边界理论受到了福柯思想的极大影响，如“权力”“空间”“惯习”等概念，因被他用于地缘政治学研究而别开生面。在拉费斯坦看来，边界具有三大特性，即时间性、空间性与心理性，这就决定了边界并不是任意划分，而是要根据时间、空间、物理、生物、政治、经济、社会、文化等复杂因素的考量来划定，社会秩序由此得以建立。

---

① 早期社会理论家如斯宾塞、马克思、涂尔干、韦伯等，多将社会发展视作一种自然的历史过程，而边界则是他们描述这一自然历史过程时所依凭的重要学术工具。而滕尼斯对于“社区（共同体）”与“社会”的区分、齐美尔的“社会冲突论”、布迪厄的“文化区隔”理论，虽各有发见，但依然遵循这一路径。

② ［瑞士］克洛德·拉费斯坦著，信达译：《构成边界理论的要素》，载《第欧根尼（中文版）》1987 年第 2 期。

德国古典社会学家齐美尔认为，冲突作为社会交往的一种形式，能保障既存的社会组织，“可以防止群体内部边界逐渐消失”①，因而对于社会建构具有积极作用。在他看来，边界意识是社会群体成员的先天本能，可以在群体内部形成一种向心凝聚力，有助于维持群体身份，保护群体的组织形态。也就是说，群体边界并不是僵化的，不同群体间的冲突越是激烈、频繁，群体边界就越是稳固，边界双方内部就愈发团结。齐美尔的这种“社会冲突论”可谓独辟蹊径，对于后世边界研究有着重要影响。如美国社会学家科塞就沿着齐美尔的思路，强调“边界”的不稳定性对于社会群体认同与建构的意义。②

20 世纪中后期，挪威人类学家巴斯（Fredrick Barth）承袭经典社会学的传统，利用边界进行社会区分，可谓是边界研究的集大成者。巴斯认为，一个族群的边界，不一定指的是地理的边界，而主要是“社会边界”。边界作为一种区分，既可以表达不同群体之间的差异，也可以表达文化要素（内容和形式）的分布。界线两边的人们，可以通过一些有别于对方的标志如着装、实物、语言等，来表示对各自群体的认同。各种各样的族群差异不是因为缺少流动、联系和信息，而是包括排斥和接纳的社会过程。族群边界涉及社会生活之中经常出现的、相当复杂的行为组织和社会关系。③ 显然，巴斯的研究重点并不在于族群和族群关系的既定状态，而是关注族群的建构过程与操作机制，认为对于族群而言最重要的是边界的生成及维持，而并非群体的天然状态和真正的历史。在他看来，边界是靠文

---

① Georg Simmel, ‘The Sociology of Conflict’, *American journal of sociology*, No. 4, 1904. pp. 490 – 525.

② 科塞认为：“这里的边界线是指一个明确限定的个人聚合体与另一个聚合体的区别之所在，这种区别表现在，这些个人构成了一个有着或多或少稳定的互动和相对固定的模式的群体。这个概念并不意味着这种区别是以群体关系的不变的结构为基础的，也不意味着个人从一个群体转到另一个群体是不可能的；它的全部意义在于相对固定的群体模式和明确规定的成员资格。”参见［美］科塞著，孙立平等译：《社会冲突的功能》，华夏出版社 1989 年版，第 18 页。

③ ［挪威］弗雷德里克·巴斯著，高崇译，周大鸣校，李远龙复校：《族群与边界》，载《广西民族学院学报（哲学社会科学版）》1999 年第 1 期。

化的认同方式建构的，而不是传统意义上可见的具体“指标”；边界不是人们建构社会关系或社会性的阻碍，而是社会系统形成的基础。此外，巴斯通过考察新几内亚部落社会文化变异的生成路径，从知识人类学与过程论的视角论及“知识边界”的特性，发现族群社会内的知识分子（或仪式专家）对于族群的知识结构有着重要影响，如知识每隔一段时间就会进行一次“凝聚”，从而处于一种不断再生产的过程，促使社会重新塑造。[①] 既然知识与社会可以相互建构，而知识的散聚往往会溢出地域社会的既定边界，因而知识也就具有超越社会边界并影响社会的广泛能力。

自巴斯以后，“边界理论”在社会学、地理学、历史学、心理学、经济学等学科的使用更加广泛，最突出的是社会心理学对于心理边界与文化认同问题的探讨。亨利·泰弗尔（Henri Tajfel）和约翰·特纳（John C. Turner）的“社会认同论”，就是将心理边界视为个体对群体成员身份的一种心理认同，分析个体与群体之间的理论关系，进而探讨利用边界进行社会区分的心理学根源。约翰·特纳认为，当人们将自己界定为某些群体成员时，他们也具有对群体进行积极评价的动机，也就是说人们会寻求积极的社会认同。此外，由于群体是在与其他群体的比较中进行评价的，积极的认同需要群体之间的适度区隔。从该理论派生出来的重要问题是，两个群体在不存在利益冲突时，可以为了相互区别而形成竞争，从而提升群体成员的自尊。[②]

可以说，群体内部的个人边界，容易导向群体关系的分化，并且孕育着新组织产生的可能，但不同群体之间的竞争可以抑制群体内部的分化倾向。约翰·特纳关于社会群体的研究，更加注意心理边界的流动性、易变性，并将这种模糊、易变而捉摸不定的个体心理边界，视作理解族群社会的关键路径，这一思想至今仍极具启发性。

显然，西方学界比较关注边界的社会建构作用，并体现出明显的

---

① Fredrik Barth, *Cosmologies in the Making: A Generative Approach to Cultural Variation in Inner New Guinea*, Cambridge: Cambridge University Press, 1987.

② ［澳］约翰·特纳等著，杨宜音等译：《自我归类论》，中国人民大学出版社2011年版，第22页。

社会应用色彩。因此，当西方相关研究成果被陆续介绍到中国，就多被用于分析社会现状、探讨社会治理策略等方面，表现出明显的应用化倾向。

折晓叶以边界为视角分析村庄社会生活，认为村庄是由多种独立的、不完全互相依存的边界构成的，而最主要的边界有两种，即村庄与外界之间的疆域性界线、村庄主要事物和活动的非疆域性边缘，它们能够反映出村庄经济和社会生活的基本范围分化的程度。[①] 贺雪峰从三种边界理解村落和村民的文化认同，即“村庄共同体由三种边界构成：一是自然边界，二是社会边界，三是文化边界。自然边界构成人们交往的空间与基础……社会边界是对村民身份的社会确认或法律确认……文化边界即村民是否在心理上认可自己的村民身份，是否看重村庄生活的价值，是否面向村庄而生活”[②]。李培林则主张，一个完整的传统村落具有高度重合的五种边界，即社会边界、文化边界、行政边界、自然边界和经济边界。它们的意义各不相同，文化边界是基于共同价值体系的心理和社会认同，社会边界是基于血缘、宗缘、地缘关系的社会关系圈子，行政边界是基于权力自治的管理体系，自然边界是基于土地属权的地域范围，经济边界是基于经济活动的网络和疆域。[③] 张佩国从地权角度研究村界，认为“村庄边界有两种意义，一为地理方位，一为产权观念。乡间所存在的‘村界’意识，则兼有这两种意义，即村民基于土地占有权归属而对本村落四至地理空间界限的认同，和村落成员对上述地理空间内耕地、山林、水域的监护权”[④]。毛丹在探讨村落共同体命运时，论及社区边界划分的意义，认为“社区或共同体的地域性与其说是一种保守陈旧，不如说显示了人仍然是‘划分边界的

---

① 折晓叶：《村庄边界的多元化——经济边界开放与社会边界封闭的冲突与共生》，载《中国社会科学》1996年第3期。

② 贺雪峰：《新乡土中国：转型期乡村社会调查笔记》，广西师范大学出版社2003年版，第30页。

③ 李培林：《村落的终结——羊城村的故事》，商务印书馆2004年版，第39～40页。

④ 张佩国：《地权·家户·村落》，学林出版社2007年版，第160页。

动物’”。① 也就是说，社区边界划分本身并不是目的，其主要目的和功能在于借此才能有效支持经济互助与情感联系：一方面，划分社区边界通常会便利于边界内（特别是面对面交往的）成员间的非市场经济性质的互助与交换；另一方面，社区作为小型、紧密的地方性共同体被需要，也是在情感和社会认知意义上的。对于个体而言，社区共同体边界里面对面互动的、相互熟悉的人群，不仅常常是个体认知社会的基本场域、基本情景区，而且是个体在社会中满足与否的基本定位点、基本参照对象。② 显然，他注意到村落共同体边界在联结外部社会时的“阻碍”作用，即边界内部有着一定的情感、身份等认同理念，对外却受制于聚落边界的既定划分，因而难以自由发展成为更大的社会结合体的一部分。

上述几位学者从社会学维度出发的聚落边界研究，为学界的相关讨论奠定了开放式的对话平台，至为可贵。不过，在挖掘中国本土社会生活中的边界表达，以及如何衔接中国本土学术传统等方面，仍有明显不足。当然，向来以关注“十里不同风，百里不同俗”为己任的中国民俗研究，对边界现象的关注也是由来已久，而且在新时期的学术发展过程中又有某些新的探索。需要说明的是，以田野研究为基本特征的当代中国民俗学研究，特别关注基层大众生活，经常使用关于“边界”的地方性表达，一些学术成果虽未明确使用“边界”一词，但隐含着与此相关的学术理解。

不言而喻，对于研究对象的单元的选择，是民俗学者在展开田野研究时首先要考虑的。在中国社会生活中，既有个人、家庭、家族和村镇县市等社会单元之别，也有依托山水形成的自然阻隔的空间边界可供选择，学者对研究对象的单元的选择其实是多元的。以村落为单元，其优点是有助于在民众具体的日常生活中来理解民俗，增强对“贴地而生”的民众之俗的理解。以村落为单元的研究，在20世纪末逐渐成为中国民俗学的主流范

---

① Graham Day, *Community and Everyday Life*, London and New York: Routledge, 2006, p. 2.

② 毛丹：《村落共同体的当代命运：四个观察维度》，载《社会学研究》2010年第1期。

式，这从当时为数庞大的学术期刊文章和民俗学、民间文学等专业的博士、硕士论文中可以看出，因而对于中国当代民俗学具有奠基意义。从研究方式来看，村落研究从民众生活事实出发，关注乡村传统的约定俗成与“神圣性”的发生、民间叙事中的选择性与多元化等，在一定程度上扭转了此前对于乡村时间和空间认识上的固化局限，至少是在阐释的层面努力从对民族国家宏大叙事的参与中返归乡土语境。[①] 刘晓春对此冠以“语境中的民俗”的研究范式，认为这种以村落为单元的研究，是以村落为起点，关注村际、乡村与国家的关系，既注重地理概念，又强调社会历史文化的概念，因而是在研究对象的时空限定性中追求一种整体研究的旨趣。[②] 纵观这一时期诸多学者的研究，的确并未自我设限于一村之内，而是在以村落为基本社会语境的同时，注意以“集市”“联村”“祭祀圈”“婚姻圈”“信仰圈”为单元，从民众日常生活中理解基层社会运行，试图探讨村落与更大社会空间之间千丝万缕的联系，甚至以小见大地理解整个中国。[③] 在中国社会中，村落从来就不是封闭的，而是始终与更为开阔的市场、祭祀、礼仪等社会网络联结在一起。从村落空间的角度来研究乡土社会本身是可行的，而对于空间的多元划分也各有所据，村落研究离不开关于“跨村落”与“跨乡土”等维度的理解，需要以小见大地拓展其个案研究的价值，这在新时期中国民俗学研究中已逐渐成为共识。不过即使是在

---

① 张士闪：《从参与民族国家建构到返归乡土语境——评20世纪的中国乡民艺术研究》，载《文史哲》2007年第3期。

② 刘晓春：《从“民俗”到“语境中的民俗”——中国民俗学研究的范式转换》，载《民俗研究》2009年第2期。

③ 相关研究如刘铁梁、赵丙祥：《联村组织与社区仪式活动——河北省井陉县的调查》，见王铭铭、［英］王斯福主编《乡土社会的秩序、公正与权威》，中国政法大学出版社1997年版，第205～257页；张士闪：《京西幡会：一个追求“天人吉祥”的联村仪式》，载《民族艺术》2007年第3期；林美容：《祭祀圈与地方社会》，台湾博扬文化事业有限公司2008年版；周大鸣：《祭祀圈理论与思考——关于中国乡村研究范式的讨论》，载《青海民族研究》2013年第4期；张青仁：《祭祀圈内宗教实践的差异性——基于河北苍岩山三皇姑信仰祭祀圈的调查》，载《西北民族大学学报（哲学社会科学版）》2015年第6期；刁统菊：《华北乡村社会姻亲关系研究》，中国社会科学出版社2016年版。

今天，仍有不少学者自觉或不自觉地对村落予以封闭性、静态性的理解，而不是将其视为活态的、多元力量共存的民众生活共同体。须知，特定的村落实体之界，并不能限定边界内部成员的行动，相反却会经常借助边界之外的比较与交流来赋予意义，而这反过来又会影响到村落生活——这已日益成为学界的基本共识。

作为民俗现象的边界，其实与其他边界一样具有自然的与文化的不同特性，只不过因其深嵌于人的历史传统与生活实践中而更显复杂。近年来，学界从乡土边界现象出发而进行的实证研究，拓展了对边界现象的认知。刘铁梁注意到“村落劳作模式”所伴生的边界性意义，认为“由于农业生产依赖于以村落为边界的土地，所以也就形成了具有一定边界的‘村落劳作模式’”①。他在论述城市化进程中民俗学田野作业问题时，特别强调其中城乡社会空间边界的差异：“村落边界是村民在日常生产劳作、社区交往、文化娱乐等实践活动的统一边界；而在城市里，市民各项日常活动的边界却是分开的：胡同是居住空间的边界，单位是工作空间的边界，另外又有剧场、餐馆、公园等是娱乐休闲空间的边界。”② 因此，他主张应该借助边界、记忆等分析工具，凸显大众所关切和交流的文化话题，深刻理解地方社会中的生活方式及其变化。赵旭东则认为，中国的乡村自出现以来便是自有其边界的，这种边界既是物质性的，如土地、道路和庙宇等，同时也是象征符号性的，比如附着在土地、道路和庙宇等之上的对于当地人而言的各类符号的意义。边界作为一种区分，它使边界的内部和外部之间有了一种分野，使得一个人群与另外的人群之间相互分离开来，同时造就出了一种可以使边界内部的事物闭合起来的契机。不过，乡村的边界并不仅仅是画地为牢的物质性的实在，还可以通过各种事件相互穿越，比如婚姻、生计、灾难、不幸以及政治事件的发生就常常导致村落边界的打破。但有意思的是，所有以村落为中心的日常生活与仪式活动，都试图

---

① 刘铁梁：《劳作模式与村落认同——以北京房山农村为案例》，载《民俗研究》2013 年第 3 期。

② 刘铁梁：《城市化过程中的民俗学田野作业》，载《文化遗产》2013 年第 4 期。

对村落边界以内的成员强化一种同质性的观念，尽管这种同质性是以在仪式的活动中忘却相互之间本来就存在的差异性而实现的。① 可见，他所提出的关于乡村生活的边界观念，既具有存在形式的两重性（物质性、心理性），也在时间上具有周期交替的两重性（闭合性、开放性）。所谓的闭合性，既指乡村面对外部世界的封闭，又指乡土生活内部人与人之间的散在状态，但因为乡村边界本身就具有模棱两可的弹性，有着多种渗透和泄漏的孔道，因而乡村社会从来就不可能是完全封闭的，而是与界外的人、事、物有着频繁的交流与沟通。因此，他所谓的乡村社会的闭合性与开放性，都属于乡村边界的常规特征，其衡量标准仅仅在于乡村与外部世界交流的范围和强度。

也有学者以乡土聚落中的仪式活动为案例，聚焦于乡土仪式的边界问题。既然仪式表演的实质是一种“社会戏剧”，那么所属社区其实是为适应内部变化和外部环境变化，而借助这种“社会戏剧”的定期或不定期的上演，对既定边界进行调整。② 王斯福认为，民间信仰通过边界的划分而凸显地域性，这种划分把内与外、保护与入侵区别开来，并通过地方性的保护神和孤魂来加以确定。尽管节庆游行常常是集中在一座庙宇里，但它实质上是一种对地域边界的巡查。将一尊塑像从一个较为中心的地点抬出来，并荣耀性地乘轿巡视其边界，这一行动本身便是对此一地方的界定。③ 以此为观察点，他特别注意民间信仰在社区空间中所营造出的“神圣”边界，尤其是人与神、鬼的边界区隔，以探讨民众思想及心理的边界意识。魏乐博（Robert P. Weller）在研究仪式与游戏过程中发现，几乎所有类型的仪式和游戏都涉及边界问题，仪式可以维系或削弱群体社会内部的边界和区别，而在仪式中边界往往可以得到

---

① 赵旭东：《闭合性与开放性的循环发展——一种理解乡土中国及其转变的理论解释框架》，载《开放时代》2011年第12期。

② ［英］维克多·特纳著，赵玉燕等译：《象征之林——恩登布人仪式散论》，商务印书馆2006年版，第19页。

③ ［英］王斯福著，赵旭东译：《帝国的隐喻：中国民间宗教》，江苏人民出版社2008年版，第82～96页。

跨越。设置边界既可以建立区隔，也起着凝聚边界双方群体的重要意义。①王铭铭在分析明清时期闽南地区泉州的“铺境”制度时发现，乡土社会地域崇拜及其庙宇创造出的认同感，与朝廷行政提供的模型截然不同，在民间庆典文化中，对于边界的想象则指向对地方自主性与一体性的极力强调。每年在各“铺境”举行的“镇境”仪式，抬着“铺境”主神巡游的路线为“境”和“铺”沿界，就是对“铺境”边界的反复确认。②经此，民间社会对于“铺境”制的采用，就成为强调自然边界与地方自治的一种方式。周大鸣的游神赛会研究，注意挖掘民间信仰在构建村庄内部认同与维持外部边界中的意义。他认为，民间信仰既是村落认同、村落整合的要素，亦是区分村落边界、协调村落关系的动力。③ 梁永佳关注植根于大理喜洲的地域崇拜现象，认为该地的信仰体系呈现出复合文化的特征，表现为由两套在象征和仪式上分离的地域崇拜体系建构的二元社会空间。在超越地方的朝圣中，支持两套体系的种种象征、仪式、组织之间的区别全面消解，进而形成了地域崇拜的等级结构。④ 显然，人们的边界观念对于地域崇拜等级结构的影响是巨大的。张小军通过对贵州水族地区霞节、艾节和善节个案的研究，探讨了当地以“偷请神”方式进行的祭祀权转换，尝试理解由此形成的蕴含着中国传统地方社会精致文化安排和丰厚意义系统的权力互竞交换共同体。他发现，具有地域合法性的“偷请神”过程，不但没有引起地域分裂，反而促进了地域共同体

---

① Robert P. Weller, Adam B. Seligman, Michael J. Puett, Bennett Simon, *Ritual and Its Consequence: An Essay on the Limits of Sincerity*, Oxford: Oxford University Press, 2008, pp. 69 - 101；［美］魏乐博、龙飞俊：《在仪式中分享社会生活——专访美国波士顿大学人类学系主任魏乐博教授》，载《社会科学报》2014 年 2 月 27 日。

② 王铭铭：《明清时期的区位、行政与地域崇拜——来自闽南的个案研究》，见王铭铭著《走在乡土上——历史人类学札记》，中国人民大学出版社 2003 年版，第 88 ~ 129 页。

③ 周大鸣、黄锋：《民间信仰与村庄边界——以广东潮州凤凰村为中心的研究》，载《民俗研究》2016 年第 2 期。

④ 梁永佳：《地域的等级——一个大理村镇的仪式与文化》，社会科学文献出版社 2005 年版。

的形成。① 显然，游神巡境既是对村落边界的强化，也是对村际关系的表达，并对上述二者进行新的建构。岳永逸也发现，年度节庆仪式、庙宇神诞庆典以及周期性或危机时刻所做的仪式，尤其是神像巡游仪式，都会起到地域内群体身份与地域边界的再划定与确认之功用，并使之作为一种传统与历史记忆持续下去，形成特定群体的在地化知识体系和地方感。② 这说明，游神仪式固然是对日常生活各种边界的抹平与超越，但对于一些边界清晰的群体如家族、社区乃至城乡，巡游则又可以成为对族群认同、精神归属的刻意强调。

综上不难看出，与传统边界研究多围绕国家、族群等大的边界而展开有所不同，民俗学、社会学视野中的边界研究，多关注乡村社会，围绕具体边界而发生的竞争与聚合、差异与认同而“细描”，这在诸多乡土庙会研究成果中可见一斑。虽然有学者注意到乡土社会中的边界问题的关键意义，但多被视为“冰山一角”，并未进行专门的边界研究，特别是关于边界的规则、底线、等级等维度更被忽略。在民众日常生活实践中观察、理解边界的设定与变动，有助于我们从民众对于村落—家族传统的共同参与和磋商行为出发，更准确地认知民间生活。鉴于此，笔者在本书中将边界当作一种针对民俗事象的分析概念，试图突破民俗边界的表象，通过解读边界的意义赋予和运作实践，探索其与所属村落及跨村落社会生活的动态关系。循此路径，希望增进我们对边界本质的理解——边界对村民而言到底意味着什么？它如何在村落日常生活中发挥作用？民众自身是如何通过一系列的边界认知、想象、认同等观念意识来进行人际交往、组织生活，并由此形成乡土社会的深层结构的？既然每个人都注定生活在“地方”中，透过作为地方性知识的民俗，是否有助于我们超越常识的层面而更准确地理解边界对于人类生活的普遍性意义？经此，本书从仪式边界入手讨论村落—家族生活

① 张小军、李建明：《权力互竞交换共同体——贵州水族霞节、艾节和善节的个案研究》，载《民族研究》2013 年第 2 期。

② 岳永逸：《灵验·磕头·传说：民众信仰的阴面与阳面》，生活·读书·新知三联书店 2010 年版，第 352 页。

就被赋予了更为深阔的学术使命。纵观当代中国民俗学的30多年发展历程，这一学术理念其实已隐含于前述民俗研究成果之中，只是未被特别强调而已。①

注重民众文化边界的民俗研究

民众，特别是民众的文化创造性，在新时期中国民俗学研究中曾长期处于“缺席”或被忽视的状况。20世纪八九十年代，民俗研究以事象本位、区域本位为出发点，以广泛搜罗民俗事象为能事，但往往面面俱到、流于浮泛，容易忽视具体社区或区域内民俗生活的整体性②；90年代后期，伴随着田野调查热潮的兴起，以田野作业为基础重新体认民俗成为民俗学者的普遍共识，以村落为单元的民俗志书写蔚然成风，“见俗见人”“俗中见人”成为学者的普遍学术追求，并一直持续到21世纪；21世纪以来，以关注民众的精神世界特别是主体建构性为特征，全力扭转传统民俗志书写过程中“主体缺席”的弊端，民俗研究逐渐从事象本位、区域本位向主体本位转变，并以“标志性文化”“语境中的民俗”“注重身体感受的民俗学”“家乡民俗学”“礼俗互动”等学术理念的提出为标志，涌现出多个富有活力的学术方向。

20世纪80年代的民俗学研究，以资料的荟萃和梳理为基本特征，主要呈现出两种研究模式：一种是立足事象本位，着眼于民俗事象的历时性钩沉，如民俗学的单本著作和丛书之名一般是以某种民俗事象为前缀、以“民俗（或风俗、习俗等）”为后缀，其书写模式则往往是“上下千百年，纵横千百里”；另一种是立足区域本位，着眼于某一政区范围内民俗事象的分类铺陈，著作之名则一般是以政区单元为前缀、以“民俗（或民俗志、民俗通志等）”为后缀，其书写模式追求面面俱到、

① 李海云：《边界视角：新时期中国民俗学发展脉络考察》，载《民俗研究》2018年第6期。

② 周星：《中国民俗学研究的“区域本位”和“事象本位”》，见中国民俗学会秘书处编《中国民俗学会成立20周年学术研讨会论文集》，2003年。

不避琐细。细察之，上述成果基本上是秉持民俗即“文化遗留物”的观念而进行的文献研究，对于民俗的描述以粗线条勾勒为主，学术贡献有限，但如果将之置于当时社会语境与整体学术生态中来理解，自会发现其价值所在。那时国家刚刚走出十年“文革”，整个社会处于“拨乱反正”状态，文化界、学术界则致力于恢复正常的学术活动，建立学术秩序。如一波又一波的“文学热”，以不断地突破传统写作题材为标志，开始关注普通人的人生际遇，而历史学则开始探索如何走出民族国家的宏大叙事，将遮蔽的社会生活纳入史料。相形之下，冠以“民俗”之名、风格各异的大量著述的涌现，无疑是以最直观的“民俗热”的方式提醒整个社会，还有民众“草根文化”的大量存在，只是以前不受重视而已。可以说，正是因为有了这一波“民俗热”，才有了20世纪90年代的“田野风”。

始发于20世纪90年代的田野调查热潮，意味着中国民俗学者自觉走出书斋，来到田野现场，在与活生生的人打交道的过程中，观察民众的具体行为与口述表达，由此掀开了注重民众主体之文化活用的新篇章。更可贵的是，伴随着研究方式的转变，在研究目的的设定方面也有了新的追求。正如高丙中所言：“扎入一个较小的社区进行持续的参与观察，不再限于记录那些体裁分属明确的民俗事象，而是把它们与社区生活的一般的方面联系起来，作为理解社区群体的路径。”① 特别是在刘铁梁大力推动的“走向村落”的研究范式中，将村落视为民俗传承的生活空间，以“显微镜”式的方式观察民众日常生活，就更有利于贴近民众的日常生活与心理世界，理解民众的文化创造。②

这样一种走向田野、关注村落的研究范式，在当时具有很强的学术递进意义。毋庸讳言，虽然20世纪90年代“田野风”劲吹，但田野调查还是被多数学人仅仅当作一种姿态，并以搜集田野资料为主要任务，

① 高丙中：《中国民俗学三十年的发展历程》，载《民俗研究》2008年第3期。

② 刘铁梁：《村落——民俗传承的生活空间》，载《北京师范大学学报（社会科学版）》1996年第6期。

其实谈不上真正的田野研究。因为如果仅仅是将访谈者视为资料提供者，随后进行的村落民俗志书写就往往是按照衣食住行、婚丧嫁娶、岁时节日等框架去罗列民俗事象，而不能将民众真正置于主体地位，从而失去了刘铁梁强调凸显民众主体的意义。有鉴于此，刘铁梁提出应该将民众口述话语当作村落文化的高度象征性的表达，以“标志性文化”① 推进对村落文化的整体特征的理解，由此他提倡以“标志性文化统领式民俗志书写”来推进民俗学研究的整体水平。平心而论，刘铁梁已将“标志性文化”明确界定为民众所认可的文化，并与地方历史进程、民众日常生活体现相联系②，因而这一口号的提出是极富创造力的，至少在学术阐释的层面距离民众主体又近了一步，但因为他所选取的“标志性文化”这一概念，与历史上宏大叙事的相关表述过于切近，极易产生误解，而“标志性文化统领式民俗志书写”这一学术操作理念的表达，也无朗朗上口的传播便利，因而学界对之颇多误解与争议，直到今日仍未受到应有重视。

相形之下，刘晓春所概括的“语境中的民俗”的民俗学研究范式，则获得较多认可，并成为学界深化既有研究的共识：

> 以“语境中的民俗”为研究范式的学者，则开始注意到传承民俗生活的活生生的人。日常生活中的人、民俗过程中的人、个人的生活史、个人的民俗知识等等，都已经成为这些学者们的研究对象，生活在一定的时空范围、具有鲜明的地方性、又具有个人生命意义的民俗个体开始站立起来，传承民俗的个体不再是匍伏在强大民俗社会面前的渺小个人。③

其实，刘铁梁关于村落是民俗传承的生活空间以及“标志性文化统领

---

①② 刘铁梁：《“标志性文化统领式”民俗志的理论与实践》，载《北京师范大学学报（社会科学版）》2005 年第 6 期。

③ 刘晓春：《从“民俗”到“语境中的民俗”——中国民俗学研究的范式转换》，载《民俗研究》2009 年第 2 期。

式民俗志书写”的说法，与刘晓春对于“语境中的民俗”的概括，可谓异曲同工。不管怎么说，关于民俗学研究的“中国特色”至此尘埃落定，田野调查成为民俗学主流。① 然而同样不容回避的是，多数成果因田野调查时间有限，缺乏深度田野访谈，难以从个人生活史的细微处入手，贴近感受主体的情感、意志、心理以及对于所处社会的认知，更不用说从日常生活中社会网络的主体建构等层面理解民众主体。因此，即使是被广泛视为当代民俗学实绩的田野研究，不仅水平良莠不齐，就其总体而言也依然有着巨大的提升空间。兼跨历史学与民俗学领域的赵世瑜，针对张士闪“小章竹马”研究所做的委婉批评，可以视作对广泛意义上的新时期中国民俗学田野研究的善意提醒。②

另外值得注意的是，对于民俗实践主体即“人”的关注，在民俗学研究中本该天经地义，但新时期中国民俗学对于这一理念的明确，经历了一个正本清源式的辩论过程。③ 如吕微就曾这样为民众主体能动性辩护：“民俗中的人不再仅仅是自上而下被规定、被给予的‘俗民’，而是作为具体

---

① 新时期中国民俗学还有所谓“石榴（施爱东、刘宗迪）之争”一说，即关于民俗学要不要田野作业之争，这可视作茁壮成长的当代中国民俗学内部心照不宣的一出“双簧”。其实质正如张士闪所总结的，“施爱东在采用一种极端的方式敦促大家对现有田野作业的状况进行逼视与追问，而巴莫曲布嫫强调的以‘田野研究’（field study）置换‘田野作业’（fieldwork）的观点，则将这场讨论引向一个彻底更新田野观念、义无反顾地走向田野的誓师仪式”。参见廖明君、张士闪：《艺术民俗学研究：将乡民艺术“还鱼于水”——张士闪教授访谈录》，载《民族艺术》2006年第4期。另见施爱东：《告别田野——关于中国现代民俗学研究策略与方法的反思》，载《民俗研究》2003年第1期；刘宗迪、施爱东、吕微、陈建宪：《两种文化：田野是“实验场”还是“我们的生活本身”》，载《民间文化论坛》2005年第6期。

② 赵世瑜：《传承与记忆：民俗学的学科本位——关于“民俗学何以安身立命”问题的对话》，载《民俗研究》2011年第2期。

③ 如高丙中：《民俗文化与民俗生活》，中国社会科学出版社1994年版，第5～6页；吕微：《民俗学的笛卡尔沉思——高丙中〈民俗文化与民俗生活〉申论》，载《民俗研究》2010年第1期；户晓辉：《从民到公民：中国民俗学研究“对象”的结构转换》，载《民俗研究》2013年第3期；王娟：《新形势下的新定位——关于民俗学的“民”与“俗”的新思考》，载《民俗研究》2002年第1期。

的个体和主体所自我筹划、自我规定的自由存在的个人。”① 黄永林则进一步指出：“人（主体）按照某种文化（文化模式）活动，从而体验到某种意义（文化内涵），这就是文化生活，主体的活动使文化形式与文化内容合而为一。民俗从本质上来说是一种生活文化，生活文化是一种以人为主体的文化。”② 时至2011年，赵世瑜提醒民俗学者不要再做无谓的概念纠缠，而应尽快步入新阶段。③ 诚然，民俗学既然是一门研究生活文化传承的学问，自然就应该关注民众个体的生活史、生命史以及精神世界，探索个人、群体和国家社会之间的互动态势。纵观21世纪以来的中国民俗学研究，的确努力在这些方面有所作为，其中有两个学术方向尤其值得关注。

一是对“家乡民俗学”的持续深化。“家乡民俗学”似乎最早是由安德明提出的④，并迅速得到了多位民俗学者的呼应。⑤ 近年来，一部分研

---

① 吕微：《民间文学—民俗学研究中的“性质世界”“意义世界”与“生活世界”——重新解读〈歌谣〉周刊的“两个目的”》，载《民间文化论坛》2006年第3期。后来，吕微与户晓辉、王杰文等沿此路径，针对国际学界广泛流行的“经验民俗学”而倡导“实践民俗学”，从知识生产与学科分工的逻辑层面探索民俗学的学术定位，并有广泛影响。事实上，上述两个学术方向的新近发展，也在客观上与这种“实践民俗学”的探索形成了里应外合的学术合作关系。见吕微：《走向实践民俗学的纯正形式研究》，载《民间文化论坛》2014年第3期；户晓辉：《民主化的对话式博物馆——实践民俗学的愿景》，载《民俗研究》2018年第3期；王杰文：《“实践民俗学”的“实践论”批评》，载《民俗研究》2018年第3期。

② 黄永林：《新时期民俗学研究范围与方法的探索》，载《民俗研究》2011年第4期。

③ 赵世瑜：“民俗学的本位问题现在已经不再是何为‘民’、何为‘俗’的问题——这些问题已逐步取得共识，也不能只限于抽象地指出民俗学的意义在于其关注人的存在价值和意义。”（赵世瑜：《传承与记忆：民俗学的学科本位——关于“民俗学何以安身立命”问题的对话》，载《民俗研究》2011年第2期）“民俗学作为一门传承之学……是以人为中心的学问。生活的传承、文化的传承，都是以人为主体的。”（赵世瑜：《民俗学的人文学学科特征》，载《民俗研究》2011年第4期）

④ 安德明：《家乡——中国现代民俗学的一个起点和支点》，载《民族艺术》2004年第2期。

⑤ 如吕微、刘锡诚、祝秀丽、安德明：《家乡民俗学：从学术实践到理论反思》，载《民间文化论坛》2005年第4期；王均霞：《常人方法论与家乡民俗学的研究策略》，载《文化遗产》2010年第1期；黄清喜：《江西南丰石邮傩研究报告——兼议家乡民俗学的实践与理论》，载《民族文学研究》2013年第6期。

究者以自家亲属为田野调查对象，通过与他们的近距离接触以及同处一个日常生活世界中的感同身受，在细描基础上加以学术分析，兼具人文关怀色彩，引起学界广泛注意，刘铁梁称之为“注重身体感受的民俗学”①。如岳永逸通过“为母亲写”的一组札记，提倡将民俗学回归到“关于土地与劳苦大众的学问”，虽多是性灵之作，却给人一种超越学术的别样感动。②吴重庆以自己的家乡——福建莆田一个偏僻小村为研究对象，借助老父亲的丰富口述资料，从日常生活变迁和延续中探寻乡村历史的脉动，可谓细致入微。③ 朱清蓉以作为乡村医生的父亲的生活史为主线，观察改革开放至今中国乡村的医患关系，关注作为民俗主体的“民”和作为民俗发生情境的村落之间的互动，试图呈现个人生活的整体性。④ 罗瑞霞以个人家庭生活为核心个案，以个人亲历为素材，描述20世纪末至21世纪初聚居在广州红村的流动超生人员的情感世界与生命历程，并将其与国家、社会的发展变迁联系起来，观察社会进程对个体生命的影响，试图还原一个不被社会重视的群体之生活经验。⑤ 上述研究，已经由早期“家乡民俗学”对于家乡民俗的单纯关注，转向对家乡亲属甚或自身感受的聚焦，呈现民俗主体生活的复杂性，其发展动向值得关注。

二是在“礼俗互动”的框架中理解民俗传统，关注在国家进程与地方社会发展中的民众作为。张士闪将“礼俗互动”视为中国社会的一般性质，提倡将国家进入乡村的历史过程、乡村对于国家的想象与运用等，纳入民俗学的研究框架之中，由此开启了许多新的话题，如国家礼仪对于民众心理的潜移默化作用，“礼俗社会”中国家政治与民间自治之间的联合

① 刘铁梁根据自身田野经验而提炼的“身体感受”概念，强调民俗学要注意研究民众主体的身体感受，并将之置于其生于斯、长于斯的地方社会来理解。参见刘铁梁：《感受生活的民俗学》，载《民俗研究》2011年第2期。

② 岳永逸：《忧郁的民俗学》，浙江大学出版社2014年版。

③ 吴重庆：《孙村的路：后革命时代的人鬼神》，法律出版社2014年版。

④ 朱清蓉：《乡村医生·父亲——乡村医患关系的变迁（1985—2010）》，北京师范大学2011年硕士学位论文。

⑤ 罗瑞霞：《隐匿的边界：广州红村“超生游击队”的生活史》，山东大学2018年硕士学位论文。

运作机制，礼俗互动逻辑与乡村公共机制的形成，国家政治与民间“微政治”的并置与连接等。① 这一学术理念，对于传统的民俗定义具有较大的拓展性，很快就有多位学者加入讨论，并在一定程度上深化了“礼俗互动”的学术内涵。如赵世瑜注意到“礼与俗的观念，背后有一个层累的历史过程……礼俗问题，是中国的多元文化被统一到了一个整体之中的关键性问题”②；耿波溯源周代礼治政治并将礼俗互动视为乡民、士人与君主的政治联动与社会实践③；李松从近现代中国民间文艺政策及实践中总结出礼俗互动的三种类型；刘铁梁则将礼俗互动视为国家与社会之间的政治文化运作，提醒不要将礼俗互动理解成简单的官与民的关系，还应该包含全社会中多元主体之间的文化对话④；等等。

其实，刘铁梁早就注意到村落中散漫的、冲击着国家想象的“民俗现象”的存在，并认为它是任何国家力量也无法消除的，“任何大一统的文化到了民间，都有一个民间化的过程，而这个民间化过程是紧密联系其社区自身存在和发展的需要”⑤。这一“民俗现象”乃是存在于日常生活之中的民间力量，在承接、吸纳、消解与“创造性转换”着来自国家的种种力量。由此，不同的时空边界，不仅影响民俗行为的发生，而且影响其文化意义的产生。显然，“礼俗互动”的研究理念以民间传统的田野发掘为基础，聚焦地方社会中长期的礼俗互动实践与机制，并与中国社会悠久的历史进程相联系，蕴含着探索中国社会整体结构与历史进程、深化已有民俗学研究的可能性。

的确，在中国社会语境中，“礼”“俗”既是一种社会实在，又是一种话语形式，代表了自古及今中国社会与文化的普遍现象和一般特征，因而

---

① 张士闪：《礼俗互动与中国社会研究》，载《民俗研究》2016 年第 6 期。

② 赵世瑜、李松、刘铁梁：《“礼俗互动与近现代中国社会变迁”三人谈》，载《民俗研究》2016 年第 6 期。

③ 耿波：《礼俗互动传统中的徐复观农本政治观》，载《中国政法大学学报》2014 年第 2 期。

④ 赵世瑜、李松、刘铁梁：《“礼俗互动与近现代中国社会变迁”三人谈》，载《民俗研究》2016 年第 6 期。

⑤ 王铭铭、刘铁梁：《村落研究二人谈》，载《民俗研究》2003 年第 1 期。

是观察与理解中国社会的基本视角。[①] 在民众社会生活中，既有依据个人或群体的不同身份、等级而制定的“礼制”之别，显示出国家一统进程中对于民俗文化的深刻影响，也不乏民间之“俗”进入国家之“礼”的例证。张士闪在研究河北广宗梅花拳时发现，一个人是否加入了梅花拳，并不在于其习练该拳术与否，也不以习武时间长短为依据，而以是否被资深拳师收为“弟子”为标志，并有“入门—未入门”“门里—门外”“在拳—不在拳”“拜师—未拜师”等细致界定，并在此基础上形成了梅花拳的“礼法”[②]。刁统菊在华北乡村社会姻亲关系的研究中发现，即便嫁女在完成身份转变获得新的社会身份归属以后，依然会保持与“娘家”密切的社会关系，由此在心理层面形成了“娘家”与“婆家”的二元边界区分意识，但又通过定期的礼俗往来对民众日常生活实践及村落社会结构有着重要影响。[③] 赵世瑜以山西太原晋祠中圣母殿、叔虞祠为表征的二元格局为例，描述了“俗”在进入“礼”后如何为国家与地方社会所广泛共享，认为“来自于‘俗’的‘礼’仍可体现为‘俗’，即一种可以共享、亦可分享的文化”[④]。岳永逸通过对多个地方的民间信仰个案的考察，发现其毫无例外地经历过礼与俗的混融历练，因此认为民众日常生活层面的礼与俗始终是变化通融的让渡关系。[⑤]

在上述两种研究模式中，无论是在“家乡民俗学”研究中对于民俗主体与研究主体的相互贴近的尝试，还是“礼俗互动研究”对于民俗概念的传统边界的拓展（比如对于礼俗混融现象的剖析），都暗含着对于“民俗”的更加宽泛的理解，以及对于民俗主体——民众的心理世界与生活世界的努力贴近。为此，上述两种研究模式都注意将国家历史进程、地方社会发

---

① 张士闪：《礼俗互动与中国社会研究》，载《民俗研究》2016 年第 6 期。

② 张士闪：《灵的皈依与身的证验——河北永年县故城村梅花拳调查》，载《民俗研究》2012 年第 2 期。

③ 刁统菊：《娘家人还是婆家人：嫁女归属问题的民俗学研究》，载《民族艺术》2012 年第 1 期。

④ 赵世瑜：《二元的晋祠：礼与俗的分合》，载《民俗研究》2015 年第 4 期。

⑤ 岳永逸：《革“弊”？中国人—神敬拜的礼俗辩证》，载《民俗研究》2016 年第 4 期。

展与民众日常生活的互动关系纳入研究视野，但其侧重点有明显不同。在笔者看来，上述两种研究模式的差异是基于研究策略的不同选择，“家乡民俗学”追求的是以小见大，“礼俗互动研究”则试图提纲挈领地关注民众生活之整体，因此二者之间存在着较大的互补性。毕竟，应将地方社会中个体或群体之间的生活细节，视为更宽泛的社会过程的基本元素，而中国社会历史的演进也需要在地方生活的具体细节中来理解。上述具有前沿意识的学术探索，或许会对学界内部知识的更新发生一定影响，只是这样一种探索还需要经过学术共同体与所处社会的双重校验与选择，影响才有可能。①

本书的叙述框架

首先需要说明的是，本书是从微观视角出发的对于“地方”的研究，同时明确反对对地方民俗传统做自足性的理解，而是视为“国家礼仪改变并向地方社会渗透过程在时间和空间上的扩展”②。近年来，从地方入手的研究日趋活跃，广泛运用于民俗学、人类学、社会学、历史学等领域，彰显出巨大的价值意义与学术张力。譬如，从地方的视角来理解中国和反思传统史学宏大叙事的区域社会史研究，就被认为是代表了一种“新史学”的方法论，其目的并不在于探讨区域或者地方，而在于重建通史脉络，体现了一种重写通史的努力。③ 民俗学就其本质而言，首先应该是一种关于地方的微观性研究，村落则是地方研究的基本单元之一，因而在未来一定时期内仍将呈现出相当活力。毕竟，“走向村落”的研究，“有别于如前所述的那种纵观几千年、俯瞰多民族式的带有宏观叙事特征的研

① 李海云：《边界视角：新时期中国民俗学发展脉络考察》，载《民俗研究》2018 年第 6 期。

② 科大卫、刘志伟：《宗族与地方社会的国家认同——明清华南地区宗族发展的意识形态基础》，载《历史研究》2000 年第 3 期。

③ 赵世瑜：《作为方法论的区域社会史——兼及 12 世纪以来的华北社会史研究》，载《史学月刊》2004 年第 8 期。

究方法”①，“实际上已带有揭示‘整体历史’的意义，而且这种在较深层次上对复杂社会关系的总体把握，也只有在小社区的研究中才有可能”②。若干年后，村落的形态或许会改变，但村落所代表的文化类型与社会传统，在人类可预见的未来仍将具有一定的延续性。

村落研究的共时性与历时性视角，代表了围绕村落而形成的民俗学、人类学与历史学的不同研究倾向。在具有悠久历史文明的中国，即使研究的是特别偏僻的村落，也应该注重国家历史进程的影响，而非仅停留于共时性的功能分析，这其实是中国村落研究的优势，因为可以从传统的时间绵延维度来考察。遗憾的是，尽管20世纪60年代以来，社区研究一直不断改善修正，如将政治、权力等因素引入，但“它们并没有形成成熟的文本形式。具体地说，虽然大部分的作品已对‘历史’加以重视，但是其文本模式仍然保留共时性论的多数特点，从而使历时的视角没有得到充分的展现……一种既能够表述历史过程又能够展示出不同社会—文化力量的交错与互动的文本模式，在目前已成为中国社区研究的急需品”③。赵世瑜认为，民俗学研究应在某种程度上回归学科之初的对于历时性的把握，秉承民俗学作为传承之学的特征。④ 凸显历时性的视角，便可以像顾颉刚所做的“层累的历史”的分析那样，将不同时代层叠压在村落传统中的成分予以剥离，从而使得村落研究更加厚重、准确。同时，再将包括国家历史进程、区域重大事件在内的“大传统”，与从乡民的感情和立场出发去操持的“小传统”结合起来，在二者的关联与互动中建立阐释框架。

就本书的村落个案研究来说，共时性与历时性的视角均不可或缺。东

---

① 张士闪：《乡土社会与乡民的艺术表演——以山东昌邑地区小章竹马为核心个案》，北京师范大学2005年博士学位论文。

② 陈春声：《中国社会史研究必须重视田野调查》，载《历史研究》1993年第2期。

③ 王铭铭：《社会人类学与中国研究》，生活·读书·新知三联书店1997年版，第50~51页。

④ 赵世瑜：《传承与记忆：民俗学的学科本位——关于“民俗学何以安身立命”问题的对话》，载《民俗研究》2011年第2期。

永安村“烧大牛”“烧大马”的仪式格局与互动关系，看似是共时性的边界设置，其实也是长时段村落—家族边界关系的绵延。村落，并非是一幅静态的乡土风情画卷，而是一定程度上充满政治博弈的复杂社会空间。然而，这种博弈又总是围绕着能够约束底线的某种乡土传统而进行，这一乡土传统的形成与传承却又与更大区域、更长时段的社会生活密切联系。再看潍北地区普遍的烧祭仪式传统，如果不将之与渤海莱州湾南岸、潍河下游地区长时段的地理环境变动，特别是与影响这一地区的某些重要“历史性时刻”相联系——如晚清时期捻军入境，村民借助孙膑庙躲避战乱的集体记忆——而仅仅归之于视作村落—家族的竞争关系的话，就只能是一种肤浅的村落政治学阐释。这些重要历史时刻或传说发生于这一区域，构成了村落政治、村际竞争的缓冲空间，蕴生出这一带乡土政治博弈不得不遵从的共同文化传统。其中，对于长时段的自然环境变动与人地关系的考量尤为关键。当然，村落内外的边界区隔及其观念，虽然基于地理、经济、政治、习俗等多重因素而形成，却又表现为一种活生生的当下现实，在多主体之间形成了一种“有底线的竞争”的态势。本书试图从各种各样的边界表达形式入手，理解“有底线的竞争”的乡土传统之奥妙，正是基于这样的考虑。笔者相信，将边界作为一种基本的观察视角与研究方法，能够提升对村落—家族、区域—国家的结合及变迁的阐释力，而作为传承之学的民俗学研究，唯有关注民俗的传承过程与多重关联，才能比较清晰地呈现其真实状况。

本书作为一项民俗学的村落研究，重点关注村落中不同家族的仪式传统，但在具体研究过程中，则不仅描述当下共时性的村落生活，而且不得不从村落—家族的迁徙历史和仪式活动的历史渊源做历时性的观照，辅以区域性的研究视野，从而牵涉空间大小不一、文化意义多重的边界。如上所述，边界在村落生活中有着丰富的表现，既有自然地理等实体边界，又有社会文化层面的象征或心理边界，且相互之间有着密切的文化关联。可以说，若要深刻理解村落仪式的边界划分以及边界的本质含义，就必须将村落史、家族史乃至区域地理、社会变迁纳入研究视野。由此出发，本书具体章节安排如下：

第一章“潍北的地理环境与历史社会”。本章将东永安村家族生活置于潍北地区的长时段变迁中来理解，考察区域地理环境与历史社会变迁的影响，并凸显上述影响中的关键要素，从中理解当地民众的边界意识之源与生活智慧之根。为此，本章将着重考察潍北地区不同历史时期的地理环境、经济产业、社会文教、战乱灾害、仪式传统等基本情况，力图呈现区域社会的整体历史进程，为后面具体的村落研究廓清边线，奠定基调。

第二章“村落变迁与家族生活”。本章重点考察东永安村自明清以来的湖区生活记忆，以及村落中三大家族的历史传统与礼仪生活。东永安村的文化特色，是每年一度进行的“烧大牛”“烧大马”等烧祭仪式，以及三大家族之间不同特色的礼仪生活。在上述活动的背后，渗透着村民组织与运行生活实践的边界意识。村民的边界意识的形成与运用，固然与村落当下生活态势中的个人生存考量有关，但又与村落和家族的历史有着密切关联。这意味着，要想真正理解村落生活，就必须从村落时空的基本语境入手，关注其地理空间、社会生活的长时段变迁。

第三章“村庙的重建与管理”。乡村社会中的庙宇之需，与村民对个人精神世界的关切、对传统伦理价值的倚重是分不开的。本章通过对东永安村两大庙宇的“神圣”格局、碑刻文献、口述传统及庙委会管理系统的描述，观察村民基于边界意识的现实运作、“神圣”需求。显然，村民在庙宇修建与管理活动中所体现出来的热情，以及庙委会的权力更替过程及其出色的管理能力，既显示出民间信仰传统对于村落生活的意义，也体现出不同家族在村落信仰系统中既有竞争又谋求合作的复杂关系。

第四章“被仪式调整的空间”。仪式的边界，既体现于时间流程，也表现于空间结构，从而蕴涵着村落丰富的历史记忆与复杂的现实实践，并赋予村落以相应的个性。本章关注“烧大牛”“烧大马”两项仪式的历史演变与相关组织制度，探析村民以仪式重构村落空间、运作公共事务的机制与过程。

第五章“仪式边界与乡土秩序建构”。前述东永安村的“烧大牛”“烧大马”活动，是潍北区域社会内较为普遍的烧祭仪式传统的一部分，其背后则以地域性神灵崇拜传统为支撑。本章重点分析“烧大牛”仪式活动背后的乡土逻辑与秩序表达，认为正是潍北一带流传的“孙膑封地说”，为这一带烧祭传统提供了恒久的助推力。但若想解释清楚这一现象，就不仅要追溯孙膑崇拜的口述传统与历史渊源，还需要在更大地域范围内，考察国家正统化礼仪对于地方社会生活的渗透与推行，即从历史上神灵崇拜的在地化过程来理解一村一族的仪式传统。本章还结合潍北地区较为普遍的焚烧“圣物”现象，关注仪式边界对于区域社会生活的文化意义，分析国家与地方社会之间历时性的文化嵌套与叠加过程，以理解地域社会的等级结构与文化网络。

简言之，本书采用了这样的研究策略：以民众主体的边界意识为基点，以便于观察的民俗仪式边界为视角，通过讨论民众围绕民俗仪式的固化与活用、组织与分化、内生与外发、情感与精神，以及围绕村落资源而发生的合作、竞争、冲突、折中、磋商等现象，以求充分释放该个案所内蕴的学术张力。在东永安村，每年一度的“烧大牛”“烧大马”仪式活动，不仅是该村年节时段定期上演的悠久民俗传统，而且蕴含着丰富的村落知识，并与村落日常生活、周边村际关系等密切相关，体现出村落社会的文化创造精神。历时八年多的往返调查，使笔者逐渐意识到，村民在这一仪式活动中所设置的多重边界，以及活动中发生的种种“混界”“越界”之类的现象，是理解这一村落传统的便捷路径。边界设置的意义，绝不仅仅在于制造人与人、家族与家族、村落与村落的区隔，也意味着多种交流语境的营造，从而体现为“有底线的竞争”的村落生活原则。这代表了乡村社会历代传承的一种“济世致用”的传统智慧，既对潜在的恶性事件有所规避，又能够不断激发民众的文化创造活力，由此与散在的日常生活形成鲜明对比，营造一种特别的生活韵味。

需要说明的是，对于将历史上的农民起义军蔑称为“匪”“贼”等词语的史料，我们是持批判态度的，但为了史料的完善性和客观性，我们对于类似上述情况的史料照录，不做改动。

第一章　潍北的地理环境与历史社会

人们常说"一方水土一方人"，却容易忽略这句俗语背后所蕴含的丰富含义。"一方水土"所代指的地理空间，不仅为人们提供了经济活动的舞台，塑造着不同的地方传统与文化心性，而且永远地、坚韧地赋予地方社会生活以文化底色。唯其恒久而坚韧，以至于人们习焉不察。其实，"一方水土"本身便意味着一个完整时空的整合体。比如，河流的上、中、下游就往往呈现出不同的地理景观，基于这种空间区隔，就会孕生出不同的文化景观，从而显示出地理边界所蕴含的文化意义。更重要的是，在地貌复杂多变的区域（如河滩等），人们赋予边界的文化意义就愈是明显。

在民众口述中，"一方水土"所表征的地方社会，大都有着悠久的历史，在时间上呈现出不同的历史节点与过程，与区域内的社会生活有着密切联系，因而有着明显的文化标识。在目前尚存的许多乡土仪式中，我们既能够看出地理空间的长期塑造，也能看到当地劳作方式与社会文化的变迁所带来的深刻影响。关于过去历史的记忆，再加上地理景观的佐证，往往会成为当下现实生活的重要依据。就此而言，"区域本身就是一种历史建构，是长时期历史因素积淀下来的，关涉到地方性观念、国家意识形态与制度的互动过程，并且在人们心目中形成的多层次、多向度的指涉"①。将东永安村家族生活置于潍北地区的长时段变迁中来理解，考察区域地理与历史社会变迁的影响，其实是一种必需。换言之，

---

① 张小也：《历史人类学：如何走得更远》，载《清华大学学报（哲学社会科学版）》2010年第1期。

村落仪式传统必须在长时段、大区域中才能得到理解，而绝不应将视野局限于一村之内。本章所要做的是，细致梳理区域环境与历史脉络，凸显其关键要素，关注环境变迁与区域社会的互动关系，从中理解当地民众的边界意识与生活智慧。为此，本章将着重考察潍北地区不同历史时期的地理环境、经济产业、社会文教、战乱灾害、仪式传统等基本情况，力图呈现区域社会的整体历史进程，为具体的村落研究廓清外延，奠定基调。

地貌与水系

潍北地区是指潍坊市北部的区域社会，大致包括寒亭区（旧称“潍县”，1983 年撤销潍县，改为寒亭区）、昌邑市北部以及寿光市北部等地区。具体四至范围：南至潍坊市区，北至渤海莱州湾，西至寿光与东营界，东至胶莱河即昌邑与平度、莱州界。①

莱州湾南岸潍北地区属渤海坳陷区，为平原地带，南部有残丘零星分布，地势向东北莱州湾微倾。潍北地貌的形成主要是海洋与发源于鲁中山地北麓诸河流相互作用的结果，俗称“潍北大洼”。自海岸向南，地貌依次为海积平原、海河积平原、河积平原。滨海平原地带地下卤水藏量丰富，分布有大量盐田，局部为盐渍化荒地、水塘，为大海潮及风暴潮侵及地带。因北临渤海，海口有堤河口、潍河口、白浪河口等。海河积平原位于海积平原以南，海拔 8 米以下，地势低洼，是特大风暴潮侵淹地，形成了黄土埠②这一微地貌类型，多是孤立散布的南北向长垅状岗地。③ 1949

① “潍北地区”是当地人们习用的固定词汇，这一区域范围界定便是采用当地人对于区域空间的理解。笔者在研究中亦发现，潍北区域无论是在地理地貌变迁、生计方式还是礼俗文化等层面极为相似，因此对“潍北”做出这四至范围的界定。

② “阜”，指凸起的土丘，当地民众称为“埠子”，其在地方志文集中多作“埠”，本书亦采作“埠”。

③ 详见张祖陆：《渤海莱州湾南岸平原黄土阜地貌及其古地理意义》，载《地理学报》1995 年第 5 期。

年以前，这一带仍为古湖泊分布区域，为全新世海侵沿海泻湖。河积平原位于海河积平原以南，海拔 10 米以上，由流经本区域的白浪河、虞河、潍河、堤河、泥河等冲积而成。①

历史上，潍北平原最为凸显的景观特征便是湖洼泽薮与星罗棋布的高土埠相间，人们为避水患，多居于高土埠之上，日常劳作、社会交往大都沿高埠进行，很多村落以“埠”命名，如渔埠、渔洞埠、李家埠、博乐埠、肖家埠、长流埠、张家埠、角埠、虫埠等。土埠大都有神奇的传说故事，为人们的日常生活增添了些许神秘性。

潍北平原的土壤类型主要有棕壤、褐土、潮土、砂姜黑土、水稻土、盐土等，越往北土壤盐碱化程度越高②，尤其是昌邑龙池、下营以及寒亭南孙和泊子乡等北部滨海地区最为严重。整体来看，尽管这一区域为广袤平原，但因近海，土壤偏盐碱化，种植条件较差。潍北平原气候属于暖温带半湿润大陆性季风气候，四季分明，雨热同期，干湿季明显。③ 春季空气干燥，多风少雨，早春冷暖无常，晚春回暖迅速；夏季温高湿大，炎热多雨；秋季天高气爽，气候宜人；冬季寒冷寡照，北风频吹，雨雪稀少。④全年降水主要集中于 6、7、8 三个月份。

潍北地区境内主要有潍河、虞河、白浪河三大水系，均依地势自南向北流入渤海莱州湾。其中，又以潍河为大河，对潍北地区人们的生产生活有着重要的影响。潍河，古称“潍水”，俗称“淮河”，在清代时为“昌邑八景”之一。它发源于山东莒县北部一带箕屋山、沂山

---

① 韩美、孟庆海：《莱州湾沿岸的地貌类型》，载《山东师大学报（自然科学版）》1996 年第 3 期。

② “该地区土壤类型为盐潮土，地势低洼，潜水矿化度在 35 至 50 克/升，盐碱为害严重，严重影响作物生长。”参见双台乡史志编纂小组编：《双台乡志》，昌邑县印刷厂，1986 年，第 41 页。

③ 山东省昌邑县志编纂委员会编：《昌邑县志》，昌邑县印刷厂，1987 年，第 59、60 页。

④ 山东省潍坊市寒亭区史志编纂委员会编：《寒亭区志》，齐鲁书社 1992 年版，第 93 页。

山麓①，流经沂水、五莲、诸城、高密、安丘、坊子、寒亭、昌邑诸县市区，北至昌邑市下营，注入渤海莱州湾，总长约246公里，流域面积约6367平方公里②，其中流经寒亭境内约31.5公里③，昌邑境内约86公里。

潍河沿途支流众多，渠河、汶河为潍河的两大支流。潍河上、中游以墙夼水库为分界点，中、下游则以峡山水库为界。潍河的自然地势走向是西南高、东北低，上游为山区，中游为丘陵、盆地，下游为平原，临海多为盐碱滩地。潍河流域全年降水集中于夏季，是典型的季节性河流。潍河河道弯曲，在过去多次改道，当地有谚“潍河没有三里直，三十年河东，三十年河西”。清乾隆七年《昌邑县志》：“潍水……康熙五十八年，水忽东徙，弃故道十余里，取径直下，形势遂失其旧。”④ 潍河东岸边的围子镇葛达子村有一块元代石碑，上刻有“西距潍河十五里”的字样，说明元朝时潍河还在昌邑城西十余里（即现今的夹沟河）⑤，后来却跑到了城东7里以外，可见河道的摆动之大。

潍河在当地以“坏河”闻名远近，经常泛滥决口，有“十年九决口”之说。潍河上游重峦叠嶂，支流众多，每逢大雨滂沱，山洪暴发，咆哮直下，破堤毁岸，淹没房屋，吞噬庄稼，给下游人民带来沉重灾难。⑥ 当地有民谣说：“开了吴家漫，昌邑淹一半。开了田家湾，淹到三合山。”“开了小营口，昌邑潍县跟着走（指外出逃荒要饭）。”地方文人诗文中对此也

---

① 关于潍河，历代文献记载颇多，其发源地亦有不同说法。北魏郦道元《水经注》卷二六“潍水”载：“潍水，出琅邪箕县潍山。”清代刘以贵（字沧岚，山东潍县人，清康熙二十七年进士）曾作《潍水源流考》。参见乾隆《潍县志》卷六《艺文志》，乾隆二十五年（1760）刻本。

② 山东省昌邑县志编纂委员会编：《昌邑县志》，昌邑县印刷厂，1987年，第55页。

③ 山东省潍坊市寒亭区史志编纂委员会编：《寒亭区志》，齐鲁书社1992年版，第98页。

④ 乾隆《昌邑县志》卷一《疆域志》，乾隆七年（1742）刊本。

⑤ 韩美等：《莱州湾南岸平原地面古河道研究》，载《地理科学》1999年第5期。

⑥ 山东省昌邑县志编纂委员会编：《昌邑县志》，昌邑县印刷厂，1987年，第55页。

多有描述，如清代陈之枌《潍涨》诗："潍水来琅邪，啮我青石足。怒波挟秋涛，树杪飞白玉。日暮争海峤，浪滚云天绿。古岸碧烟起，物物受惨酷。苍茫晚渡愁，不辨小溪曲。"① 清代李肇林曾作《潍决有感》，将潍河灾后的凄苦生活描述得淋漓尽致。②

作为本文重点研究的双台乡东永安村一带，现今与潍河相距约 15 公里，虽距河岸相对较远，但因为过去雨水较多，潍河下游堤岸防护较弱，水系发达，水量又大，一遇连绵大雨，洪水便涌向大大小小的河流，所以 1958 年以前这一带也常受到潍河涝灾，给村民留下了深刻记忆。③ 1986 年《双台乡志》记载："以潍河为例……河道失修，堤防溃决，我乡人民饱尝洪水之苦。至国民党反动派统治时期，军阀混战，潍河仍年年漫溢，溃决成灾。大水过后群众衣食无着，在民间流传着'听的是黄鸾子叫，喝的是牛马尿，吃的是猪狗食，铺的是苇子草'的民谣。"④ 1950 年，潍河决口 69 处，波及全（双台）乡。⑤ 1958 年，为了解决潍河下游两岸的洪涝灾害、农田灌溉和沿海群众吃水问题，国家投资 6900 万元，由昌潍地委、专署组织高密、安丘、昌邑、潍县四县，动用民工 3.2 万余人在潍河中段、昌邑南部修建了峡山水库。⑥ 但自 1974 年以后，潍河金口大桥河闸以北，河道干涸，常常终年无水，下游区域各支系小河也几近干涸，河床都被村民改为耕地。

值得注意的是，在民国以前，潍河曾是潍北地区水运的主要河流之一。自诸城经安丘、潍县、昌邑北上，入渤海，下游 40 余里可通民船，但

---

① 乾隆《昌邑县志》卷八《艺文志》，乾隆七年（1742）刊本。

② 乾隆《昌邑县志》卷八《艺文志》，乾隆七年（1742）刊本。

③ "现在潍河、白浪河都治理了。早些年，这些河都决口，白浪河决口后会往这里流，淮河（潍河）年年决口，也是往这里流，地形比较洼。过去人们不控制水，这里地处下游，小河没人管，都是水，所以旱灾少，涝灾多。新中国成立后潍河筑起大堤，国家修起来大水库控制着，就没再决口，但现在河里也都没水了。"访谈对象：齐乃信；访谈人：李海云；访谈时间：2014 年 7 月 20 日；访谈地点：齐乃信家。

④ 双台乡史志编纂小组编：《双台乡志》，昌邑县印刷厂，1986 年，第 68 页。

⑤ 双台乡史志编纂小组编：《双台乡志》，昌邑县印刷厂，1986 年，第 5 页。

⑥ 张俊杰、周钦生：《峡山水库修建纪实》，载《山东档案》2011 年第 1 期。

河口处有一大沙洲，20 吨以上的船只不能出入。① 清光绪《昌邑县续志》载："潍河，本境惟潍水可通舟楫。"② 民国《潍县志稿》曾这样描述潍河航路："潍县境内河道可通航者，仅有城东潍河。南来商船以运小麦为主品，本邑商船大半为于渠庄南之皂角树庄人民所有。由于渠北行七十里至昌邑境之下营，再四十里入海。运输以蜀秫、大豆、豆饼、鱼类为大宗，由河口东至龙口，西至羊角沟，北至天津等处，皆可通航。特以渤海沿岸缺乏警察之设备，海匪时常出没，以致帆船商运日益衰落，殊可惜也。"③ 随着烟台的开埠，渤海莱州湾沿岸交通得以改善，昌潍地区的小麦、大豆、煤等物产可经潍河运至昌邑下营港口，再转运出海。从以上可以看出潍河在沟通鲁东、东北地区的重要位置。更为重要的是，在这种南来北往的商业贸易过程中，往往伴随着信仰仪式、故事传说等文化的互动与交流，知识的流动超越了地理空间边界。

除潍河外，诸多支系河流对永安一带亦有重要影响。永安地势低洼，由潍县流入境内的河流有四条：一是虞河，流经渔洞埠洼；二是瀑沙河（上游潍县段称泥河，亦称寒泥河、古寒水等），流经西永安村西南；三是阜康河，流经东永安村东；四是夹沟河，流经远东庄东部。永安一带多土埠岭，以西永安村西埠为起点，向东依次有东永安埠、远东庄埠、徐林庄埠、蚂蚱埠，这些黄土埠岭，连绵起伏，长数十公里。这些埠岭阻挡了南来诸河水北流入海，每遇大雨，永安一带一片汪洋，全年积水难下，田地淹没水中，村民出门需要扎水筏子划渡。究其原因，因上游潍邑淤塞不畅。基于地貌环境，河流上游与下游的民众多有冲突。清嘉庆十七年（1812），西永安村村民刘士汉、马乙建等人，状告潍邑 24 社，要求居于四条河上游的 24 社出工开挖河渠，疏导洪水泻于北海，以除水患。但潍县、莱州府均持敷衍态度，并未裁决。二人徒步进北京，将诉状递到户部。此时，官司已历经三载。户部经过审议，批谕

---

① 金曼辉：《我们的华北》，上海杂志无限公司 1937 年版，第 352 页。

② 光绪《昌邑县续志》卷一《山川志》，光绪三十三年（1907）刻本。

③ 民国《潍县志稿》卷二六《交通志》，民国三十年（1941）铅印本。

下达，潍邑败诉。批谕潍令监工，责24社摊派民夫，开挖河漕排涝。要求河口宽5丈，河底宽3丈，河深1丈，堤高5尺，河长13里。清嘉庆十九年（1814）春，潍令调动24社数万民夫挖河。河道由原东永安东头的瀑沙河故道改挖于西永安西头，由永安西部一直通向北部渤海莱州湾。历时一月，新河竣工。① 永安一带积水顺势北流入海，洼地逐渐露出水面。

潍北灾害主要有水患、潮灾、地震、蝗灾、旱灾、冰雹等。旧时北部濒海，地壳活跃，常引发海潮，每年三四月及秋季易发生海水倒灌，如1949年7月26日，海堤决口数处，潮水内侵20余公里，淹农田500余公顷。1964年4月，潍北遭受特大海潮，水位达3.8米，侵入内地东西宽29公里，南侵30公里，永安、博乐埠遭害尤甚。② 潮水过后，不但房屋倒塌，而且耕田变为盐渍涝洼地，数年不长庄稼。对此当地有歌谣唱道："春天盐碱白茫茫，夏天雨涝水汪汪，年年见种不见收，黄蓿野菜当主粮。"潍北境内水系发达，每逢大雨，河流泛滥，四处流溢，淹没田禾房舍。在东永安村民的记忆中，历来涝灾频繁。如1943年夏，淫雨连绵半月，东永安村一片汪洋，村民撑船走路，纷纷逃到村西高埠顶避灾。秋天，北部洼地蝗蝻孳生，永安一带庄稼受害严重。

古湖泊的形成与演变

在潍北地区的海河积平原区域，自西向东分布着三大湖泊群。这些湖泊的形成与晚更新世以来的三次大的海侵（沧州海侵、献县海侵、黄骅海侵）有关，尤其与黄骅海侵关系最为密切。黄骅海侵在距今7000年

---

① 光绪《昌邑县续志》卷一《山川志》载："瀑沙河，源出潍县。上为淀河，下为瀑沙。……嘉庆十九年重浚。"瀑沙河西岸西永安曾立有一碑记载此事始末，立碑时间为嘉庆十九年，碑阳镌刻潍邑24社社名，碑阴记下刘士汉、马乙建状告潍邑24社为永安开挖瀑沙河的缘由以及批谕等。参见王蔚成主编：《昌邑文化博览》，齐鲁书社2000年版，第47～48页。

② 双台乡史志编纂小组编：《双台乡志》，昌邑县印刷厂，1986年，第5页。

左右时达到全盛时期，当时海平面大致位于现今 5 米等高线附近，黄海海水经渤海向华北平原内侵，其中南部到达山东丘陵北陲的寿光、昌邑等地。以后随着大规模的海退，最终使得泻湖与海洋隔离，退居内陆，并在入注河流的不断淡化下，逐渐演变为淡水湖。如最西部的别画湖便是由虞河、白浪河汇入。根据莱州湾南岸平原古湖泊区域湖相地层的^{14}C测年表明，该区湖泊大约形成于距今 5500 年。① 潍北地区的古湖泊有巨淀（钜定）湖—清水泊、别画湖、黑冢泊等。这些古湖泊呈带状分布于海积、河积平原的过渡地带，位于淄河、弥河、白浪河、虞河冲积扇的前缘。

潍北地区的湖泊群以巨淀湖—清水泊面积最大。《汉书》记载：“（征和）四年春正月，行幸东莱，临大海。……三月，上耕于钜定。”② 可见，汉武帝曾亲自在该湖主持籍田仪式。历史上，这些湖泊可蓄积雨季时的洪水，补给地下淡水，对于减轻土地的盐碱化，调节滨海地带的环境起着重要作用。现在这些湖沼完全消失，土地盐碱化并大半荒芜。③

东永安村紧邻的湖泊为别画湖（又名“朕怀湖”“蝶湖”等），横跨昌潍平原中北部。关于别画湖，历代文献多有记载。北魏郦道元《水经注》载：“（白狼水）水上承营陵县之下流，东北径城东，西入别画湖，亦曰朕怀湖。湖东西二十里，南北三十里，东北入海”，“溉水又北径寒亭西，而入别画湖”。④ 元代于钦《齐乘》在记载白狼水时，提及别画湖：“白狼水，《水经注》出丹山，径北海郡城东，入别画湖，亦曰朕怀湖，东北入海。余按，白狼有二源……又东北过寒亭，合溉水入湖，由湖入海。”⑤ 此后各地方志记载的多为该湖泊解体而形成的小湖泊之名，如“黄

---

① 张维英、韩美、李艳红：《山东莱州湾南岸平原古湖泊消亡原因初探》，载《古地理学报》2003 年第 2 期。

② 〔汉〕班固：《汉书》卷六《武帝纪第六》，中华书局 1962 年版，第 210 页。

③ 王守春：《历史时期莱州湾沿海平原湖沼的变迁》，载《地理研究》1998 年第 4 期。

④ 〔北魏〕郦道元撰，陈桥驿校证：《水经注校证》卷二六，中华书局 2007 年版，第 620 页。

⑤ 〔元〕于钦：《齐乘》卷二《益都水》，中华书局 2012 年版，第 121 页。

荞洼”“芙蓉池”“高庄洼”“散水泊”“长泊”“永安湖”“容安洼”“莲花坡”等。别画湖的具体范围有多大呢？民国《潍县志稿》依据陆军测量局认为：“别画湖，《水经注》：别画湖，亦曰朕怀湖。湖东西二十里，南北三十里。即今永安湖、高庄洼、莲花坡、常寨洼、黄荞洼，在县北五六十里。”并且按：“《广异记》云：‘望海台侧有别淝泊。望海台，即今禹王台。’”[①] 宣统三年《山东通志》载：“（大湾口）庄东有泊子庄，东南距别画庄二十里，土人称其间为散水泊，其地当为别画湖故迹所及。”[②] 另外，据引黄济青沿线工程的地质研究发现，潍坊北面滨海地带白浪河尾段曾经存在一湖相沉积区。[③] 可以推断最初别画湖的区域范围，即东至昌邑市的永安一带，西至寒亭区禹王台村，北至横里路、西利渔村一线以南，南至固堤村北，东西、南北各约18公里。这一范围大约出现在汉代或其以前的气候温暖时期。自东汉中叶时起，气候逐渐转寒变干，湖泊的面积也相应缩小，并出现解体趋势。到北魏时，已减至“东西二十里，南北三十里”，并有黄荞洼与莲花坡两个洼地分离出来。[④]

至迟在明代，芙蓉池由别画湖东北部区域解体而成。明《寰宇通志》载：“芙蓉池，在昌邑县西北二十里。旧有台，久废。”[⑤] 其后，历代方志多有记载。清康熙《昌邑县志》载：“芙蓉池，在县西二十里永安社，旧有台，今废。故址犹存水央，俗呼为西白。”[⑥]

清康熙年间，昌邑知县许全临曾作诗《芙蓉池怀古》：“淑景融融媚碧波，芙蓉池畔长新荷。鱼吹细浪摇明月，燕掠疏帘影绿莎。台榭昔年夸壮丽，沧桑今日遍藤萝。水央遗址依然在，弹指兴衰感慨多。”[⑦] 清末民初，

---

① 民国《潍县志稿》卷五《疆域志》，民国三十年（1941）铅印本。

② 宣统《山东通志》卷二下《昌邑县》，民国四年（1915）铅印本。

③ 徐明广：《引黄济青工程沿线浅层第四系沉积相和沉积环境》，载《海洋地质与第四纪地质》1988年第2期。

④ 韩美、张维英、李艳红、张丽娜：《莱州湾南岸平原古湖泊的形成与演变》，载《地理科学》2002年第4期。

⑤ 〔明〕陈循等纂修：《寰宇通志》卷七六《莱州府》，景泰七年（1456）刻本。

⑥ 康熙《昌邑县志》卷二《地理志》，康熙十一年（1672）刻本。

⑦ 康熙《昌邑县志》卷二《地理志》，康熙十一年（1672）刻本。

芙蓉池进一步解体形成多处小湾塘和湖洼，如永安一带的永安湖。民国《潍县志稿》在记载瀑沙河时曰："瀑沙河，源有五……又北漫于永安湖，水盛则东北入海"，"虞河……近年下流淤塞，其水或散于高庄洼，或注于永安湖。有时水涨，方能入海也"。① 可见，20 世纪 30 年代，永安湖水量明显渐少。至 1949 年左右，由别画湖分离出的多处湖洼地已基本干涸。时至今日，所残存沼泽之地多在北部地区，如在寒亭，沼泽植被主要分布在高里、固堤北部、南孙乡全部和泊子乡北部，面积 16.1 万余亩。潍北别画湖遗址，土壤发育已脱沼泽化，但仍保留着沼泽植被。植被以芦苇、香蒲、臭蒲为主，并有单一的芦苇植被。② 东部永安北洼、高庄洼，经过中华人民共和国成立后不断开垦，已经成为潍北农场。古湖泊消亡最根本的原因，是河道变迁频繁和人类活动加剧。③ 就别画湖而言，受制于白浪河河道迁移，湖泊来水量逐渐减少。随着人口日益繁衍，大部分湖区已被开垦为农田，湖泊生态环境遭到严重破坏。

值得注意的是，诸如湖泊、山脉等某一地理资源的存在，对于当地民众的知识及心智塑造是恒久而坚韧的。比如别画湖，在历代民众中流传着诸多传说故事，内中寄寓着一种特殊的情感与想象。唐代文人戴孚《广异记》曾收录了这样一则故事：

> 唐建中初，青州北海县北有秦始皇望海台，台之侧有别浞泊④，泊边有取鱼人张鱼舟结草庵止其中。常有一虎夜突入庵中，值鱼舟方

---

① 民国《潍县志稿》卷五《疆域志》，民国三十年（1941）铅印本。另永安湖与"容安洼""莲花湾"应是同一湖泊的不同名称，清乾隆《潍县志》同样在描述瀑沙河时，提到该地湖沼时称"容安洼"："瀑沙河，城东四十里……自此以下水势渐大，过徕庄、辛阜，入昌邑容安洼。"参见乾隆《潍县志》卷一《舆地志》，乾隆二十五年（1760）刻本。

② 山东省潍坊市寒亭区史志编纂委员会编：《寒亭区志》，齐鲁书社 1992 年版，第 105 页。

③ 袁祖贵等：《关于黄河三角洲地区莱州湾南岸平原湖泊消亡原因的讨论》，载《古地理学报》2005 年第 2 期。

④ 民国三十年《潍县志稿》卷四二《杂稽志》作"别濜泊"，当为别画湖的异名。

睡，至欲晓，鱼舟乃觉有人，初不知是虎，至明方见之。鱼舟惊惧，伏不敢动，虎徐以足扪鱼舟。鱼舟心疑有故，因起坐，虎举前左足示鱼舟。鱼舟视之，见掌有刺，可长五六寸，乃为除之。虎跃然出庵，若拜伏之状，因以身劘鱼舟，良久，回顾而去。至夜半，忽闻庵前坠一大物，鱼舟走出，见一野豕，腊甚，几三百斤。在庵前，见鱼舟，复以身劘之，良久而去。自后每夜送物来，或豕或鹿。村人以为妖，送县，鱼舟陈始末，县使吏随而伺之。至二更，又送麋来，县遂释其罪。鱼舟为虎设一百一斋功德。其夜又衔绢一匹而来。一日，其庵忽被虎拆之，意者不欲鱼舟居此。鱼舟知意，遂别卜居焉。自后虎亦不复来。①

不难看出，这则“拔刺报恩”的传说，是动物报恩故事的一个亚型②，承载着一定的伦理教化意义。故事发生地点为潍北禹王台别画湖，早在唐代该传说在此地已广泛流传，显示出潍北民众对于生活环境的认知与想象。笔者在田野调查中还发现，潍北当地至今仍流传着大禹在别画湖一带治水的传说。据说，大禹曾在这一带逗留，治理湖水很是得法，使得百姓免遭水患。我们虽然无从知悉大禹治水传说在这一带的起始时间，但可以理解为民间传说的“在地化”表现形式，就其根本而言仍可视为地理空间对于人们心智格局的深刻嵌入。

生计方式

特定地区的地理生态往往对人们的生计方式有所制约，而生计方式又是人类与地理环境发生关系的前提。潍北地区最北部的滨海区以渔盐为主业，中南部尤其是古湖泊薮泽区则以农业耕作和家庭手工业如编织业等为

---

① 〔唐〕戴孚：《广异记》，中华书局1992年版，第173～174页。

② 蔡苡：《“拔刺报恩”故事的印度渊源与发展演变》，载《南京师范大学文学院学报》2017年第3期。

主，近湖畔村落还兼以淡水渔业。曾几何时，这种农副渔盐结合的兼业型生计方式在潍北地区极为普遍，时至今日仍有存在。

潍北农田耕作制度分为四种类型：一年一作、二年三作、一年两作、一年多作。一年一作制，春季播种生长期长的高粱、棉花、地瓜、花生等作物，秋收后土地休闲，翌年调茬仍然种植春作物，土地利用率较低。二年三熟制是1949年以前潍北地区主要的农作物耕作类型。20世纪50年代中期后，一年二熟制面积逐步扩大，二年三熟制的农作物种植面积压缩，普遍采用小麦套种秋玉米或接种秋大豆。农业耕作类型多以沟洫台田为主，以避免涝灾，改善盐碱化土壤。农作物种植以小麦、大豆、高粱、谷（小米）为主。明清时期，还大面积种植水稻。人们引湖水灌溉，进行水稻种植。清代昌邑文人孙乾元曾作《芙蓉池赋》赞颂湖泊的优美景致，文中涉及湖泊中丰富的物产描述，其中诗句“窗悬瀑布，暗稻陇之千町”，勾勒出湖泊周围一望无际的稻田生态，“盖帝子之长洲，而王孙之别墅”“甄城贵胄，衡府名王”等诗句，提及明朝青州衡王府①的往事，显示出这一带曾经的繁盛。② 当地传说，明代衡王府的“脂粉田”就在渔洞埠村北的高埠上，衡王曾在芙蓉池一带筑建苑囿、别墅，经常来此小住，观赏美景。种种传说，意在凸显衡王与芙蓉池的密切关联，为地方风貌增添了一份神秘与神奇。

乾隆《潍县志》记载：“乾隆二十五年（1760），知县张耀璧先后查出北台底社五营庄后、丹河南北两涯无粮荒地一千五十亩，南台底社北里庄左、近大于河东涯无粮荒地三百零五亩。以上共地一千三百五十五亩，改种稻田。潍县向无稻田，自此创始。”③ 位于湖泊东部永安渔洞埠一带种植水稻较多。清光绪《潍县乡土志》：“稻，潍境水田无多，惟邑北

① 《明史》载：“衡恭王祐楎，宪宗第七子。弘治十二年（1499）之藩青州。嘉靖十七年薨。”见〔清〕张廷玉等：《明史》卷一一九《诸王四》，中华书局1974年版，第364页。

② 乾隆《昌邑县志》卷八《艺文志》，乾隆七年（1742）刊本。

③ 〔清〕张耀璧、王诵芬修纂，孙建松等点校：《（乾隆）潍县志点校本》，山东新华印刷厂，2011年，第58页。

渔洞埠及郚吕店一带多种此。”① 另，民国时期，烟草成为潍县的重要物产，自民国初年培种以来，生产日增。1934 年，县境种烟面积为八万五千余官亩。②

依靠农业为生的耕作区村民每遇灾害战乱，饥寒交迫，生活困苦，因此农业与家庭手工业的结合尤为重要。民国期间山东农业调查会记录昌邑县耕作情况：

> 该县农家于耕耘播种，皆株守旧法，牢不易破。农用器具，受于先人，志在存守，是以虽有良法不相信，虽有利器不求用，惟日日病于夏畦，即以为竭人头之智力，尽物理之妙种矣。故幸遇丰年，所得仅可足用，一遇凶年，人且狼狈。迩年来虽屡遭天灾，其所以能支持者，全赖织绸布，编草辫，以谋生活，故农业状况如昨，毫无进步。该县人民富力，除十数家外，大略相同，无巨富过贫，故农家自作者多，佃作者少。③

自西周始，渔盐业、编织业便成为潍北地区人民重要的生计方式。《史记·齐太公世家》载：“太公至国，修政，因其俗，简其礼，通商工之业，便鱼盐之利。”④ 另，《太平寰宇记》描述潍州风俗时也说道：“太公以齐地负海舄卤，少五谷而人民寡，乃劝以女工之业，通鱼盐之利。”⑤ 对此，历代文献的记载略同，大致是齐地北部几为薮泽，广野牧地，水草茂盛，齐人于其地放牧群畜。人们傍水而居，湖泊薮泽内所盛产的芦苇、柳和蒲等水生植物，为村民提供了丰富的自然资源，人们采蒲苇编织草履

---

① 孙建松主编：《（光绪三十三年）潍县乡土志点注本》，山东新华印刷厂，2010 年，第 97 页。

② 民国《潍县志稿》卷二四《实业志》，民国三十年（1941）铅印本。

③ 山东公立农业专门学校附设山东农业调查会：《山东之农业概况·胶东道属·昌邑县》，济南启明印刷社 1922 年。

④ 〔汉〕司马迁：《史记》卷三二《齐太公世家》，中华书局 2010 年版，第 2507 页。

⑤ 〔宋〕乐史：《太平寰宇记》卷一八《潍州》，中华书局 2007 年版，第 362 页。

等，编织业尤为发达。① 直至20世纪，这种生计方式依然在这一带有所延续。清光绪《潍县乡土志》：“苇席，邑北渔洞埠湖及邵吕店洼处宜苇，种者甚繁，寿光商人每岁购去，制为席。”② 晚清文人郭麐描述潍北乡村生活：“近海编氓田产疏，半应灶户半为渔。几年方得余财攒，挨雁新添一炮车。”③ 郑板桥描述北部湖泊海滩一带的渔家生活道：“北洼深处好拿鱼，淡荡春风二月初。河水尽开冰尽化，家家网罟暴村墟。”④ 清末潍县进士陈恒庆《海滩》一文中更为生动形象地描述了潍北湖沼海滩一带的景致与生活。⑤ 此文为潍县人陈恒庆告老归田后所作，从中可以看出潍北湖泊的优美风光、丰富物产⑥及村民日常劳作生活。湖泊不仅盛产鱼、虾、螃蟹，湖边自生的芦苇与蒲子还可用来织席、葺屋、编蒲团等，成一方生计。当地人们引水耕种稻田，逐渐发展出渔业、运输业、编织业、水稻种植业等，以弥补土地盐碱贫瘠之困窘，成为典型的兼业劳作模式。其中，编织草帽辫在潍北地区尤为盛行。陈恒庆还细致描绘了莱州湾南岸一带盛行的草帽辫业：

---

① 相关记载如《管子·轻重甲》：“桓公忧北郭民之贫，召管子而问曰：‘北郭者，尽屦缕之氓也，以唐园为本利，为此有道乎？’管子对曰：‘请以令：禁百钟之家不得事鞒，千钟之家不得为唐园，去市三百步者不得树葵菜。若此，则空闲有以相给资，则北郭之氓有所雠。其手搔之功，唐园之利，故有十倍之利。’”又见《管子·山至数》：“桓公问于管子曰：‘准衡、轻重、国会，吾得闻之矣。请问县数。’管子对曰：‘狼牡以至于冯会之日，龙夏以北至于海庄，禽兽羊牛之地也，何不以此通国策哉？’桓公曰：‘何谓通国策？’管子对曰：‘冯市门一吏书赘直事。若其事唐圉牧食之人养视不失捍殂者，去其都秩，与其县秩。’”

② 孙建松主编：《（光绪三十三年）潍县乡土志点注本》，山东新华印刷厂，2010年，第97页。

③〔清〕郭麐：《潍县竹枝词（自注）》，见孙建松编著《潍县竹枝词撷英》，中国戏剧出版社2012年版，第56页。

④〔清〕郑板桥：《潍县竹枝词》，见孙建松编著《潍县竹枝词撷英》，中国戏剧出版社2012年版，第19页。

⑤〔清〕陈恒庆：《谏书稀庵笔记·海滩》，《近代中国史料丛刊》第41辑，台湾文海出版社1973年版，第187～189页。

⑥ 清康熙《昌邑县志》描述了芙蓉池内的物产：“芙蓉池……内有红白莲二种碧莲间生，又产芩茨、鸡头，所以供丁祭鱼数甚多，土人资其利焉。”参见康熙《昌邑县志》卷二《地理志》，康熙十一年（1672）刻本。

> 自昌、潍循海而东，至莱府，其乡村妇女多业草帽辫。地亩植小麦者，多加粪力，再遇雨水调和，麦莛可高三四尺。刈获后，以木梳去其皮，水润之，以刀劈之。刀双层有口，口有大小。初学编者，用大口刀劈之，辫微粗。手艺精熟者，用小口刀，辫极细。路过其乡，见青年妇女或坐于门前，或在树林荫翳之下，信手拈来，顾盼自如，谈笑自若，而辫则条理不紊，丝毫不差，较纺织之利，多至倍蓰。外来海舶，捆载而去，亦挽回利权之一端也。①

从文中不难看出潍北民众娴熟的编织技艺。清末地理学家张相文在齐鲁旅行时经过潍北之地，也对这一带的生产生活有所记载：

> 妇女之作草绠者，坐之皆不释手。而卧室能知前后开窗，以纳新气，尤足多也。禾稼葱茏，村树茂密。每隔数里，必有一大村落，外皆环以土圩，无异营垒。又多槲树，叶似梧桐，可喂野蚕，以织茧绸，为土产之大宗。②

当地曾流传民谣说："唧啾咯噔织，两天织一匹。五天一个集，卖了籴粮吃。"足见潍北地区丝织业的兴盛。此外，潍北地区还有染业、皮革业、猪鬃业、丝绸业等家庭手工业，而以布业、棉纱业尤盛。潍县开埠前所做规划中提到手工艺情况："潍县民风勤朴，手工艺犹为擅长，嵌金银丝漆品，名闻海内。最发达者，则为织布业。县东境有家庭工业织布机十万架（每架日出布八九丈），最盛时，每日出布匹八十万张，远销陕、甘、晋、豫各省。"③

20 世纪 50 年代以后，潍北一带乡村依然多有从事编织手工业者。如在昌邑县双台乡境内，"湾塘众多，计 2550 亩，大部分栽种蒲苇。年产蒲

---

① 〔清〕陈恒庆：《谏书稀庵笔记·草帽辫》，《近代中国史料丛刊》第 41 辑，台湾文海出版社 1973 年版，第 189 页。

② 劳亦安编：《古今游记丛钞》卷六《齐鲁旅行记》，中华书局 1924 年版。

③ 《山东潍县开辟商埠计画》，载《河北建设公报》1932 年第 2 期。

子130余万斤，产苇约100万斤。这几种均属多年生植物，投资少，收益高，用途广。不仅供给本地农户编织，且成品还远销外地。仅地毯一项，各村老少大部从事编织，畅销国外，年收入800万元，远近驰名”①。

潍北境内商业，可分为外货内销与土货外运两种。外货内销包括外县、外省及外国商货进口，以棉纱、煤油、铁为大宗。土产外运以烟叶、土布、豆油等为主要。② 潍北商贸发展以潍县以及昌邑柳疃、下营、夏店等北部地区为重。③ 传统社会中，潍县在山东内陆交通系统中尤为重要，商贸经济发展迅速。清乾隆时期，时任潍县县令的郑板桥作诗形容潍县商贸的繁华："两行官树一条堤，东自登莱达济西。若论五都兼百货，自然潍县甲青齐。"④ "三更灯火不曾收，玉脍金齑满市楼。云外清歌花外笛，潍州原是小苏州。"⑤ 与潍县不同，昌邑在道光二十年（1840）以前，工商贸并不甚发达。此后，众多商号茧庄开设，如道光二十八年（1848），昌邑瓦城村赵连运、赵光珠合股在柳疃镇开设"复盛店"茧庄；昌邑齐西村齐增修、瓦东村赵梦全、姚徐邓村徐培祺合股开设的"广盛店"茧庄；昌邑虫埠村傅振邦家族与潍县陈介祺家族合股开设的"双盛合"茧庄等。咸同时期，昌潍丝绸进入欧美市场。清末昌邑纺织业更为发达，昌北地区以丝织业闻名，极为兴盛，"茧绸产地以山东为第一，山东重要产地首推昌邑……山东茧绸贸易均由栈房介绍，售于烟台、青岛之洋商。……此等洋商收买茧绸送至上海、香港，转运欧美各国"⑥。以柳疃镇为中心，当时已有茧绸木机一万余台，年产茧绸六十万匹，总值约四百万元。烟台、北

---

① 双台乡史志编纂小组编：《双台乡志》，昌邑县印刷厂，1986年，第38页。

② 民国《潍县志稿》卷二四《实业志》，民国三十年（1941）铅印本。

③ "（昌邑）又北二十公里即下营海口，民船舣集，货物云屯。东北十公里有夏店，商况之盛，与柳疃、下营鼎足而三。农产：麦、豆、米、高粱为大宗，牛皮之输出甚盛。"参见民国二十五年《山东地志·昌邑县》，引自文山诗书社编：《昌邑古县志集》，潍坊市新闻出版局，1996年，第697页。

④ 潍坊市潍城区政协编：《郑板桥在潍县》，中国文联出版社2002年版，第106页。

⑤ 卞孝萱编：《郑板桥全集》，齐鲁书社1985年版，第320页。

⑥ 曾同春：《中国丝业》，商务印书馆1933年版。

京、上海等大城市都有昌邑的丝绸商号。[①] 其中，在北京开设的绸布商号达 100 余家，约占北京绸业商号的三分之一。[②] 可见，昌邑柳疃一带乃是江北纺织业的发达之地。

随着鲁西大运河的淤塞，烟台、青岛的开埠以及胶济铁路的兴建，鲁东地区逐渐成为山东省经济重心。清光绪三十年（1904）三月十六日，胶济铁路正式通车前一个月，袁世凯和周馥联名上奏："……至省城迤东之潍县及长山县所属之周村，皆为商贾荟萃之区。该两处又为胶济铁路必经之道，胶关进口洋货，济南出口土货，必皆经由于此。拟将潍县、周村一并开作商埠，作为济南分关，更于商情称便，统归济南商埠案内办理。"[③] 同年，潍县予以开埠。潍北境内有多个车站点，"皆以接近铁路，顿成商业中心"[④]。"潍县开埠后，为方便商业发展，将东至白浪河，西至擂鼓山马路，南至铁路车站，北到坝崖，近一千余亩的地方划为了商业区，成为较大的转运站。销往海外的昌邑茧绸改由潍县转运至青岛。清末民初，昌邑柞丝绸交易额每年约一千万两，约占山东总交易量的 60%，占全国的 48%。"[⑤] 民国《潍县志稿》记载昌潍钱庄情况：1915 年，经昌邑县商务会注册，在柳疃成立了由"泰元"（东家今卜庄镇姜家泊村"五大功"）、"天源永"（东家今柳疃镇姜家寨村姜述贤家族，掌柜今柳疃镇潮海村孟明武）、"三合堂"（东家今龙池镇东白塔村"阜盛茂"）等 15 家钱庄组成的"钱业联合会"。该会发行"本票""庄票""乡票"，视同现金在昌邑、潍

---

① 宋甲其：《昌邑辛亥革命纪略》，见中国人民政治协商会议昌邑县委员会文史资料研究委员会编《昌邑文史资料》第五辑，昌邑县印刷厂，1991 年，第 2 页。

② 高守信口述、徐言年整理：《在京昌邑绸布业之我见》，见中国人民政治协商会议昌邑县委员会文史资料研究委员会编《昌邑文史资料》第六辑，昌邑县印刷厂，1992 年，第 54 页。

③ 天津图书馆、天津社科院历史研究所编：《袁世凯奏议》（中），天津古籍出版社 1987 年版，第 929～930 页。

④ 胶济铁路管理局车务处编：《胶济铁路经济调查报告分编·潍县》，青岛文化印书社 1934 年版，第 16 页。

⑤ 《一带一路与潍坊·昌邑篇》，载《潍坊晚报（人文特刊）》2015 年 3 月 28 日。

县境内流通。① 民国《潍县志稿》载：“前潍县钱业金融来源多仰给于昌邑柳疃、黄县、沙河镇各处。……潍县现有钱庄 25 家。”② “至 1913 年，潍县资本额 10 万银两以上的商号，已由胶济铁路刚修通时的 10 家增加到 30 家。1919 年，潍县城内商号发展到了 910 家。”③ 潍县逐渐由一个鲁中商业区转变为华北区域的商贸枢纽，商业地位益显重要。

早在潍县开埠前的 1902 年，潍县便成立了潍县商会，会长多是士绅家族的后代。叶汉明在研究 19 世纪末潍县的社会经济变迁时发现：

> 科举虽废，地方士绅却能通过新的途径巩固或更新其政治社会和经济力量。……绅商层的强化也得力于小农经济的持续发展。家内生产制能为商业资本提供利润之源。新式手工业的兴起促成了商业资本与小农经济的进一步结合，但并未改变固有的生产方式。即使到了 20 世纪包买主和商人雇主制日趋成熟、经济作物出现、农业进一步商业化时，小农家庭仍是生产的基本单位，家内工人仍是主要的劳动力。这种农业与手工业的结合，就是民国时期占潍县农户 80% 以上的自耕农和半自耕农的生产形式。和绅商层一样，小农生产者经历了商业化的加速发展，却依然在内外变动的冲击中表现出顽强的应变力和生存力。④

可以说，基于潍北特殊的地理环境，人们所采取的农业与小手工业的兼业生计传统，支撑着潍北士绅的商贸经济活动，并进而对潍北乡村社会予以回馈，以获得一定的文化资本。绅商对当地迎神赛会多有捐助⑤，以经济资助方式对区域社会的信仰仪式及自治组织施加影响，试图营造礼法

---

① 民国《潍县志稿》卷二四《实业志》，民国三十年（1941）铅印本。

② 民国《潍县志稿》卷二四《实业志》，民国三十年（1941）铅印本。

③ 林修竹编：《山东各县乡土调查录·潍县》，山东省长公署教育科 1920 年版，第 79 页。

④ 叶汉明：《十九世纪末潍县的社会经济变迁——山东经济重心东移对地方社会的影响》，载《文史哲》1989 年第 2 期。

⑤ 譬如，昌邑瓦城大庙诸多碑刻题名中，出现大量商号记录。

社会秩序，是值得特别注意的现象。

社 会 文 教

潍北区域社会经历了怎样的历史演变过程而形成当下的文化态势？这是我们在进入村落进行田野调查之前，不能不关注的地方历史。诚然，国家意志经由地方士绅的传达，渗透地方社会，并在与不同社会群体的互动中形成了多元表述，而我们今天的田野调查活动，在某种意义上可以视为“回到历史现场”①。作为本书核心个案的东永安村，隶属昌邑古县，故以下将主要考察不同历史时期的昌邑县社会历史情况，并特别聚焦于儒学教育、地方宗族、风俗礼仪、宗教仪式等维度。

昌邑地区历史悠久，名称更迭错综复杂，屡经演变，领属时有更易。昌邑自夏禹分天下为九州始，此地即属青州。商代，地称莱夷，属莱国。春秋时期设城邑，有鄑水②流经其地，故名“鄑城”，属纪国。后齐师灭纪，废鄑邑，建郱殿，后改称都昌，属齐国。汉高祖六年（前201），置都昌国。后国除为县，属北海郡。东汉属胶东国，后并入北海国。唐废都昌入北海县，属北海郡。宋建隆三年（962），析北海唐安乡置昌邑（因其地曾为都昌之邑，故名昌邑）隶之。③ 自此始有昌邑之名，为以后历代县治。乾德三年（965），军升为潍州，县仍属焉。金元因之。明洪武初随州属青州府，九年改属莱州府。二十一年隶属平度州，属莱州府。清代因之。④

---

① 陈春声：《走向历史现场》，载《读书》2006年第9期。

② 鄑水，为潍河春秋时期的河道。

③ 山东省昌邑县志编纂委员会编：《昌邑县志》，昌邑县印刷厂，1987年，第38页。

④ 清代，昌邑县设4乡98社，本书所重点研究的东永安村隶属于西部忠孝乡永安社；民国时期，昌邑设10区，下辖115个乡，东永安村归属于2区永安乡；1948年，昌邑县设12区，下辖478个行政村，东永安村属于永安区；1950年，昌邑县设12区，辖99个乡，东永安村为2区东永安乡；1958年，全县分为人民公社15处，东永安村隶属英雄社；1983年，全县改设6镇14乡，东永安村隶属于双台乡；2007年，撤双台乡，并入都昌街道，东永安村隶属于都昌街道。参见山东省昌邑县志编纂委员会编：《昌邑县志》，昌邑县印刷厂，1987年，第40～43页。

据文献记载，昌邑之地曾发生过许多重要历史事件。如《左传·庄公元年》："齐师迁纪郱、鄑、郚。"杨伯峻注：郱、鄑、郚为纪国邑名，齐欲灭纪，故迁徙其民而夺取其地。① 《齐乘》："汉末，孔北海为黄巾贼管亥所围，太史慈约昭烈救之于此（都昌）。"② 明代，潍北民众与青州衡王府时有纷争。衡王府不仅在青州府各县兼并土地，还向莱州府抢占民地。明代昌邑人孙梦豸（明嘉靖丙辰科进士）在《抚宪芳洲洪公生祠记》中曾提到受王府侵田而民不聊生的状况：

> 我昌北滨大海，南绕潍河，东当登莱之冲。土狭而瘠，役繁而重，又以西近衡藩，民之土田半为官校执役者所侵夺。田去税存，征输日迫，奸猾少壮者望风以投，而善良老弱乘首待毙，民不聊生。当路者往往处之以宽，比年吞噬，豪夺尤为恣横。③

又据清康熙《昌邑县志》载：

> 本县西乡永安等社与明衡府庄田相接，往年引礼王日章大肆凶残侵夺民地数百顷，百姓负冤，无所控诉。又本县民但有负欠差粮大小罪犯，辄投彼处，官民莫敢谁何，致使居民包粮代罪，冤抑万状。诚二百年来之积蠹也。嘉靖四十二年，分巡海右道王文翰洞见民苦，俱由申巡抚都御史洪朝选，秉公奏拿王日章及党羽，悉加极刑，仍毁其私置巢穴，民地尽复，乡民感德立祠。④

在具体打击衡府兼并土地过程中，洪朝选召集昌邑知县李天伦、潍县

---

① 杨伯峻：《春秋左传注》（修订本），中华书局2009年版，第156页。

② 〔元〕于钦：《齐乘》卷三《昌邑县》，中华书局2012年版，第191页。

③ 乾隆《昌邑县志》卷八《艺文志》，乾隆七年（1742）刊本。

④ 康熙《昌邑县志》卷三《建置志》，康熙十一年（1672）刻本。另同书载："洪王二公祠，在城南三里小店。嘉靖四十五年士人为巡抚都御史洪朝选、分巡海右道王文翰立。今祠废，碑碣尚存。"祠内碑碣为邑御史孙梦豸所撰二公德政碑。

知县樊修等两府知县会同巡按山东监察御史罗凤翔，清丈衡王府庄田，踏勘边界，丈量土地，结果查明：衡府钦赐地三段（姚老堤地、中海滩地、禹王台地）共一千一百七十三顷二十一亩二分四厘四毫，而中海滩周边的奔桥、蝗虫壕、小水湾地，禹王台莲花泊四周的塔儿苑、青边岭、水王庄地，姚老堤西南直到浊（泥）河以南20里远的固柳社地等皆为王府非法侵占地。① 此外王府审理正王日章还倡立五百步为一亩，更改府县册籍而混占的土地，将东、西、南、北长阔二三百里大亩一万余顷，折成二百五十步一亩的官亩，实为2万余顷。最终所占民地得以归还，并“立界石以定区限，挑壕堑以正疆域”。在衡府王庄与民地交界处“埋立桩橛，封起土圭”，特别于“昌、潍二县置大石于四至，仍照所立边界长挑壕堑以垂久远之计”。尽管如此，此后衡王府仍在不断地侵占民地，扩展庄田。② 至明末，尤为变本加厉。在昌邑西永安村高庙前，原有一通立于明崇祯十三年二月十九日的《明衡府赡田界碑》③，廓清王府钦赐地与民地的界限。显然，上述事件的发生，固然说明衡王府权大倾天、仗势欺人的恶劣行径，其实也与这一带特别复杂的河、湖、山埠交织的地理生态有关，潍北较多的荒滩地为当地权贵的肆意侵夺提供了某种便利。20世纪以降，这一带围绕土地产权而发生的村落内部以及村与村之间的纠纷，使得基于地缘的社会交往关系极为复杂。

有学者注意到，大致从南宋开始，针对大一统下广土众民现状的长程社会变迁，开启了以“礼下庶人”的方式构建下层民间社会的持续努力。这一持续千年的尝试和努力，寓正德于厚生，侧重的是“地方”，强调的是“民间”④。笔者在下文中，之所以关注潍北地区的科举与文教传统，正

---

① 〔明〕洪芳洲《读礼稿》卷一《处置王庄疏》，见四库未收书辑刊编纂委员会编《四库未收书辑刊》第5辑第19册，第618～621页。

② 余同元：《明代衡王府庄田》，载《烟台大学学报（哲学社会科学版）》1997年第4期。

③ 此碑立有两处，一在昌邑西永安村高庙前，一在潍县神堂村庙内。

④ 罗志田：《地方的近世史：“郡县空虚”时代的礼下庶人与乡里社会》，载《近代史研究》2015年第5期。

与此有关。

潍北地区作为齐鲁“礼仪之乡”的一部分，其重儒传统对于地方社会生活有着重要影响。明清时期，随着手工业的兴盛和商业的繁荣，昌潍地区出现了一些富商巨贾，纷纷捐献资金，反哺教育，通过捐资兴办学院，为当地培养了大批的官吏和士绅。仅在清代，潍县就出了2名状元，77名进士，297名举人。① 如潍县商绅捐建麓台书院与潍阳书院，就是一例。至民国初，潍县教育在山东各县中最称发达，有县立中学3处，有美国教会所设之文美女学1处，高等小学30余处，国民学校700余处。②

昌邑县学始于金代，乾隆《昌邑县志》：“在县治东，金大定间建。明洪武三年县丞程福山建明伦堂，东进德斋，西修业斋，堂东南为奎楼。景泰七年，知县叶藩重修……乾隆六年，知县周来部重修崇圣祠、大成殿、两庑、明伦堂、名宦、乡贤祠。”③ 元代时设教谕共2名；明代将多出祠庙改建为书院，扩充儒学。隆庆年间将四知祠改为四知书院，“四知书院，在昌邑县南门外，本汉杨震祠，明隆庆间改建”④，又“养志书院，在县西二里，隆庆二年督学邹善建，即逢萌祠”⑤。另明代亦重视社学教育，在各社中俱设，“社学，明嘉靖时建，在县治东南，槐行街之南。隆庆六年，知县陈文重修，又于四乡建社学四所。万历四年，知县侯鹤龄拓地修葺，加意训课”⑥。明代昌邑地区重视教育，清初康熙乾隆间社学、四知书院、养志书院等俱废。⑦ 直至乾隆五年，昌邑知县新建两处义学，聘请老师讲课。“义学，一在东山，一在塔尔埠。乾隆五年知县周来部新建，延师训

---

① 民国《潍县志稿》卷二二《教育志》，民国三十年（1941）铅印本。

② 陈博文编：《山东省一瞥》，商务印书馆1925年版，第46页。

③ 乾隆《昌邑县志》卷四《学校志》，乾隆七年（1742）刊本。

④ 〔清〕穆彰阿、潘锡恩等纂修：《嘉庆重修一统志》卷一七四《莱州府一》，四部丛刊续编本。

⑤ 康熙《昌邑县志》卷三《建置志》，康熙十一年（1672）刻本。

⑥ 康熙《昌邑县志》卷三《建置志》，康熙十一年（1672）刻本。

⑦ 如“养志书院……今废”，“社学，在县治东南槐行巷南头路西，今废，基为居民盖房住。各社俱有”。参见康熙《昌邑县志》卷三《建置志》，康熙十一年（1672）刻本。

课。”[①] 至道光二十七年（1847），知县刘扬廷、典吏姜炤倡捐，修建凤鸣书院，以诂经书院旧址（创始无考）创修为考课之地，余款先后置田一百八十余亩……历年租入及集款生息，以资延师上课。[②] 大致说来，明清时期昌邑地区的文教传统是较为发达的。明代有进士 19 名（文科 15 名，武科 4 名），举人 56 名，岁贡 128 名；清代则有进士 39 名（文科 26 名，武科 13 名），举人 82 名。

昌邑县学原设廪膳生员 20 名，增广生员 20 名。附学生员，岁科试各取 12 名，武生岁试，亦取 12 名。[③] 入学额数 15 名，旧额 12 名；嘉庆二十三年增 3 名。[④] 对于为何在嘉庆年间增设三个入学名额，光绪《昌邑县续志》有所提及："嘉庆二十三年，邑绅姜可法、高怀芳等，以户口殷繁、士勤诵读，且有金、复二卫遗户，及灵山卫入籍民人占额，入学人多额少，请将金、复等卫学余额三名拨增。蒙抚宪和舜武、学宪辛从益会奏文额取进十五名。”[⑤] 咸丰末，捻军入境，先后捐军饷银六万一千七百余两，在籍礼部主事张殿栋等呈请广额。蒙抚宪阎敬铭奏明广文武学额各 6 名（银万两，广额 1 名）。先是道光三十年，恩诏入学广额 7 名。咸丰三年，同治二年，光绪二年、二十一年、三十年等，恩诏入学广额各 7 名。

清光绪三十年（1904），奉文停科场，立学堂。知县吴延祚改凤鸣书院为高等小学堂，聘通中西学教习各一。由县考取童生，十五岁以下、二十五岁以上者，正副课各 30 名，充学堂生，按日训课，四年毕业，升入中学堂。内附师范讲习所，聘教习一人，必兼通中西学者（或学堂教习兼理）。考取廪、增、附监生 40 名，三年毕业（速成科一年），待选蒙学堂教习。一切堂规皆遵奏定章程，学生经费，其正课初资、书院集款，及阖

---

① 康熙《昌邑县志》卷三《建置志》，康熙十一年（1672）刻本。

② 光绪《昌邑县续志》卷四《学校志》，光绪三十三年（1907）刻本。

③ 光绪《昌邑县续志》卷四《学校志》，光绪三十三年（1907）刻本。

④ 〔清〕穆彰阿、潘锡恩等纂修：《嘉庆重修一统志》卷一七四《莱州府一》，四部丛刊续编本。

⑤ 光绪《昌邑县续志》卷四《学校志》，光绪三十三年（1907）刻本。

邑捐筹。[①] 学堂之数，自城内高等小学堂及官立四十区外，合之公立并私塾改良不下数百区，就学儿童达千数。[②] 高等学堂的建立，其实是清朝维新要图的实现路径。

科举考试对于地方社会发展有着重要的影响，即便是获得较低功名者，也往往在民间扮演着精英的角色。地方科举名额较少，博得功名并非易事。清后期对于科举生员名额有所扩增，一方面是基于战乱，另一方面也是对生员身份的重视，同时也是民众进入国家系统的自身需求。事实上，在晚清民国村落社会中发挥重要作用的多是这些生员，他们参与着村落生活中的各项事务，如编修族谱、建立祠堂、修庙立碑、书写对联等。晚清生员名额增加后，儒生获得功名的几率增大，进一步影响建构地方社会。值得注意的是，有功名的人对于乡土村落社会的影响，并不仅仅在于帮助地方修助庙宇等公益事务，其存在本身即为普通百姓提供了想象、建构“国家正统”的凭据。

清代潍县，有张、郭、陈、丁四大家族兴起。[③] 清末，科举废除后，这些宗族成员多又变身商会领导者，参与地方经济，形成了复杂的权力网络。就昌邑地区而言，较大的宗族有姜氏、傅氏、陈氏、黄氏等。其中，黄氏宗族居于昌邑黄家新郭村，以黄福（1363—1440）最为有名。[④] 《明世宗肃皇帝实录》卷四正德十六年七月：“诏祀故太保尚书黄福于昌邑。福，昌邑人。莱州知府常道奏，福在先朝有大功，其名德为乡里所重，虽曾为之建祠设像而未得祭于有司。请令守臣岁时致祭，载在祀典，以励风化，礼部覆请。上特允之。”显然，黄福不仅有安南平叛之功，还在交趾推行儒学礼仪，以崇祀贤德圣人之礼教化地方，努力改变地方风俗，因此

---

① 光绪《昌邑县续志》卷四《学校志》，光绪三十三年（1907）刻本。

② 〔清〕吴弼昌：《续修昌邑县志序》，《昌邑县续志》卷一《序》，光绪三十三（1907）刻本。

③ 张玉法：《中国现代化的区域研究 · 山东省（1860—1916）》，台湾“中研院”近代史研究所 1982 年版，第 19 页。

④ 黄福，字如锡，号后乐翁，昌邑黄家新郭村人，明洪武甲子（1384）科举人。永乐初，明成祖命黄福以尚书衔兼掌交趾布政、按察二司。黄福在交趾大力推行儒学教育，完善科举制度，以礼教化民众。

朝廷下诏在昌邑为之建祠致祭。可以想见，此举对于明代以来昌邑地区的礼仪教化有着重大推动作用。

潍北既处齐地，亦有崇尚兵武经术之遗风。昌邑举人史载勋①曰："夫昌濒海民贫，男通渔盐之利，女攻绩纺之业。士高而无私谒，民醇而无嚣讼。第迩来诗礼之家，不务耕读章缝之裔，甘为贱役。兹风俗一大变也，是在吾侪自相转移耳。"② 据他观察，先齐民醇尚读之风已经有所改变，诗礼之家竟有从事些卑贱职事的，这被他视为咄咄怪事。其实，在他这一"少见多怪"之慨叹的背后，恰恰说明了当时昌邑地区对于"诗书继世长"的看重。清初昌邑知县党丕禄③曰："昌当登莱咽喉，为东西孔道。水秀山明，人杰物丽，甲于诸邑，固形胜之区也。而治教有盛衰，变迁有今古，厘保化道，不能不廑，守土之思矣。"④ 在党丕禄看来，昌邑旧为登莱咽喉之地，有着重要的军事交通意义，但风俗教化有所衰落，因而感慨不已。昌邑地区的崇儒重教风气之盛，在清乾隆《昌邑县志》中可以看出：

> 先王以礼乐化天下，风之所被，罔不披靡，及世变既迁，政教不一，或相沿于缙绅士族，草野慕好，而其风一变。然土地所宜，故老所守，波流余韵，终不至大决其防。古人云"礼失求诸野"，非虚语也。昌虽承齐功利之余，其俗阔达而好胜，然朴质务本，四民守业，犹有先王遗风焉。至岁时之节，礼俗之沿，不可尽晓者，不知渐自何人也。昌俗尚质朴，敦本抑末，邻保相周恤，吏民鲜告讦。士类崇行谊，遵礼法，无把持请托之习。农事耕获，女勤纺绩，但濒海财乏，业商者少。
>
> 冠礼：久略不行。婚礼：婚娶不论资财，依《家礼》亲迎入门，

---

① 史载勋，明万历十九年（1591）举人，为明代著名学者，著有《廿一史纪略》《昌邑纲纪志》《海运议》《训儿经》等。

② 康熙《昌邑县志》卷二《风俗志》，康熙十一年（1672）刻本。

③ 党丕禄，字秀钟，陕西郃阳（今陕西合阳）人，举人，顺治十四年（1657）任昌邑知县。康熙年间撰修《昌邑县志》，作孙庙奇槐诗多首。

④ 康熙《昌邑县志》卷二《风俗志》，康熙十一年（1672）刻本。

> 行合卺礼，三日庙见，诸姑、伯、叔以次礼谒。丧礼：三日大敛，寝苫枕块，朝夕奠荐，四十九日谓之“七遍”，始就床褥。葬用木椁灰格，称家有无。士大夫家不作佛事。祭礼：节荐时享，粢盛馨洁，士大夫家行四拜礼，有祝文。①

至清光绪年间，昌邑地区有加入西方宗教的人口。清光绪《昌邑县续志》载：“近有入外教者，风俗为之一变。”1883 年，美国北长老会牧师狄乐博选中潍县作为宣传基督教基地，并建立了潍县乐道院，在多地市设立支会。1906 年，狄乐博决定南寨支会以白浪河为界，分为东、西两支会。东支会址设南寨，辐射到昌邑的双台、兴福、萧（肖）家埠村、徐林庄一带。② 基督教传入，在潍北发展颇快。

1912 年，昌邑爆发“五·一八”惨案，这一事件看似起因于剪辫这一近代中国历史上重要的习俗变革，但实际上它根源于国体变动之际昌邑地方上激烈的社群冲突以及与政治象征的复杂关系，以士绅为主的传统精英与以“新学界”为代表的新潮精英之间的冲突是其主因。以城隍庙为中心的暴动方式，不仅与地方民俗有关，更是极具象征意味，呈现了昌邑的地方社会生态。③

1929 年 9 月，昌邑县农民协会成立。该协会对于地方礼俗改革有着重要的影响。协会成员主要是种地的男性农民，组织系统是小组、村农协、乡（镇）农协、区农协、县农协。昌邑县农协会在四乡设立了不少重点村，主要活动成绩包括：取消私塾，帮助教育局办学堂；青壮年会员则办夜校，上夜校；会员要宣传妇女放脚，家属带头；宣传男人剪发辫；宣传废除阴历，改用阳历；反对迷信，拉神像；改庙宇为学校等。半年以后，全（昌邑）县 831 个村庄都有了农民协会的组织。1930 年秋，农民协会被

---

① 乾隆《昌邑县志》卷二《风俗志》，乾隆七年（1742）刊本。

② 山东省潍坊市寒亭区史志编纂委员会编：《寒亭区志》，齐鲁书社 1992 年版，第 710 页。

③ 刘宝吉：《城隍庙的钟声：昌邑民元“五·一八”惨案深描》，载《民俗研究》2014 年第 5 期。

取消。①

此外，因潍北为泽薮之地，又资渔盐之利，匪盗猖獗，常常登岸扰民，劫掠钱财。② 按照清顺治年间昌邑知县党丕禄的说法是："革代伊始，昌几为盗薮。及余至，萑苻犹未靖也。"③ 晚清时期尤其是潍县开埠后，潍北一带商贸繁荣，盗匪四起，抢夺钱财，打家劫舍，时有发生。至清末，北部沿海区海盗猖獗：

> 清末民初，海盗为害甚重。大帮百余人，小股几十人。他们持长短枪和匕首，经常出没在沿海一带抢劫船只，绑架村民，抢掠财物，牵拉耕畜。1922 年 4 月间，海匪在潍河口烧毁辛安庄帆船 1 只，掳去船民 5 人，当场打死渔民 1 人，船上财物被洗劫一空。1927 年 8 月 11 日黎明，海匪百余，向王家庄子袭来，民众登圩守御，终因武力相差悬殊，为海匪攻破，匪徒进村后，当场打死民众 4 人，掳走 50 余人，拉去耕畜 12 头，抢走财物不计其数。1942 年，大部海盗被海防大队击溃收编，其余潜散。④

不难看出，潍北泽薮沼泽区，极易匪盗藏匿，社会秩序较为混乱，而这正为民间信仰以及民间自治传统的形成提供了契机。北部沿海地贫人稀，晚清民国以渔盐业、丝绸业为主，商业的繁荣也对民间信仰的兴盛起到了一定的推动作用。伴随着晚清潍北商业贸易的兴盛，潍北一带流传有七月二十二日财神会习俗。⑤ 昌邑柳疃街有一通立于光绪十三年

---

① 柳辑五：《回忆昌邑县农民协会》，见中国人民政治协商会议昌邑县委员会文史资料研究委员会编《昌邑文史资料》第三辑，昌邑县印刷厂，1987 年，第 151 ~ 157 页。

② 具体相关记载见于《明实录》《清实录》，清康熙、清乾隆、1987 年版《昌邑县志》以及 1986 年版《双台乡志》。

③ 康熙《昌邑县志》卷一《天文志》，康熙十一年（1672）刻本。

④ 山东省昌邑县志编纂委员会编：《昌邑县志》，昌邑县印刷厂，1987 年，第 556 页。

⑤ 该节日所祀财神不尽相同。详见吕树明、黄景春：《山东财神会习俗研究——以潍坊地区为主的分析》，载《民俗研究》2018 年第 5 期。

(1887) 三月的碑刻，记述了柳疃同治年间开设银场、举办财神会演戏之事：

> 柳疃街自同治癸酉，并各社字号，量力捐资，公当议会，每逢财神圣诞，众家演戏共庆，洵盛事也。历年来，因白水真人佑，利欣兼收，资青钱学士保全，财不胜用。公议置银市，修神龛，为财神所式凭，以答鸿休。①

柳疃一带逢会多演戏，商人往来京城，将京戏引入潍北一带，较为著名的是“四喜班”和“三庆班”，常演剧目有《粉妆楼》《盗御马》《连环马》《骆马湖》《打金枝》《武家坡》《御碑亭》《桑园会》《法门寺》《大保国》《打龙袍》《女起解》，以及取材《三国演义》内容的剧目。地方曲艺说唱等艺术形式，常常寓含着一定的伦理道德价值，发挥着教化民众的功能，因其避免了宣教内容的枯燥乏味，因而有利于民众理解接受。

潍县有山会 35 处。潍县玉清宫，位于北关，俗称“北宫”，庙会期为农历九月初九和十二月初一。② 再如潍县城关的孙子庙会，沙滩会、昌邑瓦城孙子庙会、峡山玉皇演驾等。在这些赛会中，人们除了日常的演戏游神外，许多村落还会通过焚烧特定的纸扎“圣物”来祭祀神灵，如牛、马、轿、辇、法船、宝树等，构成了一种以焚烧“圣物”为特征的地域文化现象。其中，尤以东永安村于正月十四期间以祭祀孙膑为名的“烧大牛”活动最为活跃，所扎制的独角大牛可谓美轮美奂。显然，潍北地区以焚烧“圣物”为表征的地域文化现象，还与当地民众普遍掌握扎制技术以及扎制材料就地取材的便利有关。

---

① 该碑现为残碑。见王蔚成主编：《昌邑文化博览》，齐鲁书社 2000 年版，第 258 页。

② 李子琇供稿，郭子宣补充整理：《潍城的庙宇》，见中国人民政治协商会议山东省潍坊市委员会文史资料研究委员会编《潍坊文史资料选辑》第二辑，安丘县印刷厂，1986 年，第 294 页。

地理、艺术与礼俗传统

特定的生态环境对于地方生活传统具有重要影响，这不仅体现在人们为适应环境而选择的生计手段与生存方式，民俗的传承与变迁亦不能不受此影响。

当地湖洼盐碱地的生态环境，对于这一带的圣物扎制及烧祭传统有着直接影响。作为湖畔村落的东永安村，在传统社会中便延续着生态农业与小手工业的兼业生计传统，其湖泊资源为编织业、扎制业提供了自然资源，久居此地的人们大都心灵手巧，小到剪制窗花，大到扎制牛、马、船、轿等“圣物”。在潍北中下游平原，历史上曾有别画湖、巨淀湖、黑冢泊等，方圆数百里波光粼粼，稻荷飘香，鱼儿肥，苇草密。人们的生计自然与湖区生活有关，其信仰仪式的产生与延续也与此有关。当地的焚烧“圣物”仪式，也唯有在这样的历史地理语境中才可能被真正理解。具体而言，当地民众历史记忆中以小牛、小马为形式的烧祭仪式，乃是基于生计模式对作为“衣食父母”的区域自然环境的关联想象与“神圣”表达，因而成为一种绵延的乡土社区传统。时至今日，很多村民依然保留着关于湖区生活的记忆，对曾经有过的沧海桑田津津乐道，显示出人地相互塑造之中对于地方生活与民众心智格局的深刻嵌入。

在焚烧“圣物”仪式活动发生的各个环节，其实都离不开地理环境的长期塑造。不同的生计方式会影响人们对仪式类型的选择，不同的地理景观会在人们心中激起不同的“神圣感”，从而设定人们想象幸福、想象永恒的方式，这就牵涉仪式的时空表达。在不同的地理环境中，人们会获得不同的空间经验，是生活在平原、山区、湖畔、河沿还是海岸、岛屿等，对于人们精神倾向的影响是明显的。可以想见，在人类社会早期，地理环境对于人类生活影响甚巨，这不仅体现在人们为求生存而对自然环境的适应、对生计方式的选择和在劳动组织方面的设计，社会规约的约定俗成也以此为基础。随着人类生产力水平的提高，自然环境对于人类生活的影响力有所降低，但永远是不可忽视的维度。

诚如赵旭东所言："在中国人的文化观念里，自然存在的山川、江河以及湖泊都并非是某种自然的存在物，而是人的生活中可见的榜样，也是人借此去构想自身生活的一种道德想象的自然存在基础。"① 在传统社会中，潍河与古湖泊对于潍北文化形态的形塑作用是巨大的；民国以前，该地区曾经历了一个以别画湖与细密河流水系交织而成的鱼米之乡，以及资源逐渐贫瘠、生态环境逐渐恶化的历史演变过程，人们由此发生了种种生计变迁与文化调适的应对行为。值得注意的是，在这片河湖交织的地域，高土埠作为独特的地理景观，既是水灾匪乱发生时的避难地，亦是庙宇建造、举行仪式的常用空间。人们对于大自然的应对过程及在这一过程中的社会调谐与文化调适，在不同历史时期发生了文化叠加与嵌套，从而形成了区域信仰传统的多元化与动态性。大至区域社会，小至一村一族，皆是如此。

这类信仰仪式传统，是基于村民内心中亲近自然、热爱生活的本性而在乡村实践制度安排中获得合法性的，久而久之还在村落生活中承担一定的社会功能。在这里，大自然的神奇和仪式活动本身所特具的感染力，都透过村民的身心感受与交流实践，实现了与当下世俗生活的贯通。乡村信仰仪式的特有韵味，应该在上述多种因素的交织中予以理解。

不过，根据笔者在鲁北渤海莱州湾南岸一带调查发现，要想准确阐释这一带普遍盛行的"圣物"扎制工艺传统及烧祭仪式活动，还要注意村落之间的经济与文化方面的分工协作关系，当然也包括一村之内不同家族之间的竞争与合作关系。就以东永安村而论，传统社会中是个沿湖村落，长期延续着生态农业与小手工业的兼业生计传统，蒲、苇、荧、草、柳等湖泊资源为编织业、扎制业提供了产业支撑。但这些仅仅是烧祭仪式活动发生的表层因素，如湖泊资源为扎制牛、马、船、轿等"圣物"提供了就地取材的材料，传统的编织业、扎制业使久居此地的村民心灵手巧，为扎制技艺的精致提供了足够的技术支撑等，还必须从村落和跨村落的地方社会

① 赵旭东：《中国人类学为什么会远离江河文明?》，载《思想战线》2014 年第 1 期。

脉络中，理解村民为什么需要这样一种“圣物”扎制传统，即辛辛苦苦扎制一个月然后举行隆重的烧祭仪式。这牵涉当地人对于区域自然资源分配的权力诉求，对相邻自然环境的“神圣”想象以及文化表达等问题，以及如何在历史长河中共同汇成一种绵延已久、常在常新的乡土传统。①

当然，与其他华北地区类似，潍北一带经过了长期的国家礼仪渗透过程，民间生活呈现出高度的礼仪化特色。虽然在多次王朝更迭和频繁的灾乱流离中，潍北地区会发生一定的人口变迁（比如移民），但基于家族、村落和信仰而形成的基层组织形态并未瓦解，往往是离而复聚，分而又合，并在多次离后之聚、分后之合之后衍生出更多顺时应变的灵活性。晚清以来，宗族在潍北地区地方政治、教育、经济社会中有着多元的、非均质的影响。我们今天还能见到的很多民俗传统，都是在国家与地方之间长期的礼俗互动实践中凝结而成的。我国地方社会大都有着悠久历史，在国家与地方的长期互动中呈现出不同的历史过程，再加上民众对当地地理景观的附会，都可能会在民俗传统中留下印记。

还应注意的是，潍北地区地势低洼、高埠相间、河湖交织、涝灾频繁等地理特征，使得久居此地的人们具有较强的边界意识。在这里，土地资源异常珍稀，往往成为人们争夺的对象，从而产生强烈的竞争意识，或隐或显的边界意识由此产生，并形成了形形色色、或实或虚的边界现象。对于这类边界现象的理解，需要将之置放于具体村落——东永安村中，进一步观察村民在日常生活中对于边界的多重设置及内在文化逻辑。

---

① 张士闪、王加华、李海云：《礼俗传统与中国艺术研究——中国艺术人类学前沿话题三人谈之十四》，载《民族艺术》2018 年第 6 期。

第二章　村落变迁与家族生活

村落，是村民生活的基本单元，村落文化就蕴含于村落日常生活之中。在周边村落看来，东永安村的文化特色是每年一度进行的“烧大牛”“烧大马”仪式，以及三大家族之间不同特色的礼仪生活。在上述活动的背后，渗透着村民组织与运行生活实践的边界意识。村民的边界意识的形成与运用，首先与村落当下生活态势中的个人生存考量有关，但又与村落和家族的历史有着密切关联。这意味着，要想真正理解村落生活，就必须从村落时空的基本语境入手，关注其地理空间、社会生活的长时段变迁。

村名：从“蓉岸”到“永安”

东永安村隶属山东省潍坊市昌邑都昌街道，地处莱州湾南岸的潍北平原，该地区曾有众多湖泊分布，至今已渐次消失。东永安村的地理生态经历了两次较大改变：一次大致在民国时期，众多湖泊渐次消失殆尽，历史上依湖而居、水网密布的村落生态消失了；另一次在1975年前后，昌邑市开展乡村地貌统一平整规划，东永安村一带的大小埠子被削平，填补洼地，村落居住格局被统一规划，形成了今日村庄的基本面貌——房屋建筑整齐划一，柏油街道横平竖直。不过，早已消失的湖泊、高埠，如今依然是村民茶余饭后的谈资。村北田地周围的壕沟内，蒲苇迎风飘荡，似是这一带沧海桑田变迁的见证。

历史上，东永安村曾有过多个村名。据说，在明代以前，曾以“李家庄"[1] 为名；各家族迁来后，改为"蓉岸村"；后又用过"中永安庄""中庄""东永安庄"等村名。在东永安村村西高埠的亭子内，有一块1990年所立的村碑记载了村庄的更名情况：

> 众逢升平，念溯本源，谨立此碑，晓以后世。《昌邑县志》载，芙蓉池在县城西三十五里。吾村居此池岸，故名"蓉岸"，后因兵匪骚乱频繁，不得乐业，谐音易为"永安"，以祈吉祥。

早些时候，在芙蓉池北岸环列着三个村庄，分别为"东永安庄""中永安庄""西永安庄"。后来，最东部的"东永安庄"改为"远东庄"，而"中永安庄"则成为"东永安庄"。[2] 东永安村与远东庄相距约0.5公里，与西永安村距离1公里，三村联系颇为密切。三村中规模最大的为西永安村（俗称"大永安"），其次为东永安村，最小的为远东庄。至于远东庄为何舍掉"永安"之名，有村民解释说该村相对较小，在一起共事的时候多以为会吃亏，因此他们便直接改为"远东庄"，不再以"永安"为名。因为村名的更迭，外来的人们常常把远东庄错认为现在的东永安村。

东永安村过去常遭水淹，为避水患，人们都居住在土埠之上。因为地处湖洼区，地势南高北低，每当雨水多时，河水暴涨，顺势流入东永安村一带，这些密布的埠子阻挡了水流向北流淌，常使村落遭水淹。[3] 高埠之

---

① 1942年《吕氏族谱序》载："原我吕氏……复迁邑西李家庄。"另据村民说，东永安村前身李家庄主要有孙、李、王三大姓："西庙埠子下面有一口老井，早先有人修井时，看到井里面一块砖头上刻着李家井……庄南头还有个井叫孙家井。北面这个沟原来叫王沟，那就是姓王的那一家子的地方，这个沟和地都是人家姓王的。迁来以前这儿都有人住，孙家、李家和王家。"访谈对象：吕大叔；访谈人：李海云；访谈时间：2011年10月2日；访谈地点：东永安村孙膑庙。

② 据清光绪二十年（1894）东永安村《吕氏祖茔》碑："吾吕氏者，自登州府文登县迁居莱州府昌邑县东永安庄。"又据清宣统三年《山东通志》卷二"昌邑县境图"中标有"中永安庄"之名，可见"中永安庄"更名为今日"东永安村"，大致是在19世纪末20世纪初，两村名曾叠加使用了一段时间。

③ 对于周围村落的地势，村民有"下坡（北洼）""上坡（南洼）"之称，东永安村以北低地势称为"下坡""北洼"，南边的角埠村一带高地势称为"上坡""南洼"。

地，就成了村民的避难处。村内有许多高高低低的埠子，如“土龙埠”“南埠”“小南埠”“凤凰岭”“西虎埠”等，其中最高的埠子为西虎埠，海拔约18米，最长的则为横亘在村中央的土龙埠，又称“鲶鱼埠”，南北方向，将村落居住区隔为埠东、埠西两部分。在东永安村，“埠东”与“埠西”既指地理区分，也是家族代称，村民常用“埠东”指代居于土龙埠以东、地势较低的齐氏家族，“埠西”指代丛、吕两大家族。齐、吕、丛是东永安村的三大姓氏，另外村内还有清末以后迁居的赵姓、陈姓、马姓、张姓等少量家户。其中，清末民初赵姓始祖赵吉由西距15公里远的固堤村迁来；陈姓始祖陈梅生由北距10公里远的昌邑白塔村迁来，居住在村中间鲶鱼埠的南头。据村民说，他姓村民都不敢居住在此，担心绝后，唯有陈家无碍，因为“陈”谐音“沉”，可以压得住鱼头，因而能子孙繁衍。陈家还将墓茔修在旁边，以示永久扎根于此。马、张两姓迁来更晚，是在

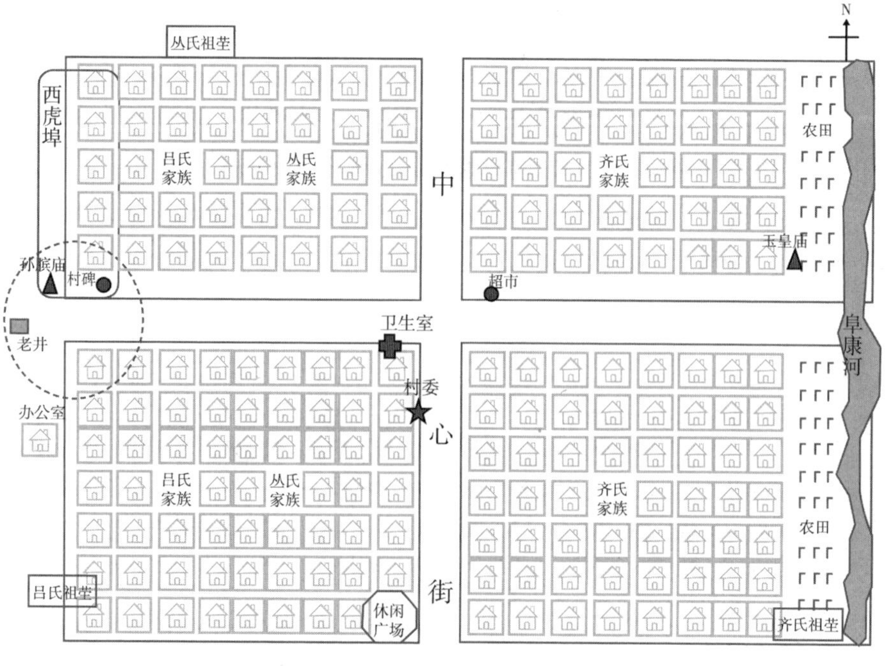

图2.1 东永安村村落空间示意图①

① 绘制者：李海云；绘制时间：2013年2月。

1996 年后相继落户东永安村的。马姓村民自章丘迁来，原为铁匠，娶了齐家媳妇后落户，住在村西吕家居住区附近。至 2016 年，东永安村一共有 766 户，人口 2903 人。其中，吕氏家族 215 户，共 740 人；丛氏家族 218 户，共 972 人；齐氏家族 326 户，共 1161 人。① 东永安村与相邻的西永安村为双台乡两大村，在整个昌邑地区名气颇大。

从示意图中可以看出，三大家族居住区有着较为明显的区隔，横亘中央的土龙埠变为了中心街，依然是齐氏家族与村西丛、吕两家族的分界。在东永安村人看来，埠东、埠西不仅意味着一种地理区隔，还常被村民用来解释家族关系的亲疏远近。

1975 年前后，东永安村村落格局经历了一次较大的规划改造，由昌邑市“革委会”、昌邑市农业局等单位，联合开展以平埠填洼为目的的乡村地貌统一平整规划活动，将村落内以及周围村落大大小小的埠子予以平整，填补洼地，尤其是将横亘在村中间的土龙埠去除，使得村落东、西地势相平，原有家族之间界限分明的居住空间有所混合，形成了家族之间“大聚居、小穿插”的居住态势，但基本格局未变。吕氏家族居住区依然集中在村落最西侧，中间为丛氏家族，最东面为齐氏家族。丛、吕家族和齐氏家族的聚居区，大致以村南北向中心街相隔，依然有着明显分界，村民习用“埠东”“埠西”来代指齐家和丛、吕家族。尽管高埠在上述村庄规划中已被夷为平地，但在村民心中依然顽强地留存着丰富的记忆。

在田野调查中，村民齐忠华曾为笔者绘制了一幅村落空间示意图，图中标注了三大家族的居住区位置以及村里传统的重要文化景观，如西虎埠、凤凰岭、芙蓉池、南埠、庙湾、孙膑庙、玉皇庙、三大祖茔地、老井、老围墙等。村落原有的交通古道纵横交错，也在这幅图中被描绘得一清二楚。东永安村三大家族，各有一条通向南面芙蓉池的老路，显示出传统家族生活的相对独立性。村里还有一条通向西永安村、远东庄的古道，

① 该数据由东永安村会计齐乃会提供。另据《1982 年第三次全国人口普查统计表》：“东永安村户数为 622 户，总人口 2403 人。”见双台乡史志编纂小组编：《双台乡志》，昌邑县印刷厂，1986 年，第 31 页。

曾是古代由登莱一带到滨州、德州之地的必经之路，承载着村民关于往昔辉煌的记忆。这条古道颇为独特，是由横贯东西的一串土埠连接而成，其西端起于渔洞埠村北虞河和浞河间的小西埠，过浞河连接西永安村西头的西土埠，古道穿过西埠的埠沟，进入西永安村。据说，由于这条古道的过往车辆和行人较多，西永安村西头还曾开有十余家店铺。古道从西永安村村内的东埠前，过东永安村村西南角的小南埠北坡，紧接东永安村的西虎埠，又从东永安村村前通往远东庄、陶埠与鄑亭。古代青莱间的通道也经过东永安村一带。① 在当地一则传说中，秦始皇最后一次东巡，便走过这条古道。

1975 年的地貌规划，使得村庄居住地面积扩大了一倍多，形成了今日井然有序的正方形聚落。据 2008 年昌邑市勘察测绘研究院统计，东永安村总占地 34.32 公顷，人均占地 125 平方米。② 村落房屋整体成正方形，南北 500 米，东西 500 米；进庄的三条南北大道宽约 12 米；中心街前后即村落南部、北部各 11 排房屋，每户房屋的后墙到前面的南墙距离是 7 米长，房屋是 4.8 米高；村委会所在南北大道为村落的中间道。柏油路及村落南部的桥为 2000 年所修。这次规划保留了旧有的孙膑庙、玉皇庙所在的公共空间，村西部分西虎埠以及部分老围墙。后来，村南头又修建了休闲活动广场，多用作村民日常的广场舞场地，还安放了各种各样的锻炼器械和篮球架。在村落里还建有三面蓝色影壁墙：一面在村西孙膑庙东侧，一面在村东，另一面则在齐氏家族与丛、吕家族分界的主干道最北头，上有“人和物昌”四个大字。在村民心目中，三面影壁墙作用非同小可。

1975 年规划后，这一带村落联系比以往更加密切。首要是交通带来的方便，也得利于这一带集市日期的巧妙设置。东永安村于 1985 年起集，将农历每月逢四、九定为集市，逢五、十为西永安村集，逢二、七为远东庄集，逢一、六为角埠村集，逢三、八为柞埠村（双台乡）集。东永安村还

---

① 王蔚成主编：《昌邑文化博览》，齐鲁书社 2000 年版，第 103 页。

② 参见昌邑市勘察测绘研究院：《昌邑市都昌街道双台社区东永安村现状图》，2008 年 1 月。

设有两个山会，时间是每年的农历四月初九和十一月初九，主要用于这一带的农贸物资交流。在方圆两公里内，村民几乎天天有集赶，相互之间就熟络多了。每年正月，邻近各村的庙会活动陆续上演，村民轮村赶场，煞是热闹。

在东永安村人的闲谈中，关于民国时期生活的记忆很是深刻。抗日战争时期，东永安村一带曾驻扎着多种军事力量。1938 年 2 月 12 日，驻潍日军沿烟潍公路进犯胶东，国民党昌邑县县长刘毓章闻讯弃城逃跑，日军轻而易举占领了昌邑县城。占领昌邑后，日军安设据点，扩编伪军，频频在各村落进行“扫荡”。昌邑西北双台一带成为国民党山东省保安第三师十五旅第五团李树桂部队的防地，团部设在距离东永安村约 2 公里的渔埠村，部队分别驻扎在双台、王侯、兴福、角埠、远东庄等村。该团曾将东永安村齐安聚的父亲以“八路”家属的名义抓去，逼他把儿子找回，老人不答应，竟被活埋致死。[①] 1942 年，国民党鲁苏战区游击第四纵队进占双台东部，与原驻军五团李树桂部展开斗争，先后占领中裴村、南裴村、家庄、远东庄等村，并构筑工事，安下据点，结果以五团垮台，四纵队王豫民控制二区（双台）而告终。1943 年，四纵队投降日本，并攻占了远东庄的据点。[②] 村民还用民谣来形容当时备感煎熬的生活：“四蹄队，赛虎狼，百姓财物一扫光，苛捐杂税如牛毛，逼得百姓去逃荒。房屋漏倒无人管，田地荒芜不打粮。富家猪狗吃鱼肉，穷人乞讨死路旁。”尽管日子艰苦黑暗，但中国共产党给处于水深火热中的百姓带来了希望，广大党员们不惜生命，保卫家国。早在 1938 年 3 月，北兴福村的共产党员林瑞伍（1898—1969）便率领东永安村一带的爱国青年参加了八路军鲁东游击队第七支队，与敌人抗争。1940 年 9 月，昌潍游击大队（辖昌邑、潍县两个县大队，昌邑县大队后改建为昌邑县独立营）成立，队伍有近 300 人，大队长由林瑞伍担任，率部先后驻博乐埠、东永安村、西永安村、肖家埠村等达

---

① 中共昌邑县委党史征委会、昌邑县民政局编：《昌邑英烈》，昌邑县印刷厂，1987 年，第 100 页。

② 双台乡史志编纂小组编：《双台乡志》，昌邑县印刷厂，1986 年，第 3、168 页。

一年之久，采取伏击、突袭等游击战术，与日伪顽军展开殊死搏斗。敌人获悉后常常来东永安村一带实行“拉网清剿”，烧杀抢掠，闹得人心惶惶，鸡犬不宁。这段颠沛流离的战乱生活，在村民生动的讲述中仿佛就发生在昨日。据说在1944年春天，东永安村村民丛旺被四纵队抓去远东庄，四纵队以“八路军密探”为借口用铡刀将丛旺铡死。战乱期间，东永安村村北茂密的芦苇沼泽地常常成为老弱妇孺的避难所，沟洼滩内生长的植物成为村民充饥的食物。这一区域过去被称为“湍湾堤”，当时共产党有一支队伍驻扎在这里，建有十几间房屋，湾北面是海边，西侧是寒亭，一片湖湾。周围芦苇四五米高，非常茂密，敌人不敢冒然进入攻打。1946年10月1日，国民党第八军某团占领昌邑城。昌邑一带村落遂变为敌占区，人们生活颠沛流离。1948年，昌邑一带最终解放，各村建立党支部。

1954年，双台乡公社在东永安村设试点，由几十户吕姓村民建立合作社，上级部门还给予了一定的支持，村民收入很好；1955年，受冰雹灾害影响，很多村户的庄稼被毁，生活很困难，入社的吕家土地却几乎没有受损害，粮食产量相当不错。到了当年秋季，齐氏家族和丛氏家族也开始酝酿成立合作社，将土地集中起来。1954—1955年，全村按照自然居住空间分为4个小村子，即西村（吕家）、中村（丛家）、北村（后齐）、南村（前齐），丛家为114户，吕家为103户，齐家150户左右。1956年春季，开始成立高级合作社，双台乡以村为单位共设31个高级社，取消分红，实行按劳分配。当时东永安村8个生产队与远东庄的4个生产队，共同成立一个高级合作社。1958年成立人民公社，东永安村隶属英雄社。1959年“大跃进”时，村民生活非常困难，东永安村便和远东庄分开，变为东永安村大队和远东庄大队。“三年经济困难”时期，村民生活更加困难，村里没有粮食，不过该村北部的荒地、洼地里生长着荠菜、蒲公英、黄蓿等各类野菜，常被村民采来煮食充饥，但吃久了，导致很多村民营养不足，多患浮肿病，身体虚弱。1962年，村落曾分为14个生产队。生产队作为一种经济分配形式，在村民心目中根深蒂固，时至今日仍记忆犹新。

东永安村比较重视文化教育。据说，1942年前后，国民党山东省保安第三师第五团李树桂部驻扎期间，东永安村曾办过农民识字班，那时没有教材，时办时停。1947 年左右，村内兴办妇女识字班，有冬学、夜校，倡导“百字先生”“能者为师”，提高村民文化水平。1948 年，东永安村小学有 4 个班级，5 名教师，156 名学生。1957 年，村里组织 14 岁至 40 岁的文盲、半文盲入学，办起了扫盲班、识字班。即便在经济困难时期，村内上学读书的孩子也很多。20 世纪 70 年代，村内还建有一所初中，后来因村落规划被拆毁。1981 年，东永安村小学有 10 个班级，298 名学生，11 名教师。村内幼儿园有大班和小班两个班级，共有 60 名儿童。① 目前，村内仅有 1 家幼儿园，孩子读小学、初中则需要去西永安村或昌邑市、潍坊市。村内现有卫生室 2 家、超市便利店 5 家，另有 1 家饭店，由附近渔洞埠村的村民承包经营。每年农历正月十四，前来赶庙会的人较多，由于村中接待能力受限，人们常去西永安村饭店就餐。

东永安村交通非常便利，每天都有直接从本村发往昌邑、潍坊的汽车。发往昌邑的公交线路为 10 路，由东永安村至昌邑东方花园，首班发车时间为 6 点，末班车为下午 5 点 30 分；由村内到潍坊则是一天两班。另外，村民几乎家家都有私家车，出行十分便利。

东永安村村委领导班子稳定性极强，自 1945 年至今，有 4 位吕氏村民和 1 位丛姓村民出任村书记，但所有任期加起来也未超过 10 年，有 3 任村书记出自齐氏家族，共有 60 多年的任期。

台田与湖区开发

作为潍北湖畔村落之一的东永安村，传统生计方式是以农业为主，兼及编织等小手工业。早在明清时期，手工业作坊就相继出现，主要有编筐、编草帽等。这些手工业，都是以家庭为主的个体小手工业，主要生产日用品，少数规模较大，是带徒弟或雇佣一个伙计的小工厂类型，多数是前门市、后作坊。从业人员多数兼种少量土地。② 这种生活传统的形成，

---

① 双台乡史志编纂小组编：《双台乡志》，昌邑县印刷厂，1986 年，第 215 页。
② 双台乡史志编纂小组编：《双台乡志》，昌邑县印刷厂，1986 年，第 86 页。

基于两方面的原因。

一是当地水生资源极为丰富。人们依湖而居，在湖泊以及台田沟湾内，蒲苇、荆条、棉槐、柳子丛生，可用以编织筐篓、提篮、鱼笼、炕席、蒲团、地毯等。村民将编织的工艺品拿到集市上去售卖，可以补贴家用。

二是这一带的农业生产条件极为薄弱。东永安村处于滨海区域，过去每到春季或秋季，极易发生海潮，使得大量房屋倒塌，农田也变为盐碱涝洼地。当地流传着民谣："盐碱滩，洼草场，穷人愁断肠。涝年蛤蟆叫，旱时白茫茫。风旱虫灾颗粒无，十年就有九年荒。"为了改善盐碱土质，村民采用修筑台田的耕作模式，挖渠排碱，成为适应盐碱洼涝地况的一种生存智慧。并且，人们还逐渐发展出渔业、运输业、编织业、水稻种植业等，成为典型的兼业劳作模式。

为避免涝灾及盐碱化土壤，人们耕作类型多以沟洫台田为主。[①] 在村民的记忆中，这一带土地种植条件相对较差，祖辈们定居后大致经历了在高埠种植到改洼治碱、整修台田的土地开发过程。明初，这一带湖水量很大，村民在土质较好的高土埠上耕种，既可避免水患涝灾，又无盐碱为害。后来随着村落人口的日益繁衍，本就面积不大的土埠无法满足全村生活的基本需求，于是就开始围湖造田，更多的荒草滩、盐碱地被开垦出来。村民齐乃信说道：

> 老人迁来了以后开始种埠子地，那时人口少，后来人口慢慢地增多了，埠子地不够种的，收的粮食也不够吃的。这洼里都是水，为了种庄稼，就用筐、铁锨开始垫地，将地抬起来。这样到六七月雨季时，雨水就能排到沟里，就淹不着庄稼了。[②]

---

① 台田的具体含义略有不同，但大体呈现为抬地及排水网络结构特征，其模式的类型也比较广泛，可以指与排碱沟组成完整系统的条台田模式，也可以指由台田与鱼塘，或者台田、鱼塘与稻田（藕田）组成的生态农业系统。见栾博：《台田景观研究——以山东东营为例》，北京大学2007年硕士学位论文。

② 访谈对象：齐乃信，男，东永安村人。访谈时间：2014年7月20日。

据说，人们会把表层的碱土去掉，再用箩筐将高埠子上的好土运往田地，逐渐垫起来，以改善盐碱土质。有时村民还直接在田地四周挖出沟壑，将中间抬起，既可以治碱防涝，还可以在沟中植些芦苇、莲藕，养些鱼虾。村民齐忠华介绍：

四五百年前，老人们就开始用筐子盛上好土抬田。后来人口开始增多，埠子地不够种的，既没有化肥，也没水浇地，粮食产量低，靠天吃饭。老人们说洼地里有些好地方（轻微盐碱），春天可以种些高粱、谷子，但是六月份来大水后，都被淹没了，村民就没有了收成。老辈人开始总结经验，用筐盛土，造一些大概一米多高的台田，周围就成了沟湾，这样既能排水，庄稼也不会被淹。沟里会长些蒲苇、柳子，也会生些鱼虾、毛蟹。永安鲫鱼就是田沟里天然生长的。①

这一带盐碱荒地、湖泊沼泽较多，使得东永安村村民必须不断改造土质，如抬田、改洼治碱，以适应农业生产。当地流传农谚："碱地多挖沟，一秋赶两秋。"经过挖池抬田，田上种植粮棉、田下沟渠养殖鱼虾，也会种植水稻。明清时期东永安村一带村民引湖水灌溉，种植水稻。清康熙《昌邑县志》载："稻，水旱二种，永安稻佳。"② "昌邑农民自古善种水稻，直至清乾隆年间，水稻仍居重要位置，尤以双台东永安村一带享有盛名。清末，因水源不足而停种。"③ 可以说，东永安村一带形成了台田、稻田、鱼塘（藕田）的三元生态农业结构。同时，人们还发展家庭手工业，如编织业。村民会利用苇子、蒲柳等编织筐箩、提篮子、鱼笼、苇帘、炕席、蒲团、地毯等，还会用农作物秸秆来编草帽辫。所编织的工艺品拿到集市上去卖，以补贴家用。值得注意的是，一些编织品成为村民祭祖、婚

① 访谈对象：齐忠华，男，东永安村人。访谈时间：2015 年 2 月 3 日。

② 康熙《昌邑县志》卷四《版籍志》，康熙十一年（1672）刻本。

③ 山东省昌邑县志编纂委员会编：《昌邑县志》，昌邑县印刷厂，1987 年，第 58 页。

丧嫁娶时不可或缺的仪式物品，至今仍在村民礼仪生活中发挥着重要作用。①

至民国时期，因湖泊逐渐干涸解体，大小河流水量也明显减少，水源不足，村民不再种植水稻，开始大量修筑台田，接雨压碱，浅耕晒垡，以种植高粱、玉米、禾黍、地瓜、麦子、豆子、糜子等为主，并在沟渠内种些莲藕，还可以捕捉自然生长的鱼虾，成为台田、藕田的二元农业结构。据说，当地所产的莲藕口感清脆甘甜，在整个县内颇为有名。民国时期昌邑县农林调查报告提到，"（昌邑）特别出产，则有……莲藕……其莲藕多产于城西永安洼内"②。台田下面尽是水沟，尽管水只有膝盖深，可收获时依然会给村民带来不便。每当秋收时，村民会用绳子捆上粮食，用扁担挑着，或者直接把高粱头、谷子穗剥下来放簸箩里挑着，蹚着水运输。村内富裕的地主则用牛套在木轮车上拉着，赶上雨水较多的年月，水会比较深，地主就使用小船来拖运庄稼。

村民对于生活环境的记忆、想象与认同，与地理生态和生计方式密切相关。其实，历史上国家行政对于乡土社会的影响是不可忽略的，只是村民未必能够准确地予以估测。中华人民共和国成立以后，国家政策对于当地的地理环境与农业生态有着较前更为直接的影响。除国家统一的制度原则外，针对当地而制订实施的政策往往对地方生活影响更大。作为华北平原村落之一的东永安村，初看与其他村落几无差别，但因其地处海滨边缘，荒地较多，又兼生态恶劣，多为盐碱涝洼地等，各级政府为此制订实施了多项治理工程，如治理潍河、修筑台田、修建潍北农场垦荒、村庄规划、改洼治碱工程等。

---

① 譬如，当地所编织的炕席在村民生活中占有重要位置："老一辈就开始编这种苇席，那时候孩子多，靠编席维持生活。过年时每个炕上都要铺上一个新席，没有新席脸上不好看，俗话说'炕上没有席，脸上没有皮'。"并且，在婚礼中所用炕席有所不同："编席分两种，一种是直接用苇子编的，白色的，全都是一色的苇子，但是结婚吧，得铺花席（也叫红席），有个讲究，结婚的东西都是新的，编的时候就掺点秫秸篾子。"资料来源：穆里安拍摄：《昌邑纪事之渔洞埠的故事》，2007 年。

② 民国二十年《山东省各县农林状况报告・昌邑县》，引自文山诗书社编：《昌邑古县志集》，潍坊市新闻出版局，1996 年，第 691 页。

潍北地区境内以潍河为大河，对潍北地区的人们生产生活有着重要的影响。20 世纪 50 年代以前潍河经常泛滥决口，在当地以“坏河”闻名。1958 年，国家在潍河中段、昌邑南部修建了峡山水库，将峡山水库的水源引向各个小河流及昌北，如永安、龙池一带。后因农业结构的调整，并且峡山水库的输水河道年久淤塞，且水库农业用水量被工业用水和城镇生活用水挤占，农业用水量逐年下降。① 因此，以河水为主要灌溉渠道的昌邑北部常遇干旱。村内打机井比较困难，因为邻近渤海，地下水资源偏咸，向下打井 3 米左右都是咸水，打 150 米深井才是淡水，但是花费需五六万元，并且容易淤塞，没过几年便抽不上水了。可以说，东永安村村内农业耕种面临的最大问题是水资源的缺乏。昌邑地势南高北低，过去潍河、白浪河、虞河等河流的水量较大，在北部下游地带常常决口乱淌，尤其是潍河，几乎年年决口，下游地势低洼，湾塘泽薮较多，可以承担一定的蓄水功能。这些主河道几经治理，尤其是潍河中段修建峡山水库，导致下游水量很少，小河流几近干涸。即便有少量河水，也都是潍河上游工业排放的污水，但是依然被村民用于灌溉。村民还时常庆幸有这些污水，觉得总比没有强，有时污水慢慢沉淀以后，水质会稍微变清。② 昌邑、潍坊的企业如化工厂、印染厂、制药厂等排放的污水经过简单处理后，便排向大大小小的河流，最终进入渤海莱州湾。这些污水沉淀以后较为清澈，便可以浇地，但是污水灌溉也时常毁坏庄稼，导致颗粒无收。2015 年 6 月，村民从阜康河内取水浇地，由于河水被污染，村内 50 多公顷的耕地颗粒无收，损失惨重。并且，这些用河水浇过的地块几乎寸草不生，河边柳树叶子全部枯萎。据村民说，当时河水像平常一样，看上去很清，从表面上看不出一点问题。但浇完地后没多久，小麦就慢慢发黄、发白，直至枯萎干黄。在土地受到污染以后，村民曾尝试过种玉米、豆子，虽然能发芽，但长到 10 厘米左右时，便又开始发黄枯萎，短期内土地已经无

---

① 徐晓军：《峡山水库昌邑灌区发展问题及对策》，载《山东水利》2012 年 Z1 期。

② 访谈对象：齐乃信，男，东永安村人。访谈时间：2014 年 7 月 20 日。

法耕种了。[1] 可以说，由涝转旱的地理生态变化，与国家对于河流的管理控制密切相关。

东永安村一带生活除受河流影响外，另一重要因素则是海潮。1964 年 4 月，潍北地区遭受特大海潮，水位达 3.8 米，侵入内地东西宽约 29 公里，南侵约 30 公里，永安、博乐埠遭害尤甚。[2] 这次海潮使得潍北一带大量房屋倒塌，农田被淹，北部龙池王家庄子一带田地积海水 0.5 米以上，淹没时间长达两天两夜，退潮后，土地盐碱加重。村民开始响应政府号召，引水治碱，试种水稻，恢复台田、稻田、藕田的三元农业结构。于是，以北部龙池为主，首先响应毛主席“农业学大寨”的号召，引水治碱，试种水稻。稻田整好后，先浅翻细耕，以抑制盐分继续上升。第二次耕翻后不耙，使盐分集中到土块表面，提高洗碱效果。泡田洗碱时，深水漫灌，先泡透土块，水下渗后，再灌第二水。灌溉洗碱次数，根据潮水深浅，停留时间长短和土壤渗透性灵活掌握……这种方法为全县改造涝洼盐碱地闯出了一条新路径。[3] 大约在 1965 年，双台永安等其他地区也开始效仿龙池，引水种植水稻、改洼治碱，力图实现政府所号召的“江北变江南”的鱼米之乡面貌。当地流传着“要叫碱地生效，赶快开沟种稻”的农谚。对于这次水稻种植，村民有着深刻的记忆。据说，当时政府专门在昌邑县城开设了为期半月的水稻种植技术学习班，村中每个生产队派一位村民前去接受培训，培训内容包括催芽、插秧等。当年先在潍北洼地试种了约 20 公顷水稻，收成还不错。于是，村民便将洼地大面积地改为稻田，水稻种植面积多达 60 公顷，每亩产量最多时达到 400 公斤。村落水稻种植大约持续了 10 年，因为峡山水库水源经常断流，水源不足，村民便不再种植水稻。经过近 10 年的水稻种植、灌溉压碱，东永安村一带的盐碱洼地土质发生了一些变化，由潮土和盐土经过水耕熟化演变，形成一种新土类

---

① 张少华：《潍坊昌邑东永安村 800 多亩地受损，上游一企业排污所致》，载《潍坊晚报》2015 年 6 月 16 日。

② 双台乡史志编纂小组编：《双台乡志》，昌邑县印刷厂，1986 年，第 43 页。

③ 山东昌邑县王家庄子大队：《改洼治碱，八年巨变》，载《土肥与科学种田》1973 年第 6 期。

型——幼年水稻土。①

据村民说，在集体经济时代，小麦年产量很低，每亩仅有 20 多公斤。因为粮食产量不足，村民多拿大米去外地如龙池、潍县、安丘、昌乐等地换高粱、地瓜干等。一斤大米大概可以换三四公斤地瓜干。村民之所以拿大米去换，一是大米可以换取更多的食物以便保证全家人温饱，二是大米并非节日礼仪场合使用的必需品，在节日及日常生活中不占有重要位置。在东永安村，小麦颇为珍贵，各种礼仪场合都要用到。

中华人民共和国成立后，当地政府不断加大台田改造工程。自 1955 年始，在“小型为主、队办为主、当年见效为主”的水利方针指导下，国家开始在潍北洼地大规模的推广条、台田工程。② 至 1980 年，昌北近 37 万亩洼地，全部条田化，并达到了有灌有排的治理标准。通过上灌下排，北部沿海土地碱化程度有所减轻。③ 2003 年左右，当地政府出资约 2600 万元，治理东永安村等周围村落的盐碱低洼田地，雇工再次统一改造台田。经过这次台田改造，村落最北部低洼地中原来高高低低、大大小小不规则的台田，成为较为规整的条田。每块条田长约 100 米，宽约 50 米，周围是壕沟。2016 年 10 月，政府又出资整理东永安村一带的台田。

经过村民不断修筑台田、改洼治碱、平埠填洼，村落的耕地面积逐渐增加。至 20 世纪 80 年代东永安村有耕地 4339 亩，旱涝保收田 800 亩。④ 至 2016 年，约有 8000 亩。除这些耕地外，村落还拥有不少荒地。东永安村北部至渤海莱州湾约 30 公里几乎没有村落，多为盐碱荒草地、湖沼地。在潍北一带垦荒是村民一直以来的农业活动。中华人民共和国成立后国家在村落北部开始进行大规模的垦荒，修筑台田，将荒草地、碱地开发种植。1952 年国家征收村落土地在北部修建潍北农场。潍北农场为国家劳动

① 双台乡史志编纂小组编：《双台乡志》，昌邑县印刷厂，1986 年，第 40 页。

② 山东省昌邑县志编纂委员会编：《昌邑县志》，昌邑县印刷厂，1987 年，第 184 页。

③ 山东省昌邑县志编纂委员会编：《昌邑县志》，昌邑县印刷厂，1987 年，第 184 页。

④ 双台乡史志编纂小组编：《双台乡志》，昌邑县印刷厂，1986 年，第 63 页。

改造拓荒创丰收之地，当地村民常称为“劳改区”。辖区面积 49 平方公里，可耕地面积约 3.3 万亩。农场修建征收东永安村、西永安村及东北部龙池镇白塔村等附近村落的土地，其中征收的永安北部荒洼土地计 8 万亩。[①] 为了与这些村落廓清边界，国家便围绕农场四周开挖了丰产河，作为潍北农场与周边村落土地的边界，即河流便成为“村”与“农场”的边界。“经过中华人民共和国成立以来不断的开垦荒地，立足推进农业科技进步，发挥集中统一管理的自身优势，致力于良种基地的建设，潍北农场现已建成良种繁育基地 2 万亩，原种基地 200 亩。”[②] 改革开放后，潍北农场归还东永安村及周边村落部分土地，其中，归还东永安村约千亩，很多村民前去承包耕种，也有村民直接去承包潍北农场田地。村民对于村北部的低洼田地，都有着不同的称呼，如胡桐地、雁洼、噶沟儿、老牛道、地洼、王井、王沟儿、牟大湾、丛大沟等。这些条台田地狭长，下地干活通常要走七八里路，耕作相当劳累，再加上涝洼地湿气重，老年村民的腿脚都不太伶俐。[③]

时至今日，村落的农业结构基本以条台田为主，台田周围的沟渠偶见蒲苇田、藕田，少养鱼虾，成为较为单一的台田景观生态。至今东永安村一带存有的苇田面积已经很少了，西永安村还存有原生态芦苇地 466.7 公顷，主要位于村落北部瀑沙河沿岸一带，已不作为生计。唯一还存有苇田并还有编织业的村落，便是位于虞河沿岸的渔洞埠村了。该村位于西永安村东，相隔瀑沙河，村东为虞河水系支流，因紧邻较为清澈的虞河支流，所以水源相对充足。村内以编织炕席、苇箔、帘子、箩筐、蒲团、鱼笼等为业的人虽已不多，但村民对于编织技艺如数家珍，村内老人会编些炕席拿到集市上售卖。民国时期渔洞埠村经济水平在潍北一带算是比较好的。当时村内还设有“人市”，即人力资源劳务市场，很多周围村庄如东永安、西永安、兴福村等村民扛着锄，拿着铁锨，早晨

---

① 双台乡史志编纂小组编：《双台乡志》，昌邑县印刷厂，1986 年，第 6 页。

② 王彬：《科技之光普照潍北大地——’96 潍北农场小麦良种观摩会侧记》，载《山东农业》1996 年第 7 期。

③ 访谈对象：齐乃信，男，东永安村人。访谈时间：2014 年 7 月 20 日。

就来此等待。村内家户有需要雇工的，便前去挑选。1939 年，寒亭固堤的一个汉奸领着 7 个日本人来村里，放火将渔埠村内的芦苇、房屋几乎全部烧光，村民损失惨重。从此以后，渔埠村经济逐渐穷困，村内自发形成的劳务市场也不复存在。①

尽管经过挖渠抬田、引水治碱以及机械化的台田改造，土壤碱化有所改善，但逢干旱年头，土壤盐分逐渐积累，仍会恢复盐碱面貌，因此村民只能种植棉花、玉米、高粱、小麦、花生等耐盐类作物，尤以棉花为主。东永安村一带是昌邑市棉花生产的主产区，2013 年棉花种植面积达 24 平方公里。近些年当地的小型棉花加工厂多已停业，村民便将收获的棉花卖给前来收购的小贩，由他们将棉花运输到东营市的棉花厂加工。雨水充足的年月亩产量约 300 公斤，逢干旱则最多能收获二三百公斤，基本属于“白忙活”。因此，近两年很多村民不再种植棉花，改种香菜籽，每亩地香菜籽产量约 250 公斤，每斤 4 元左右，这样每亩收入可以达上千元。收获香菜籽后还不耽误种植下一季的玉米，比种棉花合算多了。种植花生每亩产量约 500 公斤，每斤大约 1.5 元，同样也比棉花合算。还有村民在村北部用大坝来储蓄河水，种植藕，养殖鱼虾。村内承包藕田的有四五十户，每年要向村委交纳承包费用。东永安村有数十户村民在村北台田沟内养鱼，尤以鲫鱼为多，“永安鲫鱼”是当地的一道招牌菜。村民俗话说，“有水就有鱼”。过去东永安村一带地势低洼，雨量充沛，沟渠水多，芦苇丛生，因此鲫鱼非常多，村民经常去河洼内捉鱼。村内还有两三户村民养虾，但是虾池要用地下卤水与黄河淡水进行掺和，形成咸水，到 7 月份再将咸水排出，以便拿网收虾。

土地的贫瘠促使村民逐渐外出包工包揽建设工程项目，经济水平得到很大提高，村民的视野也逐渐开阔。村中至今有数百位建筑行业的包工头，主要从事楼房建筑、道路建设、水利修建工程、楼房维护、拆迁等业务。其中，以楼房建筑者收入较高，年收入多者可达数百万。村中的青年

① 访谈对象：李秀文，男，渔洞埠村人。访谈时间：2014 年 10 月 5 日。

多在昌邑、潍坊以及胶东一带打工。村内的台田多由老年人耕种或者承包给其他村民。老年人有时也会在家为附近工厂编织提篮子和地毯。这些产品多用于出口，工厂定时将原料发放给愿意编织的村民，让村民用细塑料管编成 0.5 米高的篮子。编织篮子颇费工夫，每天最多能编织 2 个，每个篮子加工费用是 3.5 元。

基于土地资源薄弱而形成的生计兼业传统，与以整修台田为代表的土地资源开发，不仅使得当地生态发生了重大改变，而且在传统的人地关系中，叠加了国家政治、地方社会与民众日常之间的多重互动。东永安村人对于自然空间的理性运用、情感想象与“神圣”体验，以及由此形成的民俗传统，只有在上述诸多维度的统合考量下才能有一整体性的理解。换言之，国家大刀阔斧式的环境治理，与以国营农场为代表的土地资源分割，不仅使得当地生态发生了重大改变，而且影响到传统的人地关系，以及沿袭已久的乡土人文传统，这在东永安村表现得尤为明显。

当然，对于上述人地关系的理解，还要从东永安村的家族日常生活中做更细微的观察。笔者注意到，“三大家族”“丛吕不分”以及关于“前齐”“后齐”的说法，为村民所习用。这类俗语，其实是我们深入理解村落生活的便捷路径。

“三大家族”

在东永安村 1990 年所立的村碑中，丛、吕、齐三大家族都是明朝迁来的，且迁居时间均为洪武初年：

> 各姓族谱记载：齐始祖敬以，祖籍四川省成都府金堂县；丛始祖刚、吕始祖开业，祖籍登州府文登县，均系明洪武初年移至。赵祖赵吉由固堤迁来，陈祖梅生由白塔迁来。

该碑以“各姓族谱”作为凭据，可谓言之凿凿。然而查阅各家族族谱及祖茔碑刻，除丛氏家族外，齐、吕家族并没有记载迁居年代。在村民口述中，三大家族的迁居时间其实是有着先后次序的，即丛家来得最早，吕家次之，齐家最晚。据说，这在很大程度上基于地理位置的判断：

> 俺们村有三大姓，埠东99%是姓齐的，埠西99%是姓吕的，中间这块是俺们姓丛的。姓丛的来得最早，姓吕的后面来的，姓齐的来得最晚。我们这好土地都是姓丛的，人家来得早。①
>
> 丛家和吕家时间来的时间差不多，可能俺们先祖（丛）是先来的，原来村里大街是一溜埠子，很高，跟齐家不见面。俺们占的地方全是高埠，都是红黏土，是村里最好的地方。②
>
> 村里人都说，齐家来得晚。姓丛的看样子来得早，住的这个地方又高又好，占的土也好……吕家比丛家住的低点儿，埠（土龙埠）了东边最洼了。③

显然，关于三大家族的迁居时间，村民的口述记忆与村碑表达有着微妙差异，显示出村落集体叙事对于民间多元记忆的有意覆盖。在村民看来，丛家住在村中部，这是村落的最好的居住区，全为土埠高地，其田地也相对肥沃，吕家居于村西稍低些的埠子上。村民多认为，丛、吕两家族迁居本村的时间相差不了几年。稍晚来此定居的齐家，则居于土龙埠以东矮埠，地势比西部丛、吕家大约低 2 米。时至今日，这种关于家族迁居的时间，一直以来是村民津津乐道的话题。村落高埠、湖洼等特殊的地理地貌，成为村民判断家族迁居历史的佐证，久而久之便会成为村民的“常识”，凝结为村落的集体记忆。

关于东永安村三大家族的历史，以丛氏最为清晰。丛家人谈起他

---

① 访谈对象：丛悦明，男，东永安村人。访谈时间：2015 年 2 月 1 日。

② 访谈对象：丛乐训，男，东永安村人。访谈时间：2015 年 3 月 3 日。

③ 访谈对象：齐乃信，男，东永安村人。访谈时间：2014 年 7 月 20 日。

们的家族来历，总是从文登老家的迁徙说起，有的还会以族谱中的谱序为证。村民丛乐训对于丛氏家族史的了解最清楚，也是负责家族修谱、立碑以及对外联络等公共事务的关键性人物。作为村里少见的“明白人”“文化人”，丛乐训曾担任村内婚丧会委员和潍水丛氏联谊会副秘书长，不仅熟知村落历史、庙宇历史以及丛氏家族史，而且还写得一手好字。笔者通过对他的多次访谈，参以族谱，丛氏家族的历史逐渐清晰。

大致说来，东永安村丛氏家族至今已传至三十世，五世祖丛刚为始迁祖，于明初自文登迁至东永安村。在东永安村《丛氏族谱》中，共载录谱序11篇。丛氏原姓金，史载：

> 丛氏世居文登，其先业辽远，固未易考据。然溯穷其自始姓金氏，柳林先茔碑刻有讳永者，乃汉左相金文靖公日磾四十五代孙也。魏曹丕僭号黄初元年，吾姓始祖以勋旧苗裔，避乱自京兆万年东迁浮居。晋泰始初，至不夜丛家岘，改丛姓以名岘焉。不夜者，文登之故号，岘由丛姓名也。文登之有丛氏自此始。厥后生齿日繁，宋大观元年，永乃别籍分茔，卜邑北著棋山乾地名柳林者而环葬焉。其外则吾宗人之分穴也。其诸苗裔布散天下，故天下丛氏皆宗文登云。①

丛氏这段历史，向来为东永安村村民所熟知，可能与丛乐训经常当众背诵这篇文登丛氏族谱序有关。他每次给笔者讲述丛家历史时，也总是不自觉地大段吟诵。文登县丛姓人员众多，有“文登县，丛一半”之说。在丛乐训的带动下，东永安村丛氏家族以接续文登丛氏族谱世系为荣耀。文登丛氏家族（一至五世及丛刚支系）的世系如下图：

---

① 明嘉靖四十年《丛氏家乘谱序》。

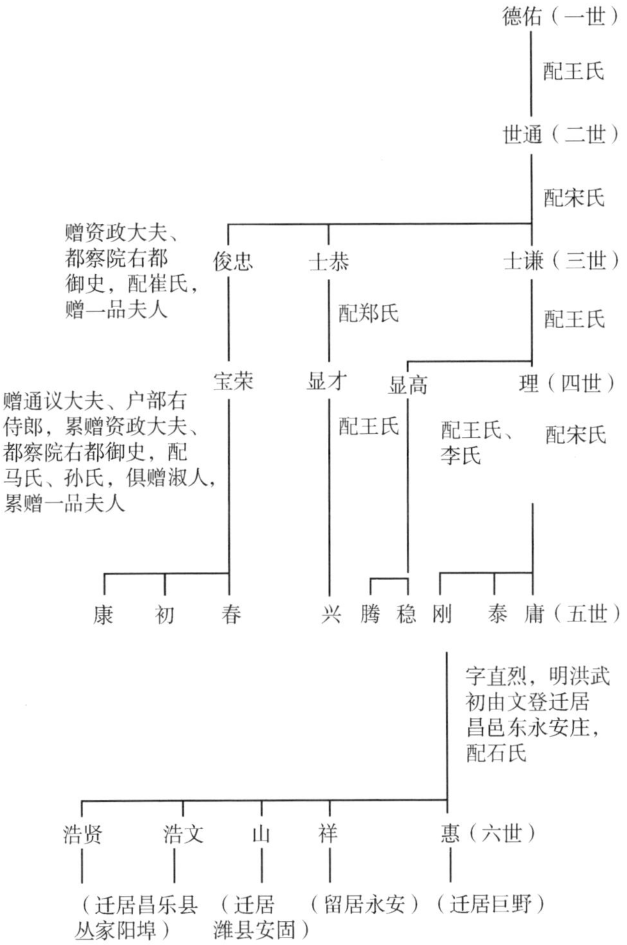

图 2.2　丛氏家族一至六世世系图①

文登丛氏族谱之所以将德佑祖定为一世，是因为“自德佑祖而上溯，世系漫不可详，盖缘世远人亡，谱牒不存故尔”②。但是，丛氏族谱中对于一世祖德佑的记载，与柳林祖莹元至治元年（1321）《丛氏祔葬记》③ 及

① 绘制者：李海云；绘制时间：2015 年 5 月。

② 明嘉靖四十年《丛氏家乘谱序》。

③ 元至治元年将仕佐郎济宁路兖州儒学正邑人孙礼撰《丛氏祔葬记》。

清光绪二十三年（1897）《文登县志》① 中所载差异很大，虽都名为丛德佑，但世系几乎毫不相干。对此，丛氏家族后人更愿意从政治避难等角度予以合理化解释。② 东永安村丛乐训也谈了自己的看法：

> 这次联谱始祖调整了，一世就不是德佑了，丛永为一世祖。（世系）本来很清楚，为了丛兰的功名，将他隐瞒了。当时丛氏家族在元朝做官的很多。③

他所提及的丛兰（1456—1523），为文登五世祖丛春次子，于明孝宗弘治三年（1490）登进士，历官南京工部尚书，赠太子少保，赐葬青石岗。尽管他是文登的达官显贵，但远隔数百里之外的东永安村丛氏家族村民不仅熟知其事迹，而且为自己祖上出了这样的大人物备感荣耀。据丛乐训说，与文登丛氏家族的首次接续始于清朝乾嘉年间，当时文登有族人来到东永安村以及寒亭安固村，记录了五世祖丛刚后裔的迁居情况。④ 文登这次主动来接续族谱，还为始迁祖丛刚取了“开基”之名号。于是，村中便有了“丛开基、吕开业”的说法，作为村民对于丛、吕两家族迁居较早而丛家尤早的一种含蓄表达。由此看来，发生于文登与东永安村两个丛氏家族之间的世系接续，实在是一件饶有兴味的大事。

东永安村丛氏家族与文登丛家的频繁往来，是从 1996 年以后开始的。1996 年春，潍水丛氏家族为“追本溯源”举办大型宗亲聚会活动，东永安村丛乐训与寒亭丛兴江（潍水丛氏联谊会秘书长）携带潍水《丛氏族谱》赶赴文登。这次去文登，他们瞻仰了文登丛氏祠堂及明正德年间任南京工部尚书的六世祖丛兰画像，还观谒了丛氏柳林祖茔和青石岗遗址，最后还

---

① 光绪《文登县志》卷五《职官表一》，民国二十二年（1933）铅印本。

② 丛树乐：《〈丛氏祔葬记〉碑文与〈丛氏族谱〉中一世德佑祖之后裔支系的探析》，载丛氏研讨会编《丛氏源潭（第二部）》，第 78 页。另有学者也持此说，见孙丽霞：《山东文登丛氏家族研究》，山东大学 2008 年硕士学位论文。

③ 访谈对象：丛乐训，男，东永安村人。访谈时间：2015 年 4 月 22 日。

④ 访谈对象：丛乐训，男，东永安村人。访谈时间：2015 年 4 月 22 日。

与文登互存族谱。同时，他们还接洽文城镇北宫街丛氏家族续谱联谱办公室顾问丛仲隅，商量有关续修族谱之事。此后每年春节，丛乐训等都会代表潍水丛氏家族去文登祭祖，坚持了近20年。丛乐训是个热心人，外出参加这类活动，即使搭上工夫搭上钱也在所不辞。他还热心支持文登宗族事务的建设。2001年，文登修建丛氏宗祠，他在村内带头捐助2000元。后因年老不便，丛乐训不再亲赴文登。尽管如此，他依然关注潍水丛氏家族与文登的往来事宜。每当笔者前去其家中访谈时，他总会兴致勃勃地讲述文登丛氏家族的宗祠、墓田等情况，言谈间流露出一份自豪感。显然，文登丛家不仅为东永安村丛家提供了“木本水源”意义上的家族之根，而且使得参与事务者通过这一跨地域的家族链接在当下村落生活中获得实效。

据丛氏族谱记载，五世祖丛刚自文登迁居东永安村后，除长支迁居巨野外，均在潍水下游区域（即潍坊之地），故多称“潍水丛氏”。此后潍水丛氏不断繁衍，散居各地，“属五世刚祖裔族人今居潍水的共计约9730人”①。1932年丛氏族谱《正宗说》中记载了五世祖丛刚后裔具体居住地的统计情况（见下表）：

族人住址表②

股　公	住　址	距城方向及里数
六世长公	永　安	止③
六世二公	永　安	昌邑城西二十五里
	曹郭庄	
六世三公	安　固	潍县城北三十里
	北　寨	潍县城北三十二里
	杨家营子	潍县城北三十五里
	小庄子	潍县城北三十五里

① 丛兴江：《潍水“丛氏先茔碑”与丛氏之族》，载“丛氏家族家谱网”，2007年9月8日。

② 民国二十一年菊月上浣二十二世孙丛兴周撰《丛氏族谱·正宗说》。

③ 潍水各丛氏族谱记载：“丛刚长子惠居于永安，无世传。”但巨野丛氏族谱中记载，“六世长公惠迁至巨野”。

（续表）

股　公	住　址	距城方向及里数
六世四公	从家阳埠	昌乐城东南四十五里
	帽子匠家庄	昌乐城东南四十五里
	西从家庄	昌乐城东南五十五里
	太平店子	昌乐城东南六十五里
	邵家庄子	昌乐城东南四十里
	常家官庄	昌乐城东南五十五里
	黄泥泉子	安邱①城东三十五里
	临朐城	
	从家庄	临朐城东六里
	张家庄子	临朐城东六里
	陶家庄	临朐城东五里
	齐家庄	临朐城东六里
	营子街	临朐城东八里
	吉　林	临朐城东九里
	徐家河	临朐城东十三里
	从家河	临朐城东二十里
	陡　沟	临朐城东二十八里
	从家沟	临朐城东十八里
	蔡　峪	临朐城东六十里
	蒋峪店东河崖	临朐城东七十里
	月　庄	临朐城东七十里
六世五公	从家阳埠	昌乐城东南四十五里
	申家庄	安邱城西北三十五里
	安邱城	
	郎东坡	日照城西八里
	和睦官庄	昌乐城东南五十里

① 安邱，今为山东省潍坊安丘市。

散居潍水各地的丛氏后人，在清代联系较为密切，曾多次联宗修谱。第一次是在咸丰四年（1854），昌邑东永安村、潍县安固、临朐、安丘等丛氏族人合修，确定了丛氏自二十一世至二十八世的排辈用字。这次联合修谱缘由及具体过程，可从郡庠生丛希祥所作序中窥知一二：

有居登州府文登县者，有居莱州府昌邑县西乡永安庄者，有居潍县北乡安固庄者，有居青州府昌乐县东南乡丛家阳埠、太平店子、西丛家庄、东丛家庄者，有居临朐县东乡丛家河、陶家庄、丛家沟、蔡峪、月庄诸村者，不有合谱以维系之，将见支派愈远，情意愈疏，世易代更，其不至视同本共源如路人者几何哉？余素有合谱之志未逮，适甲寅仲春有阳埠平章兄、复礼侄、安固景东叔来请合谱，向余叹曰："吾族离居散处历数传矣，旧无合谱，自今以后倘谱之不合，世远年湮，将何以知派出天潢，以笃同本共源之谊乎？"余闻，言："幸甚！"遂将谱抄出，交平章兄手，合昌乐、临朐、潍县、昌邑诸谱合成一函，各处存一，又命余作合谱序以记之。①

可以看出，这次联合修谱是由昌乐县丛家阳埠村的丛平章、丛复礼，安固丛景东等于咸丰四年（1854）来到东永安村，与居于该村的莱州府郡庠生丛希祥（十八世孙，配刘氏、孙氏）商议合谱。本次合谱的首倡人应是丛氏昌乐支系后人丛荫庭②，合谱完成后他请好友昌乐拣选知县赵升献作序。丛荫庭的具体身份并不详悉，赵升献在该序中写道：

荫庭与余为忘年之交，其平日居心之厚，虑事之周，有可即是编而想见其大概者。余故乐为之序，以为继志述事者劝而后此合族缀

---

① 清咸丰四年（1854）莱郡庠生丛希祥撰《丛氏合谱序》。

② 清咸丰年间昌乐拣选知县赵升献在《丛氏合谱序》中说："是举也，倡之者荫庭。"另，昌乐丛平章在同治十三年（1874）《添续合谱序》中提及："成之者谁？余家荫庭兄也。"

食，凡可以尽尊尊亲亲长长之谊者，尤于荫庭诸君有厚望焉。①

可以看出，丛荫庭当是昌乐丛氏家族中热心公益、较有威望的“活泛人”。这份序言既显二人情谊，借修谱以扩大家族影响，又光教化之义，显示拣选知县文教之本职。对于东永安村而言，其作为潍水一带丛氏家族的始迁祖居地，本是家族正宗溯源的中心地。身为祖居地的家族能人，丛希祥按理更应主动去联络潍水各地的人来撰修族谱，而事实上是由昌乐等丛氏族人主动来东永安村联络，或许基于此，他才在文中用“余素有合谱之志未逮”为后人做一解释。② 可见，尽管在潍水各地丛刚后裔的第一次合谱过程中，东永安村是被动参与，却在整个潍水丛氏家族中居于一定的中心地位。丛氏后人在清咸丰兵乱年间的这次联宗修谱，虽是家族能人正宗溯源的设计，却意在通过联合修谱整饬家族生活秩序，以扩大家族的地域影响力。

第二次续谱为同治十三年（1874）。这次续谱距首次合谱约 20 年，因“户口日增，生凿益繁，幼子童孙，即年及冠，字其名犹有未登族谱者”，“遍阅吾丛氏所居庄村，将各户所添新丁一一查考清晰并合谱”。③ 可见，这次主要是在原谱上添续昌乐、临朐、东永安村等潍水各地的新丁，修正重名者。

第三次为光绪二十四年（1898）。二十一世孙丛传诗在序言中提到丛氏的历史溯源，即丛氏原为汉代左相文靖公后裔，为避祸乱，晋泰始年间迁至不夜，改为丛姓。东永安村丛氏家族成员大都熟悉这则有关丛家姓氏的历史叙事，为文登丛氏的历史渊源进行解释。这种更久远的家族史追溯，使得丛氏村民对于家族历史有了清晰的了解，衍生出一种文化优越感。

第四次为民国二十一年（1932），丛兴周在该谱《正宗说》中谈道：

---

① 清咸丰四年（1854）拣选知县赵升献撰《丛氏合谱序》。

② 清咸丰四年（1854）莱郡庠生丛希祥撰《丛氏合谱序》。

③ 清同治十三年（1874）十八世孙丛平章撰《添续合谱序》。

吾姓自西迁以来五百余岁。世系不一，繁衍日盛，北联潍县，南至安丘，东联昌邑，西至临朐。宗派分歧，散处各方。每见同姓皆谈，不过仅知为同宗，至于彼属何支，此属何股，不能了然，遂致一派之亲，等于路人。数世之尊，视若平等。由是渊源昧，族情涣，人多而散，服近而疏，殊失夫敦宗睦族之谊，良可慨也。兹为救正起见，特具表式，将遐迩族人所居地址，详分支股，载明坐落，列于本编谱序之次，俾后世阅者，皆得晓然于某县某村为吾同宗，属何支股，距离远近，悉有所辨，而知所亲睦云。①

谱序撰写者之一为东永安村秀才丛立纲，同时也是这次倡修合谱董事之一。另有东永安村丛立广、丛立敬等参与纂修，最终采用“镌版石印，以图永存”②。

吾族居处不一，户口又多，生凿尤繁。其间，名次不无重复错谬之病，若不细加考正，恐一误再误。欲考正则不可得，且数十年来族中不乏善言懿行与妇女贞节可纪者，使不一一登载，令其湮没不彰可乎?③

可以看出，该谱本不仅是添续修正族人之名，还收录了昌乐地区丛氏族人的节孝事迹，以及族规族训《劝诫》（内容包括事亲、友恭、教子、守身、持家、敦睦、务学、力农及择交），比较注重礼仪的教化作用。

第五次为1995年前后。东永安村丛氏家族在丛乐训、丛延俊、丛召训等村民的倡议下，于1994年续修了本村的丛氏族谱。1995年春节过后，安固丛氏支系在丛丰东和丛延滋、丛志川、丛云川等族人的带领下，完成了安固丛氏支系的族谱撰修。他们得知东永安村支系也已续修了族谱，并

① 民国二十一年菊月上浣二十二世孙丛兴周撰《丛氏族谱·正宗说》。
② 民国二十一年邑庠生张晋生撰《重修族谱序》。
③ 民国二十一年邑庠生二十一世孙丛立纲撰《重修族谱序》。

增订了东永安村支系的排辈用字。于是，1995 年的正月二十，安固支系的有关人员赶往昌邑东永安村，在东永安村丛乐训、丛召训的建议下，又赶往昌乐丛家阳埠，协商联合修谱的相关事宜。商妥后，于该年的春、冬两季农闲时，续修族谱董事会及代表先后分集东永安村、安固、丛家阳埠、寒亭等地，商榷潍水丛氏续修族谱董事会组成人员名单、修谱宗旨，协商拟定五世祖刚支系增添的自二十九世至三十八世的命名及谱序的撰写，族谱的编排格式、字体及印刷等相关事项。①

晚清以来除了上述多次联合修谱外，潍水各地丛氏家族还常常赴东永安村一起举行祭祖礼仪。就在第三次合修族谱两年后即光绪二十六年（1900），昌乐、临朐、寒亭丛氏后人集聚于东永安村祭拜祖先，并修立祖碑。② 碑文如下：

碑阳：

丛氏先茔

安固、阳埠、店子、东丛家庄、西丛家庄、丛家河、陶家庄、丛家沟、蔡峪、月庄阖族同立。

清光绪二十六年五月　穀旦

碑阴：

盖闻莫为之前，虽美弗彰，莫为之后，虽盛弗传。故尊祖敬宗，圣王垂为宪典，亦即仁人君子之用心也。吾始祖讳刚，字直烈，故登州文登县籍，自有明洪武初来昌邑西乡之永安庄，遂世居焉，而兆阡于兹，历有年所。支派别分，异域播迁，桑梓陇墓，茫乎视若秦汉时事者比比矣。若代远年湮，以岁时蒸尝之地，为竖子牧刍之场，甚非

① 丛兴江：《潍坊丛氏宗亲联谊会在丛氏 2014 年续谱联谱工作培训座谈会上的发言》，载《威海文登丛氏大宗祠潍坊丛氏宗亲联谊会发言材料》，2014 年 3 月 29—30 日。

② 此碑用青石雕琢而成，上圆下方，碑身高 1.55 米，宽 0.65 米，厚 0.18 米。

先王尊祖敬宗之遗意也。于是阖族共议，植树数十株，隐以为先灵所依，显以表墓门之光。庶春霜秋露，过而兴感，则孝悌之心可以油然生也。但葳蕤弱质，不堪丛伤，爰告族人，永为护持。谨将此意，勒诸贞珉，非敢剖笃孝思也。聊以示子孙不忘云耳。

茔地大分四分零五毫。

神路南行至道横阔大尺六尺。

碑文中提及的10个村庄，皆为东永安村迁出、居于潍水流域的丛氏村民的居住地，具体为潍县、昌乐县、临朐县。这块祖碑本身亦可谓命途多舛：在民国战乱时期，曾受过子弹损坏；“文革”时期被推倒；20世纪70年代，改洼治碱、兴修水利时，又被拉去修桥作为桥面。1989年农历二月初二，村民丛乐训带领丛乐奎、丛乐涛、丛兴江、丛兴孝等人，从废弃的旧桥石料中寻回，并捐资、购材将其立在村后西北部的墓田中。1996年清明节，村民丛乐训、丛召训与寒亭丛兴江、丛兴民等，又在祖碑两侧修建一房屋式尖顶，以避免祖碑风吹日晒。

可以看出，晚清以来丛氏族人有着浓厚的家族意识，尽管分居各地，依然多次联合修谱，而作为潍水丛氏始祖丛刚所在的东永安村则成为地方家族的中心地。联合修谱、立祖碑等活动，体现了丛氏后人浓厚的家族意识与凝聚力，同时也是对东永安村的丛氏家族祖居地的强调与认可。明清以来，潍水丛氏族人博得功名者不多，达官显贵更是少见，“考诸谱牒，即名列黉序中者且寥寥可屈指数，又何有于累世显达哉”①，东永安村丛氏仅有一名郡庠生与一名邑庠生。不过，让丛氏家族聊以自慰的是，他们与清代名臣傅振邦交谊深厚。据说，傅振邦为昌邑虫埠村人，姥姥家在东永安村，为丛氏家族村民。不过，虫埠村《傅氏族谱》中未见相关记载：

长清，丕承长子，字洁源，由武生中式嘉庆庚申科武举，原任江西抚州所领运千总，敕授武略骑尉，诰封建威军，诰封荣禄大人。配

① 光绪二十四年二十一世孙丛传诗撰《重修族谱序》。

郭氏，继杨氏，敕封安人，诰封一品太夫人，晋封一品太夫人，生六子。①

显然，傅振邦父亲傅长清曾娶郭氏、杨氏为妻，未见有“丛氏”记载，但这丝毫不影响丛氏家族对名门亲缘关系的记忆。在村民的记忆中，傅振邦曾到东永安村祭祖修门楼，使得丛氏家族荣耀一时。据说有一年，傅振邦来东永安村为老人上坟，在村内修起了两进式高头门楼，其后还打算竖高旗杆，但因世道变化，旗杆最终没有竖起，门楼也被拆毁。② 此外，还有多种傅振邦帮助东永安村的故事流传③，村民津津乐道之中，为本村添加不少神奇色彩。

丛氏家族世系的明晰，祖上文登丛氏科举辈出、多达官显贵，以及文登修建的规模庞大、庄重气派的丛氏祠堂等，常常让丛氏村民备感荣耀。同时，无形之中这也成为其与村中吕氏、齐氏家族参照中的优势。可以说，丛氏家族因世系明晰，而在村落中获得一种文化尊严，这既为东永安村“丛吕不分”的家族联盟平添了不少底气，也为这句“丛吕不分”俗语中的丛字起头，赋予了一种天经地义的性质。

细看当下东永安村，吕氏家族在村落三大家族中其实是人数最少的，至今约传二十世。尽管同样自文登迁来，但因文登世系已无可考，两地无法接续，村民便以始迁祖为始祖。据说，前几年村民吕成英带领族人前去文登多次寻根，但始终没有找到，颇感遗憾。吕氏家族自迁至东永安村共三次修谱，除明隆庆年间毁坏的谱牒外，还有民国三十一年（1942）纂修的未竣稿与2006年的新修族谱。在民国三十一年的简短谱序中提及：

原我吕氏，世居山西，遭鼎革之变，东迁文登，复迁邑西李家

① 1990年昌邑虫埠村《傅氏二支谱》。

② 访谈对象：丛兴孝，男，东永安村人。访谈时间：2012年2月6日。

③ “听说俺们庄的一个人出村去了，后来没有路费了，回不了家。傅振邦就给他写了个纸条，走到哪里，哪里要（招待）。咱庄人老实，人家也没多要（钱）。”访谈对象：丛正春，男，东永安村人。访谈时间：2016年2月20日。

庄，因新迁之故，改李家庄为永安庄，命名之义，亦即永久长远之意也。至今约二十世。虽子孙繁衍，无多显达者，宗派支庶不甚明了。吾访诸老，据言明隆庆二年村被水淹，谱之损失自此始矣。谱系不清，无法着手。今值日寇乱华，遍地烟起，族下志士恐一时谱被损失，嘱予暂予抄录，以待有志者为之清续。①

1942年的这次修谱，是由十五世孙吕佃显据影轴草创，时战乱频仍，谱系不清，终未修成。按他所载，吕氏家族共分五大支：

每年影房供奉之礼品是六大件，每年正月初三日按支分下，以此为据矣。不知由何世而起，述不甚明了。今自族谱第七世为据开列如下：

一、二支：每年供奉一盘

三　支：每年供奉两件

四　支：每年供奉两件

五　支：每年供奉一件

第一支：孔德（配宋氏）

第二支：秉乾（配赵氏）

第三支：孔宾（配张氏）、孔丕（配王氏）、孔赋（配刘氏）、孔礼（配齐氏）

第四支：孔华（配赵氏）

第五支：孔文（配齐氏）②

吕氏家族祠堂在村中东北角，后来无人管理塌陷了。据村民说，尽管村内经济好转，但是对于整修祠堂，吕氏村民意见不一，因此至今未修。2005年的族谱编修，是由十七世孙吕成英、吕富英、吕群英、吕君英及十

① 1942年十五世孙吕佃显撰《吕氏宗谱序》。

② 1942年十五世孙吕佃显撰《吕氏支系考》。

九世孙吕秀武所倡修，并邀请昌邑市历史学会秘书长王伟波协助拟定体例，依次修辑。七世之前依据1942年正月吕佃显所录影轴底册，虽支系难明，但先祖名讳均历历可考；七世之后，则据各家支影誊录；今世之人则考之户口册档，最终于2006年告竣。本次参与续修的主要是东永安村、常太屯、葛家庄、寒亭吴官庄四村的吕氏后人，而吕家庄、桃埠、南店、侯富庄则未能收录。

在当下东永安村村落生活中，吕氏家族经常忆及历史上曾有的辉煌。明清以来，吕氏家族不断壮大，家族人口不断向外迁居，散居各处，如南店、侯富庄、桃埠、常太屯、葛家庄、吕家庄、寒亭吴官庄村等。立于清光绪二十年（1894）的一块祖碑，记载了各处吕氏家族联合立碑的情形：

碑阳：

吕氏先茔

茔盘地大约占一亩八分七厘四毫；东永安、侯富庄、葛家庄、吕家庄、南店、吴官庄、桃埠仝立石。

光绪二十年二月　穀旦

碑阴：

从来水本于源，木本于根，而人本于祖，所谓源远而流长也。吾吕氏者自登州府文登县迁居莱州府昌邑县东永安庄，祖茔在西庄东北坡下，数传而后尤迁于此，嗣后户繁人众，各择吉茔，大抵分派支流，皆由于此。茔内有松树七株，明堂五株，本实虽未拨，枝叶已有害，合族议妥，卖京钱一百二十吊整，以作立碑栽树之资。立碑以后，无论坟木茔地，树木蒿草，有人毁伤，按事轻重，现定罚资。大家共议，嘱以为文，予何能文，不敢固辞，直述大略云尔。

郡庠生吕延年撰并书。

这块祖碑不仅讲述了祖先迁居情况，还体现出保护祖茔地生态环境的观念。在吕氏族人的迁移地中，除吴官庄为潍县地外，其余各村皆在昌邑境内。撰文者吕仁寿，字延年，是明清以来吕氏家族中唯一博得功名的村民，还曾为孙膑庙撰写碑文。不过，吕氏家族“虽子孙繁衍，无多显达者”①，也是家族自认的事实。

“前齐”与“后齐”

齐氏家族是东永安村人口最多的家族，有“前齐”与“后齐”之分，在村民记忆中，“前齐”迁来时间较早，主要居住在村东南地势相对较高的地方，而“后齐”则住在村东北的洼地一带。在 20 世纪六七十年代，村中第十、十一、十二生产队为“前齐”，第十三、十四、十五生产队则为“后齐”。有村民曾在私下场合，谈及后齐如何由“戚”改为“齐”的话题：

> 后齐本姓“戚”。传说，村后面有个裴庄埠，村里有个大财主，家庭兴旺。裴庄埠下面有个铃铛湾，湾很浅，却一直未干涸。大财主雇了个“长活”（长工）放牛，是 99 头牛，结果一下去赶上来，数了数，成了 100 头了，就说家道该败落了。（大财主吩咐）把那些牛都系上红布，牛都喝水时，寻思（想）着把那个没有红布的拿住，没有拿住啊，跑了！以前官府衙门门口是大红门，他们家也是弄的这个。人家说弄这个不行啊，该倒霉了，都说他们家大门口弄成那样是想反上啊，想造反，灭了他。没有办法（迁来我村），改了姓了，成“齐”了。②

① 1942 年十五世孙吕佃显撰《吕氏宗谱序》。

② 访谈对象：东永安村某村民；访谈人：李海云；访谈时间：2015 年 3 月 2 日；访谈地点：东永安村。

由“戚”改姓为“齐”的故事，在东永安村甚少流传，未知究竟。即便此事属实，也属于家族自秘的内部知识而“不足为外人道也”。当这位村民讲述后齐由“戚”改姓为“齐”的故事时，一再申明是“听人说的”“不当真”，显示出对这一家族内部知识的敬畏，也是兴之所至对外人讲述时的自我保护心理。其中也含有比较丰富的信息：裴庄埠的戚姓财主因遭惨祸，前来东永安村避难，改姓而为村中的“后齐”。乡村社会中与改易姓氏有关的叙事话语，往往寓含着国家政治对于民间生活的特别影响，相关事件难以为正式文献所载，却可能在民间口述中若隐若现。或许，东永安村“后齐”的迁入，使迁来较晚、处于弱势地位的齐家，有机会在人口规模上超过原居村中的任何一个家族。或许，正是“前齐”与“后齐”的组合，在某种程度上助推了村内“丛吕不分”态势的形成或强化。不过，在齐氏家族内部，关于“前齐”与“后齐”的划分则另有说法。齐姓村民大多强调“前齐”与“后齐”都是一家人，以前的确有齐家人从遥远的地方赶来，与原居于此的齐家联宗，但“一笔写不出两个齐”①。这启示我们，村内关于“丛吕不分”的说法，与“前齐”与“后齐”的说法一样，都是村民为村落平衡格局的形成与维系而产生的叙事话语，也是明清以来村内多种资源、力量相互竞争和磨合的结果，是村民灵活运用边界的历史记忆的留存。

20 世纪 80 年代以前，齐氏家族将位于庄北的一间闲屋作为影房，房屋中央挂着影轴，村民逢节祭祖。如今，每年春节时村民悬挂家堂祭祖。齐氏家族目前存有 1962 年《齐氏家谱》残本，该谱仅有近五世家支谱系，并无谱序。大多数齐姓村民对于祖辈不甚了解，多仅限于家堂上所追溯的十几代祖先名字，言谈中对丛氏家族完整的族谱与明晰的家族史有几分羡慕。由本村迁出的各村齐氏家族曾于清同治五年（1866）来东永安村共同修立祖碑②：

---

① 访谈对象：齐乃瑞；访谈人：李海云；访谈时间：2011 年 10 月 2 日；访谈地点：东永安村。

② 该碑底侧被砸坏，后又补修，右下角刻有“公元 1994 年 2 月 12 日重修毂旦”。

碑阳正中：齐氏祖茔

碑阳左侧：茔地三亩三分，东永安、博乐埠、沿村、龙池齐家埠、玉皇庙合立。

碑阳右侧：同治五年二月二一日　穀旦

该碑没有关于祖先迁居的具体说明，大概是时人亦不知悉。尽管时逢捻军入境，村民依然前来祭祖立碑。齐家祖茔位于村落东南角，北临芙蓉池，西靠土龙埠，东邻阜康河，以前该地称为“凤凰岭”，是小南埠的一部分，高度与村中央土龙埠差不多，形状类似“凤凰展翅”。据说，齐家祖先看中了这块地方是个风水宝地，便将祖茔地选在这里。祖茔旁边有大片松树林，由村里年长者看守墓田。如今，茔地面积有限，新丧者便不能埋于祖茔，而葬在村北田地中。

与丛、吕家族类似，明清时期齐氏家族获取功名者也较少，有两三位，但民国以来有多位齐姓村民在外担任高官要职，如齐安聚曾任中国人民解放军南海舰队副司令员。齐安昌为中国人民解放军南京军区空军政治部主任、宁夏军区第二政治委员、中国共产党第十二次全国代表大会代表。齐寿元于1946年参加革命，参与解放海南岛等战役，后成为广东军区某部师长。齐乃贵曾任山东省潍坊市委书记、山东省总工会主席、山东省政协副主席、中共山东省委统战部长等。

据村民齐忠华说，由东永安村迁出的齐氏后人很多，均系明洪武晚年、永乐年间或清朝年间移出。① 尽管已经迁居外地多年，仍有不少齐氏村民死后，家人选择回葬于东永安村南凤凰岭齐氏祖茔地。

“丛吕不分”

走进东永安村，经常会听到“丛吕不分”的说法。我们在调查中发现，在东永安村一村之内，既有远近闻名的由丛、吕两大家族联合举行的

① 访谈对象：齐忠华；访谈人：李海云；访谈时间：2015年2月3日；访谈地点：东永安村。

正月十四“烧大牛”仪式，也有略显“强势”的齐氏家族所组织的正月初九“烧大马”仪式。两者都是集烧祭仪式、文艺活动、集市贸易于一体的庙会，但主体不同，也有着较为明显的边界区隔。在村落日常生活中，丛、吕两家的确联合共事的情形较多，而齐家则较为独立，由此建立起这一村落—家族生活的基本格局，丛、吕家族村民多用“丛吕不分”形容两家族的亲密关系。这种家族关系格局是如何形成的呢？又何以成为村落中的民俗传统？张佩国认为：“土地是乡村社会的基础性资源，乡村社会的一切自然、人文关系都是围绕着土地资源分配而展开的。”① 在东永安村，自明代立村以来村落土地资源的开发、利用与再分配，以及村落聚落居住空间格局的微妙变化，特别是上述仪式在这一过程中所扮演的角色，应是我们考察的重点。

村民对于村落历史的记忆，往往多以地理景观的沧桑之变为佐证，这一话题本身又会成为村民当下现实生活的依据。在村民的记忆中，20世纪70年代以前，村中曾有一道高埠横贯南北，将村落区隔为埠东、埠西两部分，居于埠西的丛、吕两家族村民很少与地处埠东低洼区域的齐家来往：

> 原来大街是一溜埠子（土龙埠），很高，我们（丛家）跟齐家不见面。②
>
> 跟齐家还隔着一个大埠子，有半里路长，所以有些事儿也不在一起做。③

居住地区的地理边界是村民解说三大家族关系亲疏远近的依据。据说，在齐家到来之前，同在埠西的丛、吕两个家族之间的居住边界也是清

---

① 张佩国：《土地资源与权力网络——民国时期的华北村庄》，载《齐鲁学刊》1998年第2期。

② 访谈对象：吕瑞婷，女，东永安村人。访谈时间：2015年3月3日。

③ 访谈对象：丛乐训，男，东永安村人。访谈时间：2015年3月3日。

晰的。① 齐家迁来后，中间土龙埠则成为村落中最重要的边界，所以埠东、埠西成了村民口语中最常用的方位表达，丛、吕两家的居住边界则趋于模糊。时至20世纪70年代，由昌邑市“革委会”、昌邑市农业局等单位联合牵头，在潍北一带实施了以平埠填洼为目的的乡村地貌统一平整规划。这次规划改造的结果，是将东永安村村内及周边大大小小的埠子予以平整，再填补洼地，不仅使得村庄居住地扩大了一倍多，而且形成了当今三大家族之间“大聚居、小穿插”的聚落格局。不过，即使在这次大规模的规划改造之后，三大家族的居住空间少了地貌的阻隔，但原有的“丛吕不分”、齐家独立行事的村落家族生活格局依然没有明显改变。时至今日，村民也依然习用“埠东”“埠西”分别代指齐家和丛、吕两家。也就是说，尽管作为家族居住空间边界的高埠已在村庄规划中夷为平地，但村民依然选择高埠之隔作为记忆历史、表述现状的叙事话语，并将之作为解释当下家族关系的依据。这又是为什么呢？

在两家族村民记忆中，两家族村民强调丛、吕一起自文登迁来，定居于土埠高地：

> 丛家和吕家一块从文登迁过来的时候，就像亲兄弟一样。齐家来得晚，住在埠东洼地。（埠）西边大都是俺姓吕的和姓丛的。老一辈开始丛、吕就不分了。②
>
> 为什么我们丛、吕比较近呢？因为他们是一块儿从文登迁过来的。迁来以后，丛家在村中间，村西边是姓吕的……姓丛的和姓吕的从文登迁过来后，跟亲弟兄们一样。现在也是“丛吕不分”，虽然是两个姓，但关系很密切。③

---

① “（吕家是比丛家住的地势低啊？）低点，丛家的高，埠（土龙埠）子东边又洼了。”访谈对象：齐乃信；访谈人：李海云；访谈时间：2014年7月20日；访谈地点：齐乃信家。

② 访谈对象：丛兴孝，男，东永安村人。访谈时间：2012年2月6日。

③ 访谈对象：吕瑞福，男，东永安村人。访谈时间：2011年10月2日。

自古以来有这么个说法，就是“丛吕不分”。他们迁来的时候就称兄道弟，估计刚来的时候有老亲。商议事（方面），丛、吕能商量到一块儿，齐家和这两个姓就说不到一块儿。①

昨天有人问“丛吕一家人”，我就解释姓吕的也是从文登来的……两个家族的先祖名都是后人起的，俺的老祖叫开基，姓吕的老祖叫开业，“丛开基、吕开业”。②

不过，在丛、吕各自的家谱及祖茔碑刻中，却没有两家一起迁来的说法。在清光绪二十六年（1900）《丛氏先茔碑》上，曾提及丛氏始迁祖丛刚的迁来时间为洪武初年：“吾始祖讳刚，字直烈，故登州文登县籍，自有明洪武初来昌邑西乡之永安庄，遂世居焉，而兆阡于兹，历有年所。”在1942年《吕氏族谱》序言中，也仅提到吕氏先祖迁居来此的缘由和迁居地点，并没有记载迁居的时间：“原我吕氏，世居山西，遭鼎革之变，东迁文登，复迁邑西李家庄。”显然，丛、吕家族所强调的“一块儿从文登迁过来”并相互称兄道弟的说法，更像是两家族因居住较近而“拉近乎”的一种意愿。特别是在齐氏家族迁来后，人口发展迅速，村落内部面临着土地等各种资源的新的竞争。作为老住户的丛、吕两家族，倾向于在日常生活中“抱团”，也是自然之事。

在当下村落生活中，丛、吕家族之间多有互助合作是一种事实，村民关于家族迁徙历史记忆的表述多与此有关。按照东永安村村民的说法，村中三大家族都是自明朝迁来③，最早迁来的是丛氏家族，居住在村中部的土龙埠高地上，这应该是当时村中最好的居住空间，周边田地较为肥沃。此后迁徙而来的吕姓家族，则居于村西低埠上。最晚到来的齐家，就只能居于土龙埠以东的洼地，长年有水患之忧。是不是上述因素导致了村内三

---

① 访谈对象：吕言忠，男，东永安村人。访谈时间：2012年2月6日。

② 访谈对象：丛乐训，男，东永安村人。访谈时间：2015年4月22日。

③ 关于这一说法，只在清光绪二十六年《丛氏先茔碑》有所记载，而在吕氏、齐氏的族谱及祖茔碑刻记载中都不甚详。

大家族的聚落格局和分合关系，我们尚难确定，但从村民的模糊话语中①，却选择将“丛吕不分”的亲密关系，归因于两家迁徙时间的相近与居住空间的相邻，由此形成了一种彼此依赖或信赖的关系，最终成为一种生活惯性即民俗传统。根据我们访谈所获得的只言片语，还昭示着另外一种可能：在齐氏家族迁来以后，尽管其居住于高埠下的洼地，但人口增长迅速，家族力量逐渐强盛，这对已经长期生活于此地的“坐地户”丛、吕家族来说，构成了因土地资源而可能存在的竞争。这一潜在的“威胁”，或许是促使丛、吕两大家族“抱团”，倾向于在日常生活中合作共事以强化关系的重要因素。笔者注意到，当两大家族面对齐氏家族而联办仪式活动时，丛、吕之间的家族边界就趋于模糊，但在丛、吕家族各自组织活动时，他们之间的边界则有所凸显，并非完全意义上的“丛吕不分”。或许，最初因地缘关系而过从甚密的丛、吕两姓，在村落生活中不断强化“丛吕不分”的叙事，并借助庙宇分属、仪式操演等文化表达，而试图形成村落家族间相互制衡的态势，也是理解当今东永安村三大家族、两大仪式的村落文化结构的重要路径。

此外，在村民看来，两家族的姻亲关系也是不分彼此姓氏的原因之一：

> 丛、吕噶亲（联姻）多，所以关系就不分你我了，有些事情噶伙着办（一起做）。②
>
> 俺和吕家为什么“丛吕不分”，是因为丛家和吕家最先通的婚。③

---

① 丛兴孝：“丛家和吕家一块从文登迁过来的时候，就像亲兄弟一样。齐家来得晚，住在埠东洼地。（埠）西边大都是俺姓吕的和姓丛的。老一辈开始丛、吕就不分了。”访谈对象：丛兴孝，男，东永安村人；访谈人：李海云；访谈时间：2012 年 2 月 6 日；访谈地点：东永安村。

② 访谈对象：丛乐训；访谈人：李海云；访谈时间：2015 年 4 月 21 日；访谈地点：丛乐训家。

③ 访谈对象：丛悦明；访谈人：李海云；访谈时间：2015 年 2 月 2 日；访谈地点：东永安村孙膑庙。

在村民看来，丛、吕过从亲密是因为两家迁居后最先结为姻亲，因此尽管是两姓氏，但并不讲究家族界限。不过，需要思考的是，丛、吕两家族的过从亲密，是确实因为姻亲关系，还是仅为家族关系建构的一种叙事话语？村内三大家族通婚情况可以从东永安村《丛氏族谱》和《吕氏族谱》中了解一二。《丛氏族谱》中记载，“十一世乙（配齐氏）”，“十二世万治配吕氏”①，在此之前并未有丛氏家族成员与“吕氏”“齐氏”婚配现象，考虑到当时的通婚范围较小，而当时周围较近村落又无此两姓氏，所以这两个姓氏很大可能为本村吕氏村民与齐氏村民，即丛家自迁来后第七代（始迁祖丛刚为五世）开始与齐家联姻（因齐家无族谱，故不知是否在此之前有丛家女儿嫁入齐家），第八代开始与吕家有姻亲关系。2006 年新修《吕氏宗谱》记载，“（七世）孔礼（配齐氏）”，“（七世）孔文（配齐氏）”，“（七世）孔明（配齐氏）”，“（七世）孔连（配齐氏）”，“（七世）孔哲（配齐氏）”，“（七世）孔玉（配齐氏）”，“（七世）孔玄（配齐氏）”，又“（八世）唯一（配丛氏）”。② 若所载“齐氏”为该村齐氏家族，那么吕氏家族与齐氏家族在第七代时开始联姻；倘若该丛氏即为该村丛氏家族的话，那么吕氏家族迁来后第八代才开始与丛家联姻，而八世之前没有姻亲关系。但在调查访谈中发现，村落内部三大家族间的通婚现象自明代迁居以来就较为普遍，尤其是清代以来随着人口的日益繁衍，两家族内部结亲现象逐渐增多。时至今日，村落内部通婚现象依然较为常见。正如村主任丛悦明所述：“我们村通婚的很多，一般我们姓丛的闺女嫁到吕家，吕家的闺女嫁到齐家，最后齐家的闺女又嫁到丛家了，追起来了，老一辈儿就这样。”③

东永安村《吕氏族谱》在续写时秉持男女平等原则，男女均入谱，记录了吕氏家族嫁娶情况，标注“娶本村”“嫁本村”的情况有很多。村民吕世敬讲道：“现在我们村里三大姓全是亲戚，没办法，拐来拐去，俺母

---

① 1996 年东永安村《丛氏族谱·六世长公二公支系》。

② 2006 年东永安村《吕世宗谱》。

③ 访谈对象：丛悦明；访谈人：李海云；访谈时间：2015 年 2 月 2 日；访谈地点：东永安村孙膑庙。

亲是齐家的，俺妹妹嫁给丛家了，全是亲戚。”① 可见，姻亲关系在村落三大家族中都较为普遍，尤其是明中期以来，相互通婚并不是导致“丛吕不分”的密切关系的合理解释。

村内通婚现象的普遍，常常使得相互之间辈分发生混乱，村民最后决定用“论男不论女，论近不论远”的原则来论定。村落通婚对于家族关系整合以及村落资源的利用有着重要的影响。杜赞奇认为：“在华北乡村的日常生活中，它（姻亲关系）起着多种保障和联系作用……一般来说，这种亲戚关系往往将普通人家与更有权威和正式的宗族以及行政组织联系起来，使他们更易接近乡村社会中的各种资源。”② 东永安村村落内部的联姻，一方面使处于弱势地位的丛、吕家族享有齐氏家族所掌握的各种经济、生活资源，便利在外包工揽活、办企业，修建改善各种公共设施等。另一方面，内部联姻促使家族之间以信仰仪式活动为象征的文化资本的竞争日趋激烈，导致一方家族往往会依照对方的家族生活而组织、调整。联姻者作为联系竞争双方的纽带，承担着各种文化信息的传达功能。

在东永安村，还有一个有趣的现象，即传统的拜干兄弟习俗只发生在丛、吕两家族之间，似乎是在村落语境中对于“丛吕不分”的进一步强化。时至今日，村内拜干兄弟的现象已不再仅限于丛、吕家族之间，三大家族关系较好的都可以相拜，这主要发生于在外承包工程的村民之间。拜了干兄弟以后，逢年过节都会作为亲戚相互走访，客观上是对村内三大家族之间关系的联结，以及对“丛吕不分”传统的弱化。

家族礼仪

在村落礼仪生活中，以岁时节俗与人生仪礼最为凸显。岁时节俗是乡民依照传统农时而做的一种文化设置，与其精神世界紧密相连，是人们与

---

① 访谈对象：吕世敬；访谈人：李海云；访谈时间：2016 年 12 月 19 日；访谈地点：山东大学学人大厦。

② ［美］杜赞奇著，王福明译：《文化、权力与国家——1900—1942 年的华北农村》，江苏人民出版社 2010 年版，第 8 ~9 页。

自身的生活现实相对的鬼神世界的想象，因此常以祭祀仪式所营造出的“神圣”边界来体现，并赋予内与外、保护与入侵等文化意义，并通过各种保护神和孤魂野鬼来加以确定。① 相形之下，东永安村人生仪礼则多以家族内部活动为特征，并因村内复杂的姻亲关系而体现为边界的混融现象。可以说，家族礼仪本身便寓含着人们对“日常”与“非常”的不同生活时段生活的区分。

东永安村一年四季的节俗活动，家族之间大都有着较为明显的边界区分。除年节活动外，还有在三月三、三月十八、六月二十四等时间举行的节俗活动。这些节俗活动多以家族为中心组织举行，即以丛、吕家族合作，齐氏家族单独行事为体现。当然，这种边界区隔并非绝对化，其间不乏家族之间的短暂合作。考察这些节俗活动中的边界体现，有助于我们观察家族之间的交往关系。

传统意义上的东永安村年节，是由忙年与过年组成的，并以特定的饮食与礼仪为标志。年节过得好了，就说“有年味”。一进腊月，村民便开始为过年做准备了。准备活动不仅包括传统意义上的置办年货等，村民还忙活扎制“圣物”以备年后的祭神活动。其中，丛、吕两家族合伙扎制大牛，于正月十四庙会时烧掉；齐氏家族单独扎制大马，于正月初九庙会时烧掉。显然，东永安村的年节时段，不仅意味着吃喝娱乐以及对于种种习俗的遵从，还包括两次隆重的庙会，使得村落年味十足。

农历三月三，是传说中的王母娘娘生日。东永安村丛、吕家族村民会扎两棵蟠桃树祭拜，村民称之为“蟠桃会”。蟠桃树会提前一周左右扎制，主要负责扎制的村民有齐秀香、宋瑞华、刘秀香、丛瑞英、张秀芬、李素芹、吕瑞婷、齐秀芬、齐秀兰、李学香、刘万珍、陈玉梅、赵志美、马文英、吕瑞珍、齐翠香、齐翠英、刘桂芬、吕世明等。蟠桃树扎好后放在孙膑庙门前面的空地上，摆好供品，九点半左右烧掉。2015 年三月三庙会参与祭祀的村民包括：齐秀香、马艳香、赵志美、齐素英、齐万珍、李学

---

① ［英］王斯福著，赵旭东译：《帝国的隐喻：中国民间宗教》，江苏人民出版社 2008 年版，第 91 页。

香、齐美荣、刘新花、马文英、齐翠英、吕世明、齐秀兰、齐玉兰、丛瑞英、李素芹、张秀芬、吕瑞华、吕瑞婷、刘桂芬。19位老年妇女中，7位齐姓村民皆为本村齐氏家族村民，嫁于丛家、吕家，便跟随丛、吕家族一起参与三月三庙会活动。据村民说，以前每年农历二月十九（出生日）、六月十九（出家日）、九月十九（成仙日），还要给观音老母扎一台轿，这几年不扎了。相形之下，齐氏家族这天则无活动。

农历三月十八日，为东永安村地宫老母祭祀日。这一仪式并不是全村的行为，多由丛、吕家族的老年群体参与，届时会举行“发轿”仪式，其中祭祀供品及花轿都是由老年妇女们准备。花轿一般由村内的几位老年妇女在办公室扎制，高约1.5米，还要贴上一些装饰品，比如侧面的“鸳鸯”“凤凰”图案，意指和谐美满，整个扎制过程一两天便可完成。这天早晨八点多，村民便把为老母扎的轿子停在孙膑庙前，老年女性在庙前布置供品、抬轿、安轿等。庙前布满了小旗，花轿面向老母庙，再往南是三条木凳，还有一个放置供品的木桌，摆满了供品，供品由各家拼凑。供品包括五个碗：橙子、小西红柿、凉拌粉丝、凉拌黄瓜、炸豆腐，还有一些糖果、饼干、葡萄干、红枣、香米饼，以及五个大馒头、三根菜瓜等。仪式结束后，村民再分别拿回各家的供品。每年发轿时，村民都会请人写黄表文书，借以告知神灵。

祭文一般贴在花轿里侧，最后随花轿一起烧掉。上午9点20分，一阵鞭炮声过后，开始点火焚烧花轿，花轿伴着人们的歌声燃烧殆尽。烧轿仪式活动主体分为三个群体：面向庙门的老年妇女共38位，在供品前一起唱经；西侧是7位老年男性站立操持管理焚烧事务；另有一些男性年长者在办公室静观，没有出场。在细雨中，在乡村安静的寺庙前，周围是棉花柴垛和褐色的高埠，妇女们用心灵在歌唱，既是仪式也是超越。

六月二十四这天是关公纪念日，东永安村丛、吕、齐三大家族都会祭祀关老爷。村民认为六月二十四日为“关老爷磨刀日”，因此两庙都会烧掉枣红马祭祀，形态与正月初九庙会的大马相差无几，仅是体型较小，与真马大小相似。西庙因为没有关帝神位，以前六月二十四日西庙丛、吕家族老人扎制好的大马要拿去东庙烧掉，大约从2007年开始就不再给东庙送马了。如今孙膑庙内尽管依然没有关老爷的神位，但是村民在这天直接在孙膑庙前“发马”。大马需要提前半月左右扎制，西庙主要负责扎制的村民为吕瑞福、吕言忠、吕世能、吕兴茂、吕瑞圣、丛乐信、丛言俊、丛延庆、吕昆明、吕言建等。

祭祀关公的仪式，相对于年节期间的活动来说比较简单，只是由几位平时负责庙宇的老人操持，如吕言忠、吕世能、丛悦敖、丛延庆、吕瑞周、吕瑞圣、吕大伟、吕世圣、丛延俊、吕世明等。与正月期间农闲时相反，六月期间正好是农忙时节，棉花需要打叉、除草、浇水，年轻人要不在家忙着农田，要不外出打工，所以大马也没人扎制，东庙便找吕兴茂扎制。据说，这几年祭祀关老爷的枣红马都是由村民吕兴茂免费扎制，高约2米，六月二十一日开始扎制，以高粱秸秆、豆秸、苇子为主要材料，一般两三天就可以扎制好。据老人说，每年扎大马和扎大牛时，他们也会前去看看帮帮忙，并且在他们看来无论哪种礼仪场合，大牛、大马的扎制标准都是极为重要的。村民对扎制大牛、大马者的回馈也是象征性的，并不给予报酬，如果赶到饭点，齐家人会管些简易的饭菜，如包子、面条类。另外会在年节、八月十五期间人情走访一下，送些茶叶、烟酒礼物。显然，当村落不同家族有需要时给予帮助，既落个好名声，也是为了参与村落公共事务。妇女们在这天还要叠一些“元宝”，准备供品如鸡、鱼、豆腐、蔬菜、水果等，去庙内烧香。可以说，丛、吕家族与齐氏家族纪念关公的活动，同是以家族为中心的仪式设置，是他们对于不同神灵祭祀边界的区分。

在东永安村村民的人生礼仪生活中，婚礼、葬礼较为凸显。基于村落中错综复杂的姻亲关系，两者总是体现为村落性的整体行为。东永安村内部联姻，使得村内丛、吕、齐三大家族在日常生活中联系密切，也在一定程度上加剧了家族之间的竞争关系。如今，这种村落内部通婚现象依然存在，婚礼整体呈现出一种边界混融现象。在我们田野访谈时，村民说道：“喜事儿家族性不强。”① 一方面，这要归之于村落内部通婚及不同家族的

---

① 访谈对象：齐乃信；访谈人：李海云；访谈时间：2014 年 7 月 20 日；访谈地点：齐乃信家。

人们拜干兄弟的现象，不同家族联系较多；另一方面，因为是件喜事，大概也不那么讲究传统规矩。在这种场合，村民找村内识字的人写个喜字对联，就不那么讲究边界了。

东永安村的葬礼程序颇为繁琐，三大家族基本独立进行，每个家族都由一些年长者主持家族内部大事。如丛氏家族多找丛乐训，齐氏家族一般找齐乃信主持等，丧礼参加人员则以各自的家支为主。值得注意的是，因为村内通婚关系，村民之间多多少少都牵扯点亲戚关系，所以村内如有丧礼，村民大多还会前去吊唁，算是与死者的最后告别。丧礼报庙的仪式环节，丛、吕家族曾长期共用一个土地庙，而齐氏家族则去村东头。举行“发倒头马”仪式时，要焚烧纸扎的车、马，如果为女性则外加一头牛、一只鸡。这些纸扎物品一般由村民提前购置，大约300元一套。[①] 葬礼过后，丧家还有对于死者的一系列纪念活动，包括“烧七”“百日”“周年”等，主要是本家族与近亲参与，规模较小。

不难看出，三大家族在礼俗生活中的边界区隔具有一定的灵活性。村内错综复杂的姻亲关系，使得村民在“非常”时段以家族为组织单元所举行活动时常常有“越界”“跨界”之举，其是村落家族之间关系的调适方式。在东永安村，原本较为凸显的家族边界多演变为家庭与家庭（个人与个人）之界的划分、厘定，边界的层级关系愈显分明。

边界与家族叙事

通过对东永安村日常生活的考察，可以看出这是一个注重家族传统的村落。在以齐家为主的村落格局中，丛、吕家族以缔结联盟的方式，形成了一种以仪式活动为表征的文化权力，并影响到村落日常生活。时至今日，丛氏家族与吕氏家族仍过从亲密，看似由紧密的居住格局所促成，其实另有隐情。明初，两家自文登迁来后，都卜居于埠子西部高地，而齐家

① 村内吕兴茂老人专门做丧礼纸扎物品，以“扎纸草”为生计，纸扎手艺很好，经常扎制丧事所用的车、马、轿、鸡等。

较晚迁来，居于埠东地势低洼地。中间因有高土埠的相隔，而使得丛、吕两家共事较多，与齐家交往较少。这固然是事实，但这种由村落地理格局、家族迁居先后所造成的居住空间格局，仅仅是构成家族关系的基础。齐家后迁此地，客观上与作为原居民的丛、吕两家形成了一定的资源竞争态势，特别是在中华人民共和国成立以来的村政格局中取得强势地位，才是促使基于地缘关系的丛、吕两家族牢固结盟的真正原因。

可以说，东永安村的发展历史，是人口不断聚集而对地理环境不断开发的过程，同时也是现代民族国家对乡村社会持续改造的过程。这就意味着，想真正理解村落，就必须在准确评估自然地理生态对于村民生活的规定性影响的同时，还要将这一人地关系纳入国家历史进程与地方社会法制的双重视野中，理解民众的日常生活实践与文化意义赋予。特别是中华人民共和国成立以来国家在当地实施的环境治理措施，对于地方社会影响重大。在东永安村，1975 年左右的村庄规划，改变了原有的村落空间格局。尤其是横亘于村西、村东之间的高埠子被平掉，昭示家族区隔的自然标识就此消失，“国家”以不可抗拒力量的形式展现在村民面前，凸显出巨大的权威性，对于村内家族关系的影响是极为明显的。然而，即使在如此背景下，民间记忆依然表现出顽强而灵活的一面，村民心中依然存有边界的区隔。这种聚集于个体的心理边界具有一定的流动性、易变性，其恰恰是理解村落社会的关键路径。

笔者在调查中发现，“丛吕不分”的说法已为东永安村村民所普遍认同，并经常以建庙和举行祭神仪式为证。建于村西西虎埠上的孙膑庙，就被作为“丛吕不分”的确凿证据被不断言说，甚至经常被链接到村落历史的“神圣”叙事中。时至今日，年复一年的“烧大牛”“烧大马”的仪式操演，昭显着村落家族生活空间的边界，但这一现象不能仅仅放在村落内部生活中来理解。毕竟，自 20 世纪以降，齐氏家族乘势而起，不仅在村落中与丛、吕两个家族分庭抗礼，而且后来者居上，在村落中有着强势表现，也是不能不考虑的因素。

第三章　村庙的重建与管理

在传统华北村落中，庙宇曾经是普遍的存在，但现今少有遗存。不过，有形的庙宇的消失，却并不代表村落中“神圣”空间的彻底消除，传统庙宇所代表的“神圣”边界仍然在村民的节庆仪式、人生礼仪以及传说、俗语中多有表达。这其实也是20世纪80年代以来，许多村落在传统庙宇的遗址上，以重修的名义兴建庙宇的重要原因。但不管怎么说，乡村社会中的庙宇之需，与村民对个人精神世界的关切和对传统伦理价值的倚重是分不开的。

20世纪90年代，东永安村以重修的名义兴建了两座庙宇，分列村落西东，即村西丛、吕两家族的孙膑庙和村东齐家的玉皇庙。两座庙宇兴建时间仅隔一年，显示出村内三大家族对各自信仰传统的看重，以及家族之间借助庙宇强化边界区隔的象征性意义。庙宇竣工，仅仅是村落—家族“神圣”传统恢复的开始，随着两个庙委会的更新换代，年度信仰仪式的动员与组织，特别是功德碑的矗立、捐款榜的张贴，信仰活动被村民赋予更多的历史记忆，并与当下复杂的生活实践密切相连。如在东永安村的集体记忆中，村民反复讲述的是晚清时期捻军入境的一段特殊历史，并不断强化西庙神主孙膑作为村落保护神的现象。可以说，记录着晚清时期捻军入境的碑文，被村民添枝加叶反复讲述的灵验传说，特别是村西孙膑庙的落成与不断修整，无不显示出东永安村村落信仰的基调。相形之下，围绕孙膑庙而进行的祭祀仪式，以及近年来村东玉皇庙对于自身“神圣性”的经营，则显示出村落信仰的活力与村落信仰格局的动态性。

本章通过对东永安村两大庙宇的“神圣”格局、碑刻文献、口述传统及庙委会管理系统的描述，观察村民的现实运作、“神圣”需求及边界意识。显然，村民在庙宇的修建与管理活动中所体现出来的热情，以及庙委会权力更替及其出色的管理能力，既显示出民间信仰传统对于村落生活的意义，也体现出不同家族在村落信仰系统中既有竞争又谋求合作的复杂关系。

捻军过境

在东永安村，以孙膑为主神的孙膑庙非常显赫。每被问及缘何信仰孙膑，村民总是一遍又一遍地讲述一则“孙老爷显灵烧退捻军”的传说。东永安村村民所说的“捻军”，在地方志中则称“捻子”或“捻党”，“每一股谓之‘一捻子’。小捻子数人、数十人，大捻子一二百人不等”①。大致说来，这是一个以谋生、互保为目的的组织团体，早在清嘉庆年间便形成了规模，遍及整个皖北及豫东地区，甚至出现了整村整族均“结捻”的现象。太平天国运动爆发后，特别是在北伐军进军皖北的推动下，捻首张乐行“与龚瞎子、王冠三、苏添福、韩朗子，各竖旗帜”，举兵抗清，先“纠邀”攻打河南马牧集，继围亳州十三昼夜，后回师老家雉河集。清咸丰三年（1853）正月，皖、豫边境冯金标、张凤山，亳州宋洪占、陈起生等18铺捻首，在宿、亳、蒙共管亦即“三不管”的雉河集会盟，共奉张乐行为盟主，分五色旗，祭旗起事。从此，捻党成为捻军。② 咸丰七年（1857）春，雉河集失守，主力被迫向南转移，并与太平军会师淮南，开始合作。此后捻军的武装斗争在更为广阔的区域展开，捻军主力战于淮南，淮北捻军除了在当地作战外，还不断远征苏北、河南、山东等地，开始转战外地。同治四年（1865）4月24日，捻军赖文光、张宗禹、任化邦等率部全歼僧格林沁清军于山东曹州高楼寨。这一年，朝廷诏曾国藩赴山

---

① 陶澍：《条陈缉捕豫皖等省红胡匪徒折子》，见聂崇岐编《捻军资料别集》，上海人民出版社1958年版，第6页。

② 毛立平：《十九世纪中期安徽基层社会的宗族势力——以捻军、淮军为中心》，载《清史研究》2001年第4期。

东督师“剿捻”；同治五年（1866）11 月，朝廷命李鸿章署理钦差大臣，负责“剿捻”。同治七年（1868），捻军最终在山东茌平徒骇河边被清军“剿灭”。

捻军在昌邑境内的活动主要集中于清咸丰十一年（1861）至同治六年（1867）间。张乐行、刘天福、赖文光、任化邦等将领率捻军主力三次转战昌邑，与清军进行了一场生死决战。咸丰十一年（1861），捻军早期首领张乐行经徐州、曹州进入昌邑境内，提出的口号为“拯救百姓，除奸诛暴”。恰在这一年，云南提督傅振邦因伤病复发，奏准回原籍昌邑养病。清廷遂命傅振邦督办民团，兼督登莱青三府。傅振邦以旧伤复发未愈为由，上书辞掉了督三府之事，专任团练一职。他与县令聂莹思重布昌邑防务。光绪《昌邑县续志》记载了咸同时期捻军在昌邑的具体活动情况，构成了区域历史中的重大事件，对于东永安村一带民众生活的影响无疑是巨大的。据载：

> 咸丰十一年辛酉春二月，捻匪寇昌邑。安徽捻匪张落刑（乐行）附洪逆煽乱，号曰“捻子”。徐州及山东曹州等处土匪附之，到处杀掠。二月二十二日至邑南境，杀虏南孟、北孟、新庄等村男女百余人，辉村、殪戈庄，亦抢掠一空。……秋八月，捻匪屠掠全境，至十月始去……九月十五日，傅振邦遣营弁程楠森率南乡团勇数百袭贼于南游庄，杀贼数十人。……冬十月，知县聂莹思，在籍云南提督傅振邦定土匪，戮其首。时捻匪寇境，邑令率城绅举办团练，土豪渐生觊觎，密约四乡豪猾，假团练日习刀棒，约日举事，计泄。邑令潜约傅振邦于初八日调乡勇数百伏署内，置酒招之，缚其为首者二人戮之，焚其名籍，余党悉定。
>
> 同治六年丁卯夏五月，捻匪东窜扰昌邑。贼首任住、牛索子、赖文洸（光）等，自济宁州渡河东窜。二十五日过邑境，自辰至未，络绎不绝……十一月十二日，贼返奔至刘家埠等处，势已狼狈，各圩炮击之，不敢返顾。提督郭松林自辉村迎击于潍上，众寡不敌，官军被

伤，贼自此西向远扬，阖邑庆安谧焉。①

从上述昌邑捻军活动的详细记载可以看出，因为清军的围追堵截，捻军曾多次进入昌邑，影响了当地民众的正常生活与生产秩序。清政府的应对策略是与地方乡绅合作，修建围墙以固守。这一布防措施，阻断了捻军与各村庄之间的联系，使得捻军的流动作战战术受到阻遏；捻军得不到兵源与粮草的供应与补充，处于一种被动挨打的境地。然而，对于大多数村庄而言，用于防守的围墙是依托地理优势而建的，建筑材料多用草泥夯土，并不坚固。村民的兵器也很简陋，没有洋枪土炮，多用钉耙、铁锨、锄头、大土块、石头等作战。这种防御对于大股捻军来说基本上没有作用，但是对于小股捻军往往奏效。捻军的战略是“不恋战”“不强攻”，常常绕过那些防守坚固的县城，转至乡村。

在东永安村，村民对于捻军入村有着深刻的记忆。村西高埠上的孙膑庙，在晚清时期曾筑有高墙，作为抵抗捻军入村的堡垒。每当捻军进入村庄时，东永安村乃至远东庄一带的村民都去围墙内躲避，有时候一躲便是一星期。② 据说，当时土围子墙高 10 多米，围墙内西南角还有一口水井，供村民生活以及饲养牲口，人畜得以平安。事后，村民每每归因于“孙老爷”的庇佑，立碑记述此事。

此碑为清光绪二年（1876）所立，是孙膑庙内现存碑刻最早的一通，齐丙离撰文，吕延年书写。吕延年，为郡庠生，曾为吕氏家族祖碑撰文，才学堪佳。秀才齐丙离，此次应邀为西庙撰文，意义很不一般。调查发现，晚清时期丛、吕家族与齐氏家族分立的格局已经形成，不仅以埠西、埠东相隔而居，还以西庙、东庙的并置为表征。村西西虎埠上的孙膑庙，属于丛、吕家族，此时因捻军入境，居于埠东的齐氏家族一起到村西高埠上的孙膑庙避难。齐氏家族在形式上的参与立碑，正是村内三大家族患难

---

① 光绪《昌邑县续志》卷七《兵燹志》，光绪三十三年（1907）刻本。

② 访谈对象：吕兴茂；访谈人：李海云；访谈时间：2014 年 11 月 7 日；访谈地点：吕兴茂家。

与共的象征。当然，就组织形式来看，孙膑庙立碑活动终究是由丛、吕家族妇女操持，这从立碑事务中“襄事”“与会”“会首”等人员的安排方面可以清晰看出。另外，碑文中的“灯油会”应该是指村民组成的“善人”香会，负责烧香、磕头、上供、添油等，照顾神灵。村西高埠的孙膑庙及土围子，是村落“非常”时期庇佑全村的公共空间，而发生于三大家族之间的暂时“跨界”行为，也将对于村落家族关系有着持久的影响。也就是说，在面对捻军入境时，全村三大家族都会去西虎埠躲避，而一旦时过境迁，丛、吕家族借碑文追念“孙老爷”护佑之功，则着意凸显丛、吕家族的“坐地户”身份及其所居空间的“神圣感”。

距清光绪二年（1876）立碑23年后，村民又在光绪二十五年（1899）重新为捻军入境之事立碑。值得注意的是，这次所载香会“善人”已不再仅限于丛、吕家族的妇女。

察其立碑原因，依然是因捻军入境，百姓有神灵的庇佑，只是把当时情形描绘得更加生动形象。可见，得益于捻军入境事件的不断讲述，孙膑庙已被赋予了更多的灵验色彩，以至于“男女老幼凡有急疾重病，良医所不能治，来至神前，无祷不灵”。这也说明，此时的孙膑庙已经在东永安村乃至周围乡土村落凸显出来，成为这一带的信仰中心。

饶有兴味的是，这两块碑刻此后常被村内识字之人抄录，在流传中不断被村民添枝加叶，成为家喻户晓的传说。

不难看出，丛、吕家族将这次捻军入境事件作为他们崇拜孙膑的渊源，因为孙膑显灵才得以保住村庄，理应感激孙膑恩德，由此孙膑被视为全村的保护神。时至今日，无论是碑文记载还是丛、吕家族村民的口述，无不强调当时是在“孙老爷”的庇佑下，才使得村内人畜平安，老幼无伤。不过，据村中齐姓村民讲述，当初捻军进入东永安村时并非“□□庄人等俱以保全”，而是有一位齐姓村民不幸遇难。据说，这位不幸遇难的齐姓村民死后，被埋到村东北的田地中。清末立碑所载虽与事实稍有差距，却代表了村落集体对于孙膑灵验叙事的建构，因而广为流传，并对本村家族格局与信仰传统产生了重要影响。

晚清时期的捻军入境事件，构成了当地社会中的重要“历史性时刻”，也是理解当今东永安村民俗传统的关键因素。村民相关的历史记忆，成为其信仰传统的依托，进而影响到村民的文化逻辑，甚至外化为一种社区组织的方式。尽管民间记忆历史、表述历史的方式是多元的，并在传播的过程中有所变化，但这更显示出记忆素材的重要性，以至于需要不断地追加意义。当然，无论是历史记忆素材的选择，还是对其意义的不断追加，都要在当下生活中去找寻依据和动力。在东永安村，关于捻军入村、孙膑显灵的历史记忆的理解，必须要与村落—家族生活中的认同边界联系起来。

西有孙膑庙

目前，东永安村共有两座庙宇①，村民以“西庙”“东庙”相称，即1997年重建的孙膑庙和1998年重建的玉皇庙。

孙膑庙，是村落历史的重要见证，位于村西头的西虎埠之上，始建于何时无从得知，据说建于明代万历年间，但已无法证实。据碑文记载，清光绪二年（1876）曾重新修过。1945年庙宇因战乱被烧毁，目前的孙膑庙是1997年所修，神像设置与旧时庙内布局有些不同，但主神未变。庙宇正门牌匾写有“佛道崇尊”四个大字，进门影壁正面写有“佛”字，并绘有根深叶茂的青松壁画；影壁背面为“神”字，绘有青竹景致，顶侧还写有“竹报平安，写于2012年”字样。孙膑庙宇主要分为三殿，即东殿、西殿和南殿。东殿为老母殿，正神位为地宫老母；西殿为孙膑殿，正神位为孙

① 1949年以前，东永安村曾有多座庙宇，但除孙膑庙、玉皇庙外，其他庙宇规模都较小。主要包括：（1）真武庙，位于丛、吕家族居住区域，占地一间屋的面积。（2）观音庙，位于丛、吕家族居住区域南头，村民称为“倒座观音庙”，屋门朝北，与真武庙相对。（3）关帝庙，共有两座。一座在丛家居住区域，大致位于今村中十字主街道的西北角村委会后面。庙宇由两间房屋组成，院落较小，在东南角栽有一棵大杏树。另一座在村东齐家居住地。（4）土地庙，位于村庄南头，旧时丛、吕家族逢丧礼去报庙送浆水。如今只剩下几块碎石，村民办丧事时在旧址处烧点纸扎。（5）无名小庙，位于村东北角田地中，为齐氏家族所建，规模较小，供奉何神已不得而知。这些庙宇都在战乱与“文革”期间被毁坏了，中华人民共和国成立后仅重建了孙膑庙和玉皇庙。

膑，两侧为袁达、李牧，殿内除塑有孙膑像外，还有一些著名的历史人物相随，如淳于髡、田忌等。南殿较小，仅能放置路神爷和王灵官两位神像，人们烧香时只能在门外面祭拜。

在孙膑庙内院里的东侧，是现存最早的清光绪二年（1876）所立的石碑，记述了当时神灵显灵及塑造神像的情形。庙内西侧，是1997年重建庙宇时所立的两块功德碑；在庙宇大门外面，还有2015年新挖出的清光绪十五年（1889）碑刻及新修庙宇石阶的捐款碑。庙西的一片空场地，是每年正月十四举行祭祀仪式时焚烧大牛的“圣地”，仪式过后，村民会在二月时种些高粱、黍子或豆子，至秋天可收获不少粮食。每年入冬，村民便要砍伐秸秆，收拾场地，为年后仪式做准备。久而久之，这块地成为庙宇系统中不可或缺的部分。

庙宇南面，是2011年左右修建的三间庙宇办公室，最北边一间用来接待来访者，中间的一间作为妇女剪牛毛、糊牛毛的地方，最南侧的一间，屋高约6米，专门用来放置未扎制完工的大牛。随着所扎大牛体型的逐渐变大，这间房屋竟然放不下了。于是在2015年村民捐款筹钱，又在庙宇下面东侧修建了一间屋顶更高的铁顶房，以供存放。2015年，庙委会还花费10多万元，为庙前斜坡新修了水泥台阶与小山门，台阶共28层，宽约10米，很是气派。

整座庙宇群在安排东、西两殿时依然遵照过去庙宇的建筑格局，即老母殿在东侧（当地有“东为贵”之说），孙膑殿在西侧。为何老母庙在东侧贵地？村民常常讲起一则“孙膑、老母争地”的传说。据说孙膑仙游各地，打算给自己选个落脚处，来到东永安村，觉得此地是块风水宝地，适宜居住，于是，就埋了一本书占据此地。埋好以后，恰好老母娘娘路过，也看中此地，打算埋下自己的一只绣花鞋，但是三挖两挖就挖到了这本书，仔细一看是孙膑的，她就把书拿出来，把鞋子放到下面，孙膑的书放在上面。最后两位仙人开始争夺宝地，为证明自己来得早，就将信物挖出来看，结果当然是书在鞋的上面，于是老母殿便在东面，孙膑殿则居于西侧。

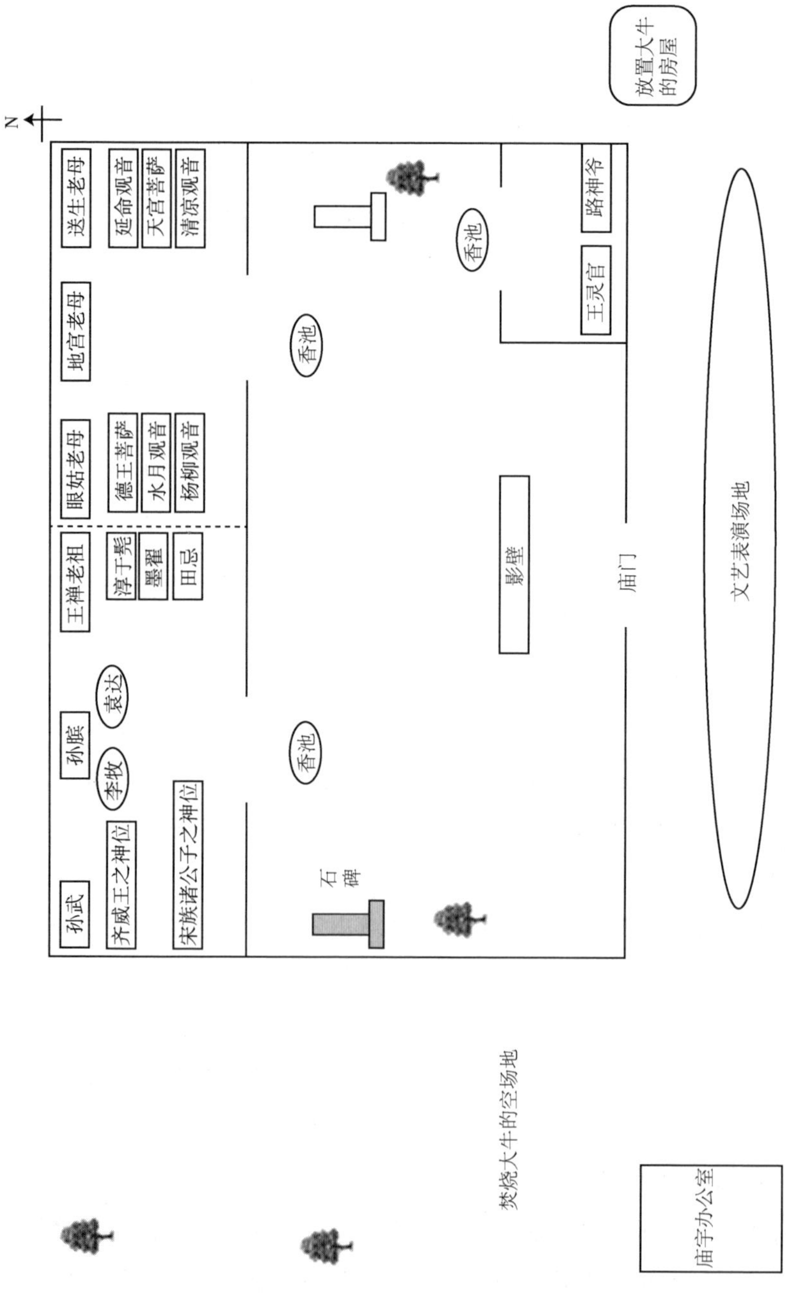

图3.1 东永安村孙膑庙及周围空间示意图①

① 绘制者：李海云；绘制时间：2014 年 9 月。

庙宇壁画的内容大致与庙内诸神有关。孙膑庙外的壁画为村民丛兴江所画。西侧画的是“马陵之战”典故，描绘了孙膑与庞涓交战的情形，其他则是表现孙膑的一生行迹。老母殿外的壁画，取自“韩湘子渡韩愈”的典故，并附有《左迁至蓝关示侄孙湘》诗。殿外墙壁其他部分，还绘有唐僧、孙悟空、猪八戒、沙僧西天取经的故事，观音菩萨南海修炼的画像，如来佛祖画像，山间古庙图及松树、竹子、芭蕉等植物。

孙膑庙内的壁画为外村一位木匠所绘制。在孙膑神像后，画有两条黄龙以及花朵，旁为仙鹤与青松；在齐威王、淳于髡等神像后，画有一魏国战士骑马作战图；在田忌、墨翟等像后，画有白胡须的鬼谷子山间修道图；孙武像后为祥云；在王禅老祖后，画有两童子执扇图。在孙膑殿内的空白处，还画有尉迟敬德、秦琼的画像，诸葛亮在城墙上惩治恶鬼图；两位道家老人于山间悠闲地下棋，另外还有在监狱中受惩治的罪犯和福寿葫芦等。在孙膑庙的梁柱上，雕刻有双龙戏珠、花鸟呈祥、游鱼荷香等图样。老母殿内的壁画主要有：在老母塑像后，画有两只凤凰与祥云；在送生老母塑像后，画有两个幼儿与祥云；在眼姑老母神像后，画有祥云纹样；在清凉观音、天宫菩萨塑像后，画有骑龙童子与仙鹤图；在德王菩萨与杨柳观音后，画有女子飞升像；在老母殿内的空白处，还画有八仙群像。庙宇壁画的大部分内容，都是村民所熟知的，不外乎升仙成佛的传说。其实，村民对于壁画并不甚关注，壁画更多的是承担了庙宇的装饰功能——增加庙宇的“神圣”色彩。

据村民传说，东永安村西的孙老爷庙所处位置，曾是孙膑隐居时渔猎的苑囿，因为这一地带水草丰富，孙膑常来此钓鱼。此外，也不乏孙膑庙与近代名人的传奇故事。例如，1907 年陈干从日本回国后，住在附近的龙池镇白塔村。他经常骑马或徒步到此地，与同盟会会员、昌邑议事会会长李长庚商议昌邑的反清事宜。这年秋天，陈干去李长庚家的途中，黄昏遇雨，避雨来到东永安村的孙膑古庙，曾题《偶成》诗于庙门：“荒村人朴实，洼地淤泥深。日落西山里，潇潇古寺门。”①

① 王蔚成主编：《昌邑文化博览》，齐鲁书社 2000 年版，第 103 页。

目前村中的孙膑庙宇为 1997 年重修。当时周围村落都还没有复建庙宇，东永安村是最早重建庙宇的村落。倡修庙宇的村民有吕瑞孝、吕佃义、丛悦敖、丛介训等。当时很多妇女时常来村西高埠烧香祭拜孙老爷，于是吕瑞孝等倡议在原址上重建庙宇。盖庙前，村民吕瑞孝、吕述增、丛介训等，还专门带着木匠去昌邑青山、寒亭柳毅山参观，学习庙宇建筑形式、神像格局等。

按照庙委会的商议，碑文由丛氏家族文化人丛乐训、丛兴江共同撰写，但在碑文的撰写过程中有着一段小插曲。据丛乐训讲述：

> 建起庙后得写碑文，俺这个村有个人叫兴江，续谱时他也参加了。吕世能本来安排让俺俩写，兴江没和我说。一天，我去殿信那儿玩，吕世能叫住我，说："你写完那个碑文了吗？"我说："我还不知道这事啊！"他说："兴江没和你说吗？""没和我说呢！"我对兴江多少生了点气："你不是不和我说吗，我偏写！"我和瑞孝说了说，打开门，想看看原来的碑文。碑文不大清楚，我就用湿手巾抹干净，扒（抄）下来看。根据老碑文的意思作了这个碑文。写完草稿以后，我就去兴江那儿，和他说起这件事来。我开玩笑说："兴江，庙上让咱两个写碑文，你写完了吗？"他说："没！"我说："你不用装了，你快拿出来我看看。"他拿了出来，我看了一下。我接着说："我也写了一个，你看看。"他看了说："使（用）你这个吧，我写得不行。"我说："我也觉得你的不行啊。你都不去庙里看看，得符合老碑文的意思。"①

这段小插曲，饶有兴味。首先可以看出丛乐训、丛兴江两人对于宗族公益事务十分热心，都有当仁不让、舍我其谁的责任意识。其次，撰文刻石即"立言"，如同做人以"立德"一样，都可以流传后世。无论什么时

---

① 访谈对象：丛乐训；访谈人：李海云；访谈时间：2015 年 4 月 22 日；访谈地点：东永安村丛乐训家。

候，总不免要对庙内碑文品评一番。“碑上有名”，对于村民来说是一种光耀后人、贴近永恒的方式。

重建孙膑庙面临的最大问题是资金。在20世纪90年代，村民的经济生活尽管较以前有了很大改善，但修一座庙宇对于村民来说，仍是一件大事。两庙相继重建，全靠村民自筹资金。庙委会规定，本村丛、吕两家族每位村民捐款数额不得低于10元，尽管如此，所筹资金依然不足。为了募集足够的修庙资金，丛、吕两家族的村民分为十几个小组前去各村募捐，每个小组两三人不等，这些小组成员大都是修庙的年长者。募捐的工具就是一张宣传纸，其上写着庙宇修建原因、时间以及希望“善人”筹些善款等，村民将这些募捐纸贴在其他村落中。每至一个村落，他们都会先和该村的较为熟悉的“善人”联系，如果没有熟悉的便会打听村里谁是“善人”，然后带着礼品前去，中午在“善人”家就餐，最后请“善人”捐些钱财。据说每户“善人”捐款金额都是自愿，最多的捐10块，多数为5块、6块、8块不等，有时所联系的“善人”也会帮着在自家村落代收捐款。他们以步行和自行车为主，所去村落距离上并没有限制，只要是能联系到的都会前去，有时还会跨县。吕瑞婷讲述了她为建孙膑庙外出募捐的具体过程：

我跑过整个公社，有远东庄、徐林、东侯富庄、西侯富庄、中侯富庄、家庄、侯章、肖家埠、兴福、裴庄、双台、渔埠、渔洞埠村。当时两人一组围着整个公社筹集资金，没有交通工具，只能步行。到了一个村后，先问谁是“善人”，谁烧香，问清后先去他家，让他再领着去别人家；再一个就是有亲戚的，托亲戚去联络。正月里，去亲戚家，不能空手去。过年时俺儿子给我的东西有饼干、罐头，我都拿着，中午在人家家里吃饭，走时把东西留下。东北角有个营子村，吕春英他娘跟我说，咱上营子吧。我说不去了，我过年的东西都送干净了。她说不要紧，她这有，要给我拿上，最后也没去。有一天，俺家老汉要我去北边柳疃去收钱，找俺妗子（舅母）。我不高兴，说收钱想起来恁（你）妗子了，你都两年没给恁妗子磕头了，我就没去。其余的村子大都联系了……村里有亲戚的先找亲戚，亲戚再找热心的“善人”。人家给多少都不能嫌少，要给人家写上名。从开始建庙就跑，收了好几个月，每个人平均收了 1000 多块。①

所有捐款按照数额多少，以不同的形式记录：捐 5 块钱用纸张榜，当年贴；捐 10 块钱的用簿记录，保留下来，每年正月十四挂在庙墙上（该记录簿后来不幸被烧掉了）；捐 50 元的刻在匾上，存于殿内；捐 100 元及以上的刊载于碑刻。这些历尽辛苦“募捐”的村民以及庙宇修建的团队最终也以碑刻的形式载录，以流芳百世。尽管这些碑不甚为人们重视，但是村内人大都知道其内容载录的是捐赠者，也非常肯定这些最初为建庙而奔波的村民所做的贡献，认为“这些老人们都出了力了”。庙宇落成后，于 2000 年 4 月刻立石碑记载。② 不难看出，修庙募捐其实是各个村落之间交往的一种方式，尤以“善人”群体为主，而亲缘关系往往成为“联系人”的网络。这些外村捐款的“善人”正月十四来赶庙会时，还会和东永安村外出募捐的老人联系，而以吕瑞婷为代表的村民都会热情招待。一来二往，因募捐而结缘的村际交往便熟络多了。

庙宇修建时并未雇工，都是村民亲自动手修建。据村民说，修庙之时极其艰难，那时道路坑坑洼洼，村民爬着高坡往高埠上运砖、运水、搬石头，十分辛苦，常常是妇女搬石块，男性在上面盖房。

孙膑庙的管理主要由丛、吕两家族的村民负责，设有专门的庙委会，第一负责人称为“庙头”（又称“会长”“会首”），负责张罗扎制大牛、修缮庙宇及管理庙宇日常事务。自 1997 年建庙至今，孙膑庙庙委会成员大致经历了三任。

第一任庙委会成员中负责庙宇管理的多是重建庙宇的组织者，即村民所言的“盖庙的那些老人”，主要有吕瑞孝、吕佃义、丛悦敖、吕述增、

---

① 访谈对象：吕瑞婷；访谈人：李海云；访谈时间：2015 年 3 月 3 日；访谈地点：东永安村丛乐训家。

② 具体碑文参见书后附录一：SBM－1。

从兴江、丛正春、吕瑞婷等，如今这些人年龄为70岁至90岁不等，有的已经去世。村民吕瑞孝，是庙宇主要的倡修人，他为人谦和热情，在村民心目中很有威望，是大家公认的“庙头”。在孙膑庙办公室未修建以前，扎制大牛都是在吕瑞孝家院中进行的。这一任庙委会班子为重建庙宇出了不少力，又不计较个人得失，村民对他们非常认可。

第二任是以丛乐海为代表的一班人，时间是在2010年前后，据说是因为第一任成员们年龄大了，做事情不方便，所以自2010年起，新一任庙委会成员便开始负责庙宇管理。在吕成英的倡导下，大家在庙前空地修建了三间房屋：一间作为办公室，接待外人；另外两间专门用来扎制大牛，给村民带来了不少便利。这一任庙委会成员主要有：

传承领导小组成员：

组　长：	丛乐海	吕成英				
成　员：	丛延俊	吕志英	吕言忠	吕建军	吕世能	吕群英
	吕瑞福	吕秀武	吕志军	丛乐涛	吕建国	丛乐训
	丛延庆	吕瑞昌	丛悦军	丛悦敖	吕世聪	丛宗训
	吕瑞校	丛兴孝	吕言河	丛兴友	吕世元	吕昆明
会　计：	丛延俊					
现金保管：	吕世能					
物资保管：	吕言忠					
日常管理：	吕瑞孝	丛悦敖	吕昆明			

第三任庙委会是在2015年上任的，庙内办公室挂了一块“潍水文化生态保护实验区·非物质文化遗产传习所”工作牌，上面写着新一届庙委会管理成员名单。从中可以看出，其中很多成员是上一届庙委会班子中的。

传承领导小组：

组　长：	吕世敬	吕言忠	吕世能

成　　员：吕瑞福　丛兴友　吕瑞喜　丛延明　吕秀武　吕志军
吕群英　吕成英　吕志英　吕建国　吕言国　丛延俊
吕建军　丛延庆　吕世兴　吕言河　丛乐东　丛悦军
吕昆明　吕昆良　丛维仁　丛悦华　吕兴国　丛孟兆
吕世聪　吕世起　吕京伟　吕同民　吕世武　吕瑞新
吕吉祥　丛乐恒　丛杭州　丛传伟

会　　计：吕克祥

现金保管：吕世能

物资保管：吕言忠

日常管理：吕昆明　吕世能

这份对外公示的组织名单，是“庙头”吕世敬拟定的，有些村民并没有实质性地参与庙宇日常管理，而是长年在外包工，但因为庙宇捐款而在名单之中。组长之一吕世敬被大家推为“庙头”，而他之所以被推为“庙头”，也并非偶然：

吕言忠：孙膑庙得找个传承人啊。我年纪大了，脑子不好使。我叫（吕）世能干，他也不干。让瑞福干吧，他也不干。俺家里（妻子）说，你去南边找世敬吧。我一想这事不二乎（有谱）。

吕世敬：我这个年龄不合适啊，你再找别人问问，

吕言忠：我也找了旁人（别人）了，刚才说了，咱得找对咱这个庙影响力大的家庭。

吕世敬：我忒年轻，原先也没参与过，要是参与过还行，没参与过，又不懂哩。

吕言忠：有俺们在这帮你嘛。

吕世敬：唉，你不知道，过去俺爹管着这个事，我再去接他的班，又没参与过，真不合适。

吕言忠：这事你干也得干，不干也得干。你得这样寻思，老的栽

树，小的乘凉啊。①

上述这段推选“庙头”的商议过程并不是实时记录，而是为拍摄文化和旅游部节日影像志《“烧大牛”》的需要而还原的生活场景。尽管面对着摄像机，两人的谈话略显不自然，但依然透露出不少信息。其实，孙膑庙“庙头”推举之事，与“孙膑崇拜”项目评选省级非遗有关，因此需要选择一位“传承人”，即村民话语中的“庙头”。村民吕世敬被大家推为“庙头”，很大程度上是因为父亲吕瑞孝是建庙后第一任“庙头”，曾带头修建庙宇，而他的母亲齐玉兰（东永安村人）自婚后一直在西庙张罗。家庭渊源使得吕世敬的“接班”合情合理，村民也没有意见。吕世敬上任后，对庙内事务的确很上心，甚至不惜将个人在外的包工事务暂放一边，因而在短期内即获得村民支持。在东永安村，虽然庙宇事务于个人而言不会产生经济利益，但“庙头”的角色意味着可以接触到更多的外部资源。每当有外来人员来村里后，多会先接触“庙头”。同时，掌管庙宇可以积攒个人威望，获得的是道德层面的名声，对将来的事业或者进入村政系统都有益处。

庙委会最主要的一项任务，就是每年张罗组织扎制大牛，并协助当地非遗中心，遴选国家非物质文化遗产孙膑崇拜项目的传承人。自 2008 年以来，孙膑崇拜项目传承人与传承谱系共经历了三次确定过程。项目最初申报的传承人为村民丛乐涛，他从事建筑运输工作，后组织秧歌队进行商业演出，还在潍北农场承包种植 13 公顷棉花。他的父亲丛介训是 20 世纪 90 年代庙宇重建时的主要成员之一。在村民眼里，丛乐涛是个活动能力很强、热心村内公共事务的人。每次庙内组织活动，丛乐涛都会捐款。据他个人讲述，当时让他当传承人也是因为他比较热心公益事业，常常免费提供砖瓦材料。② 2012 年，丛乐涛因病去世，潍坊市级非遗传承人便需要重

① 笔者根据山东青年政治学院赵玉亮等拍摄的《中国节日影像志 · “烧大牛”》整理而成，视频拍摄时间为 2016 年 2 月 18 日。

② 访谈对象：丛乐涛；访谈人：李海云；访谈时间：2011 年 10 月 2 日；访谈地点：村委办公室。

新选定。这项工作由都昌街道办公室李云龙承担，他在2013年春节将拟定好的传承谱系等资料，印成宣传板悬挂在庙内办公室的墙上，传承情况具体如下：

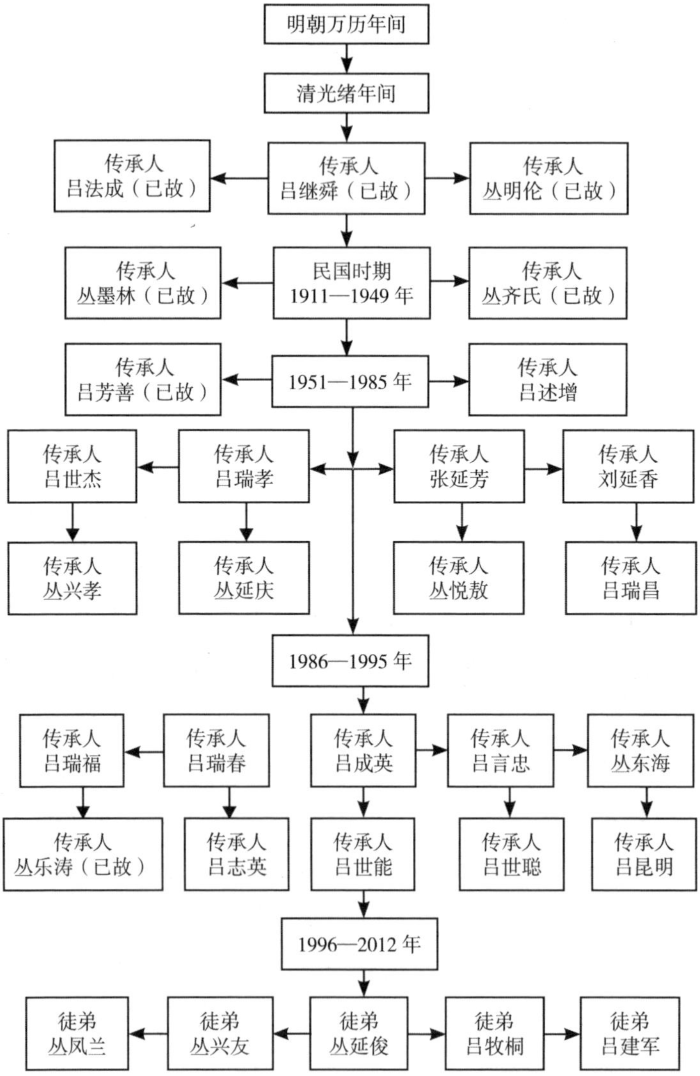

图3.2　孙膑崇拜项目传承谱系①

① 绘制者：李海云；绘制时间：2013年12月。

清光绪年间的三位传承人是依庙内清光绪二年（1876）碑刻所记载的三位会首，负责当时庙宇管理；1949—1995 年所列的 20 位传承人多是参与重建庙宇的年长者，其中村民吕述增在没有建庙前与吕瑞孝等负责扎制烧祭，他对大牛有着深厚的感情。尽管近些年他身体不好，常常需要输液，但正月十四庙会期间他依然坚持去看看大牛。传承人中两位老年女性，是剪制灯笼、牛鞍等大牛装饰品的村民。据李云龙说，考虑到大牛仪式是个集体活动，便将各个扎制环节的人员纳入。因为整个扎制过程有男有女，因此传承人也应有女性。如张延芳嫁入吕家，负责剪纸、灯笼、花饰等工作。事实上，除了上述所列人员，“烧大牛”仪式的传承人中依然有很多未被列入的，因为涉及村民太多，也只能是尽量选择在当地有威望的村民。

东有玉皇庙

玉皇庙，始建年代无从得知，据庙内现存道光五年（1825）碑刻记载，至晚在道光五年修建。目前的玉皇庙，于 1997 年 11 月开始修建，1999 年落成。玉皇庙主要分为前殿、后殿与东殿，所塑神像很全，主要由齐乃瑞等村民设计。前殿正神位是南海观世音菩萨，后殿正神位为玉皇大帝。东殿共三间房屋，一间正神位是路神，为 2009 年齐安禄组织修建；一间作为庙宇办公室，接待来访者；另一间主要放置杂物。墙壁挂有十几幅女神画像，还有三幅民国时期的老画像，画像下面的台子上放置了近百尊大大小小的观音老母塑像，这些神像原本停放在村民家中，玉皇庙建成后便将其挪至庙中供奉。2016 年，庙委会在玉皇庙前面修建了山门。

虽然玉皇庙面积、规制和旧时相差无几，但庙内所奉神灵差异较大。旧时整座庙宇称为“三官庙”，分为前、后两殿，还建有道房、钟楼等。前殿为三官殿，正神位为天官、地官和水官，后殿是玉皇殿，正神位为玉皇大帝，1937 年时还曾翻修过。庙门前两只雄狮固蹲，院内墙边栽有数棵松柏。庙后有一大水湾，日常生活用水都从这里抽取。从庙宇名称及村民口述来看，旧时前殿三官的香火要比后殿玉皇兴盛。① 不过庙内现存最早的道光五年（1825）碑刻，则以玉皇大帝为主题刻碑记述，赞扬玉皇大帝的灵验，保一方平安。或许在道光年间，玉皇大帝信仰已经超过前殿三官信仰。民国时期，前殿三官庙更加衰落，在战乱时与西庙孙膑庙一起被毁掉了，但后殿玉皇殿被村民用作仓库，一直到“文革”后期才被毁掉。

据村民说，在中华人民共和国成立之前，三官庙为社庙，每逢干旱，庙内的道士常常组织村民在三官庙前跪神祈雨。② 道士们一边念叨古经文，一边敲打木鱼，人们常常要连着跪十几天。据说，祈雨时人们还要念叨：“天也干，地也干，十八个寡妇来扫湾。扫得小雨纷纷下，扫得大雨淌满湾。”③ 至今，村里的“善人”还经常前去庙内祈雨。

玉皇庙内墙壁上的绘画为昌邑民间艺人翟玉龙所绘。他常常给昌邑一带庙宇塑像画壁画，对于他的艺术水平，村民很是认可。据村民说，刚画完那些年，他还常常来庙内看看，对自己的作品颇为满意。庙宇前殿的对联为“重修玉皇庙宇人心所向，再塑三官丕像众生所愿”，影壁前的对联是“风调雨顺民安乐，海晏河清世太平”，还有众多的“国泰民安”等字样，庙宇布置较为讲究。这些庙宇的神像布置以及年节时庙宇的对联张贴，体现了村民抽象的祈愿追求。整个庙宇也是大马的扎制点，比起高大的枣红马来，庙宇显得较小，以至于扎制好的大马还要从墙头上抬出去。村民意识到这一点，打算筹款修建几间像孙膑庙那样专门的扎制房间。

玉皇庙重建之初，孙膑庙委会还曾与村东齐氏家族有过磋商。20 世纪 90 年代，村内的“善人”常聚在一起，在各自的庙宇旧址上烧香纸、磕

---

① 访谈对象：齐乃信；访谈人：李海云；访谈时间：2014 年 11 月 7 日；访谈地点：齐乃信家。

② 访谈对象：齐乃信；访谈人：李海云；访谈时间：2014 年 11 月 7 日；访谈地点：齐乃信家。

③ 访谈对象：齐占亮；访谈人：李海云；访谈时间：2016 年 1 月 17 日；访谈地点：玉皇庙。

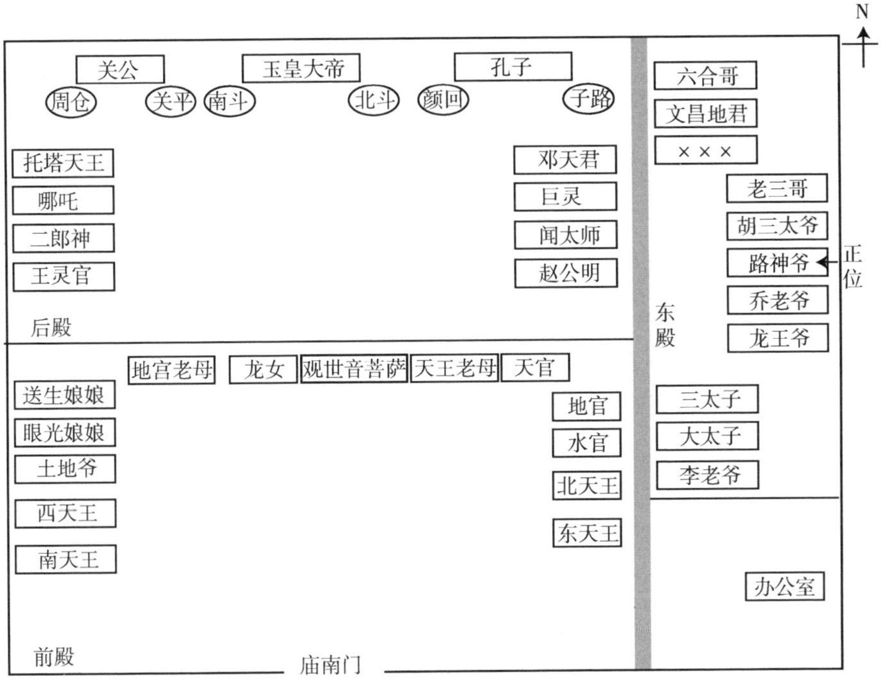

图 3.3　东永安村玉皇庙空间示意图①

头，后来丛、吕家族的“善人”觉得应该重建孙膑庙宇，并且跟埠东的“善人”商量，能否将玉皇殿也一并修在村西孙膑庙。埠东的齐姓村民则觉得应该按照过去的格局修建，不能在一起合建。② 于是，孙膑庙刚一落成，玉皇庙便开始动工修建。③ 1998 年，玉皇庙庙宇新建落成后，村民立碑记述了这次重修玉皇庙的过程。④

自建庙以来，玉皇庙庙委会经历了两任，2015 年以前的庙委会成员主要有齐乃瑞、齐乃顺、齐忠诚、齐乃信、齐乃路、齐乃广等，都是 1998 年

---

① 绘制者：李海云；绘制时间：2014 年 9 月。

② 访谈对象：齐乃信；访谈人：李海云；访谈时间：2014 年 11 月 7 日；访谈地点：齐乃信家。

③ 丛乐训：“俺们西庙这边一盖起来，埠东就是东头玉皇庙也商议盖了，他那地方都是拉土垫起来的。”访谈对象：丛乐训；访谈人：李海云；访谈时间：2015 年 4 月 22 日；访谈地点：丛乐训家。

④ 碑文详见书后附录一：YHM－1。

参与建庙的村民。这一阶段的庙会文艺活动组织者主要有齐安禄、齐彭涛等。2015 年，玉皇庙庙委会管理成员更换，新任领导班子成员是由齐乃信等上届老成员指定的，选择的是热心公益、忠厚老实、不计得失、脾气随和的 50 岁至 70 岁的村民。与西庙相比，玉皇庙庙委会成员更替时虽然有不同意见，但老一代建庙成员仍然有很高的话语权。新任玉皇庙会接班人有 6 位，分别是齐汉庆、齐殿栋、齐世杰、齐忠华、齐学斌、齐忠茂。庙委会成员们的主要任务，是负责每月初一、十五开门，进入腊月以后负责扎制大马。

功德碑与捐款榜

在东永安村，一村之内两庙并置，首先是与三大家族现实中的竞争态势有关，也是历史上家族关系格局在当下的延伸与象征性展示。这在两庙的神像设置、日常管理活动中，都有具体体现。在与乡村庙宇有关的各种公共活动中，功德碑与捐款榜很是常见。功德碑用于较大事件中的纪事题名，以石材镌刻，比拟“日月同辉”般的永恒；捐款榜则用于乡村生活中常有的公益事务，以红纸粘贴于大街通衢，昭告南来北往客，风雨侵蚀后即难久存。不过，村民对于这两种公告形式都不会小看，它们所显示的不仅是人们的财富、社会地位，还有传统伦理层面的“做人”。在近年来的东永安村，原本很快就随风而逝的捐款榜，借助于现代录像技术也具有了永恒性。在庙委会每年专门雇请专业人员制作的庙会录像中，每每以长镜头技法清晰展现功德碑、捐款榜上的捐款人名、款项。这些录像制作完成后，会分发给参与扎牛活动的每户村民。庙会结束后，村民会在闲时观看视频，一起品评，功德碑、捐款榜往往是热议的话题。下文将以该村两座庙宇内的功德碑和每年张贴的捐款榜为资料，进一步解析村内三大家族的历史关系，尤其是丛、吕两家族内部交往与心理活动，以及与庙会有关的村际联通状况，以观察其中所隐喻的村落—家族生活中的边界意识。

庙内石碑，是庙宇整个“神圣”空间的重要组成部分，也是人们获取声望、昭示权威、追求永恒的方式。卜正民注意到，碑刻捐款对于地方社会秩序的维持是至关重要的：

> 士绅捐赠佛教大寺院不仅应当与他们捐助较小的、私人性质的庵相区分，还应当与村民和街坊邻里通常捐助他们附近的小庙和祠堂相区分。这两种捐助系统在某种程度上近似于他们用作各自社交圈的交往中心，然而每一种系统都建立在明代社会结构的不同构成上，各自有不同的目的。规模较小的庙宇和祠堂接受来自范围狭小地区的供养。募集这样的捐助的庙宇会社，目标是满足村社的需要，用作社区组织的场所；它们构成了一个地方领导阶层的区域，置于地方精英的社会和文化领域之下。另一方面，规模较大的寺院则吸引着来自一个更大地区——常常是全县——的精英的支持。从文化上看，寺院被建构成精英的公共机构，也有义务满足全县士绅的需要，它们与其是一个社区的中心，倒不如说是一个阶层的中心。①

对于一个乡村社会中的普通庙宇而言，捐款者大致包括村落的内部人员及周边社区中的所谓“善人”群体，捐款和参与信仰活动，虽无制度化的公共宗教机构作为支撑，却也是绵延久远的社区传统，是地方社会结构的重要组成部分。透过东永安村晚清以来的捐款功德碑，考察捐赠项目、捐款数额以及捐赠者性别、宗族、年龄、职业等细节，有助于观察三大家族的边界意识，以及如何组织与调整社会生活。

孙膑庙中共有功德碑5通，其中清光绪年间2通②，1997年建庙至今共立3通。1997年孙膑庙落成后，村民于2000年4月刻立石碑。③ 该碑名录分为两类。一类是外出募捐负责收钱与出工的，如今这些人年龄大都在70岁以上，有些已经去世。化捐人共28位，女性为16位，均为嫁入丛、吕家族的村民，3位齐姓妇女婚嫁后，便跟着参与孙膑庙的各项活动；男

① ［加］卜正民著，张华译：《为权力祈祷——佛教与晚明中国士绅社会的形成》，江苏人民出版社2005年版，第4页。

② 详见上文“捻军过境”部分的论述。

③ 碑文详见书后附录一：SBM－1。

性 12 位，本村 7 位，另外 5 位为远东庄、西永安等邻近村人，是帮忙在各自村代收善款的村民。另一类是捐款 100 元以上的村民。捐款人共计 49 位，外村村民 10 位，本村人 39 位，其中丛姓 14 位，吕姓 22 位，齐姓 3 位。据说，第一位捐款“善人”吕秀武捐款数额最多，其从事建筑业。他在村内众多公共事务中都予以捐款，如在吕氏族谱的修撰中捐款 1000 元，为族谱倡修人之一，在大牛扎制时捐款也较多，在村内也算得上知名人物。最值得注意的是，3 位捐款的齐姓村民齐乃金、齐安彬、齐汉章，皆是在外务工人员。

2011 年 3 月，村民又在孙膑庙门口新立一块功德碑，以纪念孙膑庙办公室的修建。① 本次修建共花费 8 万多元，费时两月。碑阳记录着孙膑庙事务的管理者，共 24 位，主要分三类群体：以吕成英、吕言忠、丛延俊、吕昆明等为代表的第二任庙委会成员；以吕瑞孝、丛悦敖、丛乐训等为代表的建庙老人群体；以吕秀武、吕志军、吕建国等为代表的包工头。碑阴则记录着具体的捐款人，以本村丛、吕家族村民为主，仅有几位齐氏家族与外姓村民。以下表格，为不同捐款数额中丛、吕两家族的人数统计：

捐赠数额	吕姓人数	丛姓人数
千元以上	5	1
400～600 元	4	2
200～250 元	16	4
100 元	72	55
100 元以下	56	65

可以看出，吕家捐款人数要明显多于丛家，捐赠数额亦然。具体看来，捐款数额千元以上的共 8 位，其中有 5 位吕姓村民，除吕成英、吕群英外均为包工头，如排在第一位的村民吕秀武，是村内最早在外承包工程

① 碑文详见书后附录一：SBM－2。

的几位村民之一，家产丰厚，村民称之为“大包工头”。捐款千元以上的还有丛姓村民1位，外村人2位，与本村包工头是拜把子兄弟关系，此时借建庙之机前来帮衬。捐款200元至600元之间的村民共27位，其中丛姓6位，吕姓20位，外村人1位，大多是包工头的身份。这些在外务工的村民对本村事务较为热心，固然是自身经济较为富裕，但更重要的是看重乡村社会的道德评价机制。他们深知，在外赚钱多却不回馈乡里，自己良心不安，因而热心支持公共事务。正如村内包工头吕坤良所说：“前年他们（庙委会）说想盖几间办公室招待人，也方便扎大牛，俺们都二话不说，直接捐钱啊，到了去年夏天就盖好了。”① 其实，东永安村长年出门在外的包工头群体，也是借助这类以村落公共事务为名义的捐赠行为，加强了彼此之间的联谊，从而有助于其业缘关系的缔结。

2015年腊月在孙膑庙门前所立的功德碑，与2011年所立石碑紧密挨傍。② 这块功德碑修立的原因，表面上看来是因庙会期间人数太多较为拥挤，并且观看庙宇下面的文艺表演时不方便，需要在孙膑庙门口修建台阶而立，但其实也是新任庙宇会首吕世敬的主动有为。碑阳列出新一届庙委会委员，其中吕世敬等4位组长均为吕姓，委员中有吕姓22位、丛姓12位，吕姓家族的村民明显要多于丛姓村民。对于这份名单，尽管吕世敬等已经通知老一代成员，其名字将不再列入名单，但此举并未得到所有村民的理解，认为不合乎清光绪碑的惯例。每月初一、十五及年节期间，前来烧香、磕头的村民常在这块新碑前驻足，不免议论纷纷，对于20世纪90年代艰辛建庙的老人们未载于碑中表示遗憾。

与此形成鲜明对比的是，碑阴开列的捐款名单颇引人注目，这其实是当下村落经济格局与社会关系的象征性呈现：

第一，丛、吕家族为捐款主力，吕家捐款踊跃，应与吕世敬担任新任庙宇会首有关。

---

① 访谈对象：吕坤良；访谈人：李海云；访谈时间：2012年2月5日；访谈地点：东永安村吕坤良家。

② 碑文详见书后附录一：SBM－3。

第二，捐款数额象征着村民的经济实力。捐款较多者大都是包工头，并非偶然。

第三，捐款榜还是吕世敬社会关系的体现，如东永安村齐学富及外村的捐款就是如此。

透过上述孙膑庙内的功德碑，可以看出丛、吕家族与齐家之间明显的边界区隔，以及丛家和吕家之间的微妙关系。① 自晚清以来，庙宇会首就多是吕姓村民，自 1997 年重建庙宇后，三任“庙头”均为吕姓村民。因而，对庙宇事务的参与程度，吕姓明显高于丛姓村民，但因为有齐家的强大存在，丛、吕家族之间的边界在日常生活中有模糊化的倾向。

位于村东的玉皇庙，现存功德碑共 6 通，其中最早的为清道光五年（1825）所立，其他均为新建庙后所立。清道光五年碑文如下：

万古流芳

盖闻维天之命，於穆不已，天之所以为天，非徒轻清上净，浑浑无涯已也。玉皇上帝主宰于其间，凡属黎民，莫不保之佑之护之庇之，会中俱备平安，亦莫不天佑也，为此立石，垂诸以远，非敢云报也，聊以答生成之至意焉耳。

昌邑庠生齐德普撰。

合会齐成玉、齐天志、齐志芳、齐志为、齐成麟、齐山、齐志松、齐成海、齐天述、齐太山、齐太安、齐天云、齐天福、齐天海、齐天文、齐太初、齐得富　仝拜。

大清道光五年正月　　穀旦

这块碑是为纪念殿宇落成刻立，强调玉皇大帝至高无上的权威地位与灵验无爽。玉皇庙庙委会成员共 17 位，均为齐姓，显示出齐家在村落信仰

---

① 正如访谈时吕世敬所说：“虽然这个庙是丛家和吕家的，两家之间也有边界。庙上的事情，俺们姓吕的要比姓丛的付出多很多。”访谈对象：吕世敬；访谈人：李海云；访谈时间：2016 年 12 月 19 日；访谈地点：山东大学学人大厦。

格局中的独立性。换言之，东永安村信仰体系的家族分立格局最早可追溯至清道光五年。

1998 年玉皇庙庙宇新建落成后，村民立碑记述了这次重修玉皇庙的过程。1998 年因重修玉皇庙，村民共立 3 通功德碑①，庙委会成员共 19 位，除马秉霞外皆是齐姓。马秉霞是昌邑北乡柳疃镇闫家庵村人，是经常给人算命的香头，为东庙玉皇庙筹措捐款近十万元，列入玉皇庙庙委会自在情理之中。玉皇庙修建共花费 30 多万元，大部分是村民外出募捐。除了本乡镇外，村民还去昌邑其他乡社村庄，甚至是寿光、寒亭、莱州、平度等，只要有线索便会前去碰运气，包括得到过多家企业的捐赠。与孙膑庙捐款碑的不同之处在于，只要有人捐款，都会列到玉皇庙捐赠碑上，因而捐赠碑所列的人名密密麻麻，甚至有莱州土山镇的村民。相对于西庙，玉皇庙捐赠网络较为广泛，可能与齐家多有在外任职者有关。

在年节期间次第举行的两个庙会活动中，三大家族的捐款体现出明显的家族边界。每年正月初九是村东的玉皇庙庙会，捐款者大多为齐氏家族，而丛、吕家族村民捐款较少；同样，到了正月十四村西的孙膑庙庙会期间，捐款榜上所列的也主要是丛、吕家族成员。有意思的是，这些年村委会对于两庙的资助都是 1000 元，可谓不偏不倚。每到正月庙会期间，村民除了观看热热闹闹的“烧大马”“烧大牛”仪式活动之外，以红纸贴出的捐款榜也吸引了不少人驻足观看。这些榜单红纸黑字，格外醒目，多贴在庙宇附近或街道两旁的显眼位置。从 2015 年两个庙会的捐款情况可以看出村落内部家族之间合作与竞争的基本格局。②

其一，在东永安村村落内部的信仰活动中，基本上是以家族为单元而组织运作的。就村民个体而言，在大致遵循这种村落信仰活动的家族边界的同时，也依据姻亲关系、业缘关系等相互参与，表现出超越家族边界的一定的灵活性。换言之，村落信仰活动中的家族边界虽然是鲜明的存在，但并非泾渭分明，村民的参与在家族团体之外仍有一定的选择性。

---

① 碑文详见书后附录一：YHM－1，YHM－2，YHM－3。

② 庙会捐款情况详见书后附录一：JKB－1，JKB－2。

其二，尽管“烧大牛”仪式为丛、吕两家族共同举办，且有“丛吕不分”的说法，但在两个家族之间亦有着微妙的边界。可以说，丛氏、吕氏所结成的家族联盟，只有在面对村落内部较为强势的齐氏家族时才有意义，两个家族的边界趋近模糊。但在村落日常生活中，丛、吕家族的边界还是存在的。

其三，村内两个庙宇的捐款、修缮、组织仪式等活动，其本质是家族影响力的发挥和显示，是三大家族之间对于各种社会资源、文化资源的攀比与竞争，以谋求村落内部权威的建立。

第四章　被仪式调整的空间

在村落社会中，既有日常生活的平缓悠长，又有公共事务的复杂运作，后者能迅速调动起规模较大的社会行动。社区仪式是我们观察村落社会的最好视角，其中既有日常生活中的蕴积，也有活动期间的运作。在乡村社区仪式的背后，往往都有一套组织机制，不仅会通过一定的边界区隔赋予仪式细节以不同意义，而且通过对不同人的参与程度的限定，体现出村落社会的文化格局与边界意识。因此，乡土生活的边界，既体现于时间流程，也表现于空间结构，从而蕴含着村落丰富的历史记忆与复杂的现实实践，并赋予村落以独特个性。

每到正月，东永安村便会相继举行盛大的烧祭仪式：正月初九，齐家以玉皇庙为依托，举行祭祀玉皇大帝的“烧大马”仪式；正月十四，丛、吕两家以孙膑崇拜为旗号、以孙膑庙为依托，举行隆重热闹的“烧大牛”仪式，历久而成传统，乃至成为村落的“标志性文化”。① 通过观察这两种仪式，可以了解村民如何以仪式重构村落空间、运作公共事务的机制与过程。

村落仪式的历史记忆

在村民的记忆中，当下所呈现的隆重的“烧大牛”“烧大马”仪式经历了不断变化的过程。仔细考究两种仪式在近百年的历史进程，可以观察

① 刘铁梁：《“标志性文化统领式”民俗志的理论与实践》，载《北京师范大学学报（社会科学版）》2005 年第 6 期。

三大家族间具体的合作竞争关系。通过走访村落中的诸多年长者，大致知悉了两种仪式的历史演变情况。如下表所示：

“烧大牛”“烧大马”历史演变情况表

时　间	庙　宇	祭祀神灵	祭祀物品	颜色	尺寸	扎制主体
晚清民国	孙膑庙	孙膑	牛	黑色	高约 0.5 米	1. 丛、吕家族合扎；2. 丛、吕家族个别村户还愿扎制
	玉皇庙	庙内神灵	香纸	无	无	无
1949—1979	孙膑庙	孙膑	牛	黑色	高约 0.5 米	1. 丛、吕家族合扎；2. 丛、吕家族个别村户还愿扎制
	玉皇庙	庙内神灵	香纸	无	无	无
1980—1998	孙膑庙	孙膑	牛	黄色	比真牛略小	1. 丛、吕家族合扎；2. 丛、吕家族个别村户还愿扎制
	玉皇庙	庙内神灵	香纸	无	无	无
1999—2002	孙膑庙	孙膑	牛	黄色	与真牛同	1. 丛、吕家族合扎；2. 丛、吕家族个别村户还愿扎制
	玉皇庙	玉皇、关公、观音菩萨	三匹小马、轿辇	红色	小马高约 1 米	齐氏家族扎制
2003—2004	孙膑庙	孙膑	牛	黄色	约 3 米	1. 丛、吕家族合扎；2. 丛、吕家族个别村户还愿扎制
		玉皇	小马	枣红色	与真马同	丛、吕家族扎制，送至村东玉皇庙焚烧
	玉皇庙	玉皇、关公	小马	枣红色	与真马同	齐氏家族扎制

（续表）

时　间	庙　宇	祭祀神灵	祭祀物品	颜色	尺寸大小	扎制主体
2005—2009	孙膑庙	孙膑	大牛	黄色	高约 3 米	1. 从、吕家族合扎；2. 从、吕家族个别村户还愿扎制
		玉皇	小马	枣红色	与真马同	从、吕家族扎制，送至村东玉皇庙焚烧，止于 2007 年
	玉皇庙	玉皇、关公	大马	枣红色	高约 5 米（显著增大）	齐氏家族扎制；并给孙膑庙部分扎牛钱，止于 2007 年
2010—2012	孙膑庙	孙膑	大牛	黄色	高 5 米，长 10 米，独角长 1.8 米	1. 从、吕家族合扎；2. 从、吕家族个别村户扎制小牛还愿
	玉皇庙	玉皇、关公	大马	枣红色	体型增加	齐氏家族成员扎制
2013—2014	孙膑庙	孙膑	大牛	黄色	高约 6 米	1. 从、吕家族合扎 2. 从、吕家族个别村户扎制小牛还愿
	玉皇庙	玉皇	大马	枣红色	高约 6.5 米	齐氏家族扎制
2015	孙膑庙	孙膑	大牛	黄色	高 7 米，长 13 米	1. 从、吕家族合扎；2. 从、吕家族个别村户单独扎制小牛还愿
	玉皇庙	玉皇	大马	枣红色	高 6.8 米，长 11 米	齐氏家族成员扎制
2016	孙膑庙	孙膑	大牛	黄色	高 7.3 米，直径加宽 0.3 米	1. 从、吕家族合扎；2. 从、吕家族个别村户扎制小牛还愿
	玉皇庙	玉皇	大马	枣红色	比 2015 年加大	齐氏家族成员扎制

在上述表格的背后，蕴含着极为丰富的村落历史文化信息。

第一，东永安村扎制纸牛的历史，可追溯至晚清时期，已有百年以上历史。在村民的记忆中，村里最早是丛、吕两家族的“老善人”扎制纸牛，体型较小，用于在庙内烧祭，仪式也非常简单。至 20 世纪 80 年代，村民为了使大牛更加美观，便改为扎制黄牛，并且体型每年都会增加，开始使用竹、木等材料。2016 年，所扎制的大牛已有 10 多米长，牛角至地面的高度约为 7 米。相形之下，齐氏家族扎制“圣物”的历史并不长，先是简单地点香烧纸，后来经历了扎辇、扎马的演变过程，而且对于所祭祀神灵的说法也长期处于模糊状态，近年来才有所统一。笔者在调查中发现，东庙之所以最后选择扎马，有着两方面的原因。一是受西庙“大牛”的影响①，由扎辇改为扎马，与西庙扎牛相对应，从气势上不输给对方。二是从逻辑上讲得通。在传统社会中，骑着高头大马是身份高贵的象征，玉皇大帝是天界的最高领袖，以威风凛凛的神马为坐骑是合适的。当然，村内有丛、吕家族个别村民认为“玉皇大帝不骑马”②，但这并没有妨碍齐氏家族每年一度扎制一匹枣红马，然后在鞭炮齐鸣中烧祭的热情。三是所扎之枣红马，体型之大在与西庙“大牛”的对比中不落下风，齐氏家族期望以此吸引更多的人参与，使得庙会更加隆重，利于捐款。③

第二，丛、吕家族与齐氏家族以各自庙宇为依托，相互比较，借烧祭

---

① 吕昆明：“那年俺们扎了马送了去，就是小点，人家看了看，就开始扎马了，不扎辇了。就是照着俺这样子扎的，从这里开始他们就扎马了。”访谈对象：吕昆明；访谈人：李海云；访谈时间：2015 年 3 月 1 日；访谈地点：东永安村孙膑庙。

② 吕姓村民：“按说东庙不应该扎马，应该扎辇，玉皇爷坐辇。东庙是玉皇庙，不是关帝庙，关公才骑马。咱这孙膑骑牛，所以才给他扎牛。”访谈对象：吕姓村民；访谈人：李海云；访谈时间：2015 年 2 月 2 日；访谈地点：东永安村。吕姓村民：“初九的庙会不应该烧马啊，扎辇就对了。玉皇坐辇，玉皇大帝銮驾啊。”访谈对象：吕姓村民；访谈人：李海云；访谈时间：2014 年 11 月 7 日；访谈地点：东永安村。

③ 齐忠华：“烧辇影响力小，外人一看，庙会人太少，就会越来越少。大牛扎得越来越好，越来越大，早上年轻人抬到村南头，赶集人很多，场面大，还有人摸摸牛，看着非常热闹。影响力大了，别人就愿意捐钱。为了场面隆重，吸引人家赶庙会，就开始扎大马了。”访谈对象：齐忠华；访谈人：李海云；访谈时间：2015 年 2 月 3 日；访谈地点：东永安村。

仪式，尤其是“圣物”大小，形成一种竞争关系。对大牛、大马体型的逐年增加，村民是如何解释的呢？有的村民将其归之于经济条件的改善，也有村民认为，双方“比着干”，是竞争的结果。① 前几年在村落调查时，村民时常讲述，因为村落电线等障碍物太多，目前所扎大牛、大马的体型已经无法再增加，否则仪式巡游活动将无法举行。但是2015年秋季，西庙新任“庙头”吕世敬要求网络公司、电力公司加高网线、电线，以便于大牛巡游时顺利通行。于是在2016年，大牛、大马的体型又有所增加。为了让大牛体型尽量增大，同时又能在街道电线网络下穿行，村民利用钢管将牛的前腿巧妙地设置为“活动的”，可“伸”可“卧”，并为这一“发明”而欣喜不已。经过这样的改进，再遇到电线、网线、树枝之类障碍物时，只要将前腿一“卧”，牛头顿时变矮，便可在本村的大街上畅通无阻。在此，“圣物”“求大”的传统信仰心理与新材料（钢管）、新技术巧妙地结合在一起，村民在为“大牛”庞大、美观而感到自豪的同时，丝毫没有更改祖制技艺的不安。

两庙的村民为何一味地竞相追求所扎大牛、大马的体型之大呢？这其中蕴含着村民朴素的乡土心理。凡事求“大”似乎是民众的一种普遍追求，对于东永安村村民而言，“大”即意味着权威，牛马体型的大小在某种程度上是本家族经济实力、社会声望等综合实力的外显，是在村落乃至整个社区中树立家族权威的重要象征。因此，村民总是利用自己的智慧尽量使“圣物”高大。村民对外经常强调说，他们所扎的大牛在周边村落中体型最大、扎制技艺最好，一年之中就属正月里扎的大牛最大、最神气等。在村民看来，扎制大牛的复杂工艺是整个仪式强于其他村落的庙会的原因之一，这让村民颇感自豪。当然，如果“圣物”只是“大”而失掉艺术的美感，忽略了“样法儿好看”“有个样儿”，也很难获得民众的认可。“圣物”求大的做法和说法，为东永安村正月间“烧大牛”“烧大马”仪式塑造出权威性，使本村在周边乡土社会中居于类似“文化中心”的地位。同时，高大的“圣物”扎制需要更多的人参与及更复杂的组织动员，

---

① “这扎牛扎马不得有对比啊，比着干啊。”访谈对象：齐姓村民；访谈人：王斌；访谈时间：2015年2月2日；访谈地点：东永安村。

体型如此大、扎制如此费工夫的大牛大马或许才可以将更多的家族成员调动起来，相反，如果大牛大马几人数天即可完成，那便不会有如此的大场面。就此而言，村民追求的一个重要目的是“场面”，场面常与权威、组织性强等相联系。因此，场面是否隆重就成为家族竞争力强弱的一个标准。同时，两个庙委会逐年加大牛马的体型，意在显示自己的有所作为，其实质是强化其社会组织能力的一种方式，涉及组织群体的内部凝聚与外部设界的实践机制。虽然在庙委会内部，成员之间还可能会为组织领导权而有所竞争，但在面向外部社会，特别是面对两庙之间的竞争态势时，则要遵从所在组织群体认同的首要原则。

第三，东庙与西庙之间既有“比着干”的攀比与竞争，也有磋商与合作。在村落日常生活中，东庙和西庙少有来往，不过因为西庙没有玉皇大帝的神位，西庙庙委会便于正月初九和六月二十四日将扎好的小红马拿去玉皇庙烧掉，这种情况自 2003 年开始大概持续了五六年。不过自 2007 年起，西庙不再扎制大马送至东庙。根据笔者的观察，这应该与国家非物质文化遗产制度向乡村社会的贯彻推行有关。

2007 年，西庙孙膑崇拜项目入选昌邑市非物质文化遗产名录；2008 年，又顺利入选潍坊市第二批非物质文化遗产名录。于是，在孙膑庙办公室，就庄重地悬挂起“潍水文化生态保护实验区 · 非物质文化遗产传习所”的金字招牌。此后每逢庙会期间，西庙墙壁上还会挂出与非物质文化遗产宣传有关的红色横幅，格外显眼。非物质文化遗产等政治话语的介入，使得西庙更加远近闻名，在与东庙的竞争中更具优势，吸引了更多慕名而来的外地游客。2015 年，东永安村“孙膑崇拜”项目入选山东省第四批非物质文化遗产名录，在村落信仰格局中的中心地位已是不可动摇。在上述过程中，东庙原本对于申请非物质文化遗产一事并不热心，但面对西庙近年来日益红火的发展态势，也颇为动心，积极推动“烧大马”仪式的非物质文化遗产的申报工作。① 2016 年，东庙玉皇庙以“玉皇演驾”名义入选昌邑市非物质文化遗

① 访谈对象：齐乃瑞；访谈人：张士闪；访谈时间：2012 年 1 月 31 日；访谈地点：玉皇庙。

产名录。

“烧大牛”

每年一度的以纪念孙膑为名义而隆重举行的“烧大牛”仪式，使得东永安村远近闻名。在该村村民心目中，孙膑是齐国著名军事家，智慧超群，忠厚仁义，曾与庞涓在马陵交战并大获全胜，并尤为强调他拥有许多仙家本领，经常骑着大青牛巡视乡里，是这一带的保护神。“烧大牛”仪式为村内丛、吕家族所主持，被广泛认为是东永安村的文化象征。

东永安村的“烧大牛”仪式，主要集中于正月十四，但进入腊月后村民便开始扎制大牛了，至正月十三扎制完毕，此后便是正月十四当天的“游大牛”“文艺献演”“摸大牛”“烧大牛”几个仪式环节。整个仪式呈现出较强的开放性，并没有多少神秘性。

一进腊月，便有村民开始张罗扎制大牛。在村民的记忆中，先前所扎牛的形态与现在几近相同，采用玉米秸、高粱秆为原料，再用金箔纸、黑纸糊好，最后贴一些装饰品。先前受制于经济条件，所扎牛的体型较小，长约 2 米，高约 0.5 米，神态活灵活现。目前村民所扎的大牛 10 余米长，至牛角的高度大约为 7 米。最近几年的大牛无论是从形体上还是外表美观上都有了很大提升，对此有些村内的老人觉得大牛的形体并不太符合实际。2015 年春节期间，大牛体型整体加大，村民提前至十一月十六开始扎制，一共扎了近 2 个月的时间，总花费近万元。每当正月十四庙会时，威武、漂亮的大牛在村落中格外显眼。

1949 年以前，大牛扎制场所是在不同的村户中进行的，因为大牛体型较小，几位年长者一两天便可扎制完。1949 年以后，扎制的地点固定在第一任“庙头”吕瑞孝家院中，一直持续了 32 年。据吕瑞孝老人讲述，那时候一入腊月，一些村内的老人都会来到他家忙活扎牛的工作，他沏上茶，大家边忙活边喝茶聊天，男的扎制大牛骨架、牛鞍等，女的剪花、糊纸、贴牛毛。“文化大革命”时期仪式时断时续，村民有时也会偷偷扎制烧掉。据说，是由吕瑞孝等村民在正月十三这天扎个小黑牛，正月十四起五更时就把小牛偷偷“发”了。在家院中扎制也有着许多不便，逢刮风雨雪天，村民便无法扎制，并且随着大牛扎制的体型逐渐增大，村民不得不修一处专门的地点用于扎制和存放未扎好的大牛骨架。2012 年，第二任“庙头”吕成英专门修建了三间庙宇办公室，用于扎制大牛，最南边的一间特意建为高屋顶，以便装下威武的大牛。大牛骨架、牛毛、牛耳朵、牛角等扎制工作主要在此地进行。随着大牛体型的逐年增加，这间小屋便显得格外狭小。因此，2015 年年初，庙委会又将庙宇东侧用于储放杂物的房屋进行了翻盖，屋顶加高，以便更好地存放扎好的大牛骨架。此外，大牛身上的装饰品如牛鞍、牛花、铃铛、灯笼等的制作则分散在几户村民家中，譬如在吕言忠家扎制牛鞍，在张延芳老人家扎制灯笼等。对于为何选在这些家庭中扎制，村民的说法是需要一个宽敞的场地，谁家比较宽敞就去谁家。笔者曾多次去这些家庭观看扎制情形，感触颇深的是妇女们边干活边拉家常、说说笑笑的惬意场景。尽管屋内原本相对比较宽敞，可是摊开这些花花绿绿的纸张，以及随处可见的半成品、浆糊等，屋内依然显得拥挤，无法落脚。有时她们还会一起唱歌，边唱边扎。可以说，一起扎制大牛的过程，加强了村民之间某种异于日常生活的情感交流。这种公共活动的参与也带给了她们部分生活的意义。

随着烧牛仪式的年年举行，整套扎制活动逐渐形成了明确的分工。近些年主要由村民吕瑞福负责安排扎制大牛的工作。男人负责用竹竿、竹劈等扎制大牛骨架，妇女则用黄纸裁剪出宽五六公分的“牛毛”细条，用白布缝成“牛皮”，用银箔糊成长“牛角”，再用彩纸剪出牛鞍等部件和灯笼等装饰品。扎制材料包括竹竿、棉槐条、蒲苇、竹劈等，再用铁丝衔接绑定。在牛脖子下面，通过一根约 10 厘米粗的竹竿，支撑起高昂的牛头。大牛体型高大，村民在扎制牛头、牛脖子部位时，需要站在木梯高架上，妇女则帮着传递各种材料、用具等。在大牛腿部和牛身的衔接处，需用大量蒲苇秆来撑架，勾勒出大牛的饱满体态。大牛骨架扎好，还需外裹多层白布，再贴上“牛毛”。“牛毛”用双层黄纸剪制，用白面浆糊密密地黏在报纸上晾干，尽量重合不留缝隙，糊在牛身上，颇是费时。“牛角”的部位很是关键，主干部分用柔韧的细竹竿扎制而成；“牛角尖”则用质地较软的苇秆，弯成一定弧度，造型俏皮，以增强整个“牛角”的美感。大年初六一早，村民便开始组装“大牛”，一直持续到正月十三才告结束。全部扎制完后，村民们多会前去观看，尤其会注意自己所负责扎制的大牛部件。譬如负责扎制大牛装饰品的张延芳，在扎好的大牛前跟笔者详细介绍她扎制的部件如灯笼、牛鞍等，以及一些剪制技巧，并让笔者进行评价，看一看是否美观。大牛的每个部件，都是整个“烧大牛”仪式活动所不可或缺的。村民在村落仪式中的理所当然的“在场”，其实表征着他们在村落日常生活中强烈的存在感。

值得注意的是，尽管大牛扎制是丛、吕家族操持的事务，但扎制过程中也时有跨越边界之举。2013 年正月十二下午，笔者由远东庄步行前往东永安村考察大牛扎制情形，半路上遇见东永安村村民齐彭涛，他非常热情地邀请笔者上车一同前往。笔者揣想，他大概是借送笔者的机会正好“名正言顺”地观看丛、吕二家扎大牛的场面。果然，到了孙膑庙外，他将车直接停到扎大牛现场，一手揣兜，远远地观望忙碌而热闹的人群。这时，人群中忽然走出一个男人，开玩笑式地“踹”了他一脚，并“质问”他：“这是俺们的事儿，你来干什么?”他只是不停地呵呵笑。显然，两人关系很好，看似开玩笑的嬉闹，却反映出村民的家族边界观念。这一细节显示出，齐氏家族是无法进入“烧大牛”的团体边界之内的，就像丛、吕家族也难以进入“烧大马”的内部圈层一样。

正月十三下午大牛扎制完毕后，村民还要去孙膑庙内祭祀，告诉孙老爷“圣物”已扎制好。这项祭祀活动一般由 10 多位妇女操持，供品由各家各户拼凑，主要有猪头、鸡、鱼、炒菜、水果、点心、糖块、馒头、酒等。供桌摆在庙内的孙膑殿前，由两位年长的妇女领头，手持高香，合念《敬拜孙老爷》：“孙膑老爷真英明，保国爱民兵法通。文化遗产大宣传，国泰民安太平年”“孙膑老爷坐了殿，保佑山东太平年；国又泰民又安，庆祝庙会大联欢”。念叨完后将香插入香炉内，最后所有村民一起跪拜。

至正月十三这天，整个大牛便扎制好了，停放在庙宇办公室前的空地上，与它相对的是一个华丽的舞台，便是村民自办晚会之地。2016 年，舞台搭建共花费 6000 多元，资金由庙委会出，该舞台用完后可以拆卸，一块一块放到屋里储存，来年再继续使用。舞台是在孙膑庙前临时搭建的，表演者和观众大都是本村人。晚会节目很多，包括小品、相声、歌舞、杂技表演等，热闹非常。晚会主办单位为孙膑庙委会，承办单位是本村的阿辉庆典公司。晚会舞台背景由几幅画像合成：孙膑画像（居中）、菩萨坐像（左右各一），最下是黄色独角大牛。开场由本村锣鼓队表演，其后是庙委会会首吕世敬致辞，他拿着事先写好的稿纸上台，念道："各位来宾、朋友们、全村父老乡亲们，大家晚上好！我代表孙老爷庙委会给大家拜年啦！祝大家在新的一年里全家幸福安康、大吉大利，风调雨顺，猴年发大财。祝大家身体健康，万事如意。晚会开始！"①

正月十四凌晨时分，村民开始拥挤着进入孙膑庙烧香祭拜，燃放鞭炮，邻近村民也结伴前来烧香。村民说，这天晚上几乎不睡。② 另外，商贩们也会在这天傍晚前来该村占好位置摆摊。可以说，庙会期间比年节还要隆重，正月十三晚会则是庙会高潮前的铺垫。晚会期间，常听到拥挤的人们相互问候"过年好"，俨然一派过年的气象。

正月十四早晨8点钟左右，东永安村的锣鼓队便开始在大牛前面卖力地敲打着锣鼓，秧歌队的村民也开始排练。接着孙膑庙前一阵鞭炮响过后，大牛就"起驾"了，整个大牛需要三四十位青壮年来抬。村民常将大牛巡游称为"逛大牛"③，显然这就是迎神赛会中常见的神灵巡游仪式。大牛游行有着固定的路线，首先从村西孙膑庙前出发，沿着村西南丛、吕家族居住区域的街道向南，再沿村委东侧南北街道行进，至十字路口西拐，最后停在孙膑庙西侧空场地。（见下图）显而易见，"游大牛"仪式活动是围绕丛、吕家族聚居区域进行的，而非整个

---

① 选自东永安村2016年孙膑庙会视频资料。

② 吕述增："十三晚上节目结束后就开始有烧香的、磕头的，放鞭炮、礼炮的，都不睡觉，捞不着（没法）睡觉啊，你睡不着啊，都兴奋，再就是比年五更的晚上都热闹啊。"访谈对象：吕述增；访谈人：李海云；访谈时间：2011年10月2日上午；地点：孙膑庙西办公室。

③ "逛"就是"巡游"的意思，对于正月十四上午的大牛巡游，村民通常说抬着大牛去逛。为行文方便，将该项仪式称为"游大牛"。

村落。

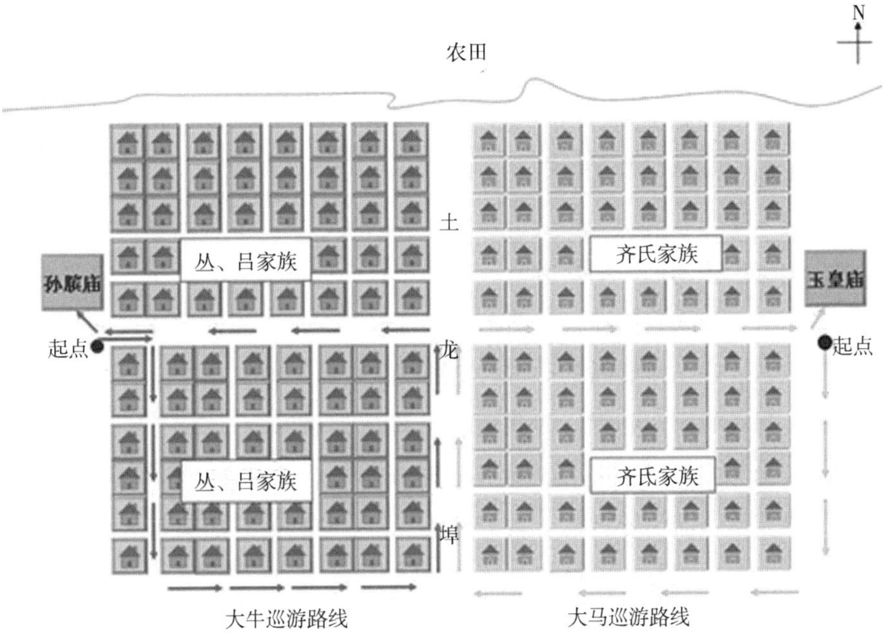

图 4.1　东永安村大牛、大马巡游路线示意图①

可以看出，巡游区域有着明显的边界，村民因此还曾有“牛区”“马区”的戏称：“俺这边庙宇是丛、吕家的庙，不上齐家那边去。他们那大马是原地不动的，也不逛街。俺们这是牛区，他们那边是马区。”② 在村民强调巡游边界的同时，衍生出一种居住区域的形象对比。当仪式绕着边界内巡游时不只是给自己的呈现，也是给边界以外的群体的彰显。

大牛巡游的路程虽然只有 1 公里，但是需要花近 2 个小时才能完成。巡游队伍的最前面是鞭炮队，紧跟着的是锣鼓队、秧歌队、高跷队和旱船队，然后是几十名青壮年组成的抬牛队伍，最后则是跟随巡游的众多村民

① 齐氏家族正月初九期间举行的玉皇庙会，目前已不再抬大马出巡，其曾在 2010 年前后围绕齐氏家族居住区巡游。

② 访谈对象：丛悦明；访谈人：李海云；访谈时间：2015 年 2 月 3 日；访谈地点：东永安村齐忠华家。

以及外来游客，整个巡游队伍浩浩荡荡。一路上，每当遇有店铺、地摊，都会自发燃放鞭炮贺年，讨个吉利。金黄色的大牛在村中慢慢穿行，格外显眼，给人一种视觉的冲击力。到了正月十四上午 10 点，游大牛的队伍浩浩荡荡地来到庙西的空场地，将牛头朝南安放好，人们面向大牛摆好预先准备的供品，陆陆续续给孙膑老爷烧香、磕头。同时，庙前扭秧歌、踩高跷、打腰鼓、划旱船等文艺活动，也开始井然有序地上演。

在这一带，一村举行庙会，其他村落的文艺队一般会前来助演，庙会负责人则会给予他们一些交通费。近几年庙会的文艺表演队伍，除了本村的文艺队外，前来表演助兴的还有北兴福村舞龙队、东侯富庄秧歌队、远东庄秧歌队、油坊村腰鼓队、西永安村秧歌队等。2014 年庙会期间共有 34 场表演，每场费用 200 元，为此庙委会共花费 6800 元。2015 年庙会表演队伍大部分来自西永安村、远东庄、东侯富庄、徐林庄、渔埠、博乐埠、裴庄、李家埠、流河等村落，共 15 场，花费 3000 元。前来东永安村表演的文艺队，需在正月十三以前与庙委会联系好，以便安排表演顺序。每年前来报名演出的文艺队非常多，很多还会排不上号。不过即便无法安排演出，他们也会前来，随便找一空地支开摊子，便开始敲锣打鼓，甚是起劲，吸引了很多村民观看。在整个献祭表演的过程中，观看者有数万人，肃穆的庙宇、威武的大牛和欢闹的人群，共同构成了年节特有的村落公共空间。

与文艺表演同时进行的，还有“摸大牛”习俗活动。摸大牛，是人们喜爱的一项仪式活动，当威武的大牛在村间小路中慢悠悠地“行走”时，有些活跃的村民便踊跃上前摸一把，尤其是伴随着各项祭拜活动，人们多会去庙西空地争相摸牛。据村民回忆，以前扎制小黑牛时也会摸牛，刚出生的小儿都要被抱出来摸牛鞍。人们常说：“摸摸老牛腚，到老没有病。摸摸老牛头，吃穿不用愁。摸摸牛角不生豆，摸摸牛鞍不生瘢。”以前，村民多用金箔纸剪一只独角小纸牛，贴在大门上，再在旁边用红纸写道：“西边来了大黄牛，摇头摆尾向东游。一游游到十字街，不吃粮草吃病灾。大灾小灾吃个净，全家老少不生病。”显然，独角神牛已被赋予禳灾祛邪的功能。这一带村民普遍将独角牛视为孙膑的坐骑，认为它与普通的牛不同，有着非凡的神力。这项摸大牛的活动实际上是元宵节“散百病”的形式之一。其与目前依然较为普遍的元宵“烤火”“烤香”习俗有着相似寓意。抚摸一种“圣物”以祛百病，这种形式在潍北一带很常见。如晚清潍县文人郭麐曾作竹枝词描绘：“新正节始过元宵，结队城头跑老猫。为乞一年无百病，艾香争把石人烧。”并注曰：“正月十六日，妇女进香东北城上真武祠，先于暗中摩弄一木虎，曰‘老猫’，谓一年不生疾病。又于庭前以艾灸左右两石人，曰‘石老’‘石婆’，谓一年不生疮疖。总谓之‘跑老猫’。”① 有时候村民并不仅仅满足于摸牛，还希望能抢到几根牛毛，尤其是牛尾巴等部位。每当大牛在村西空场地停放好时，村民都上去抢牛毛。为了防止拽断牛尾巴，庙委会不得不派一位村民专门用竹竿挑起牛尾。不过在众多村民的央求下，负责看管的小伙子也会故意拉低牛尾，于是人们蜂拥而上，欢笑声不断，瞬间成了一个游戏。

邻近中午 11—12 点，轰轰烈烈的“烧大牛”开始了，村民又称这项活动为“发牛”。“发牛”前，几位“善人”跪在大牛前，虔诚地唱着歌，兴奋之情溢于言表。时辰一到，村民就将大牛抬到早已准备好的香纸堆上，口念孙膑名号，嘱老牛且莫“惊驾”，最后高喊一声“发”。——霎时间火光冲天，大牛被付之一炬。值得注意的是，这一仪式内容并非固定不变，诸多仪式细节如仪式时间也可以有变化。譬如 2014 年庙会还未到焚烧时间，大牛的头就意外被鞭炮点燃，人们便仓促地将大牛架到香纸堆上烧掉了。这使得很多人未观赏到壮观的焚烧仪式，留有些许遗憾。也有一些常来庙会的人认为仪式应该更有秩序些，在烧牛前，“庙头”应当领着“善人”一起叩拜，拜完后，再安排点火。无论具体细节如何操持，人们依然对焚烧精致的大牛赞赏有加。

每年祭大牛时，在“大牛”腹下时常出现扎制技艺较为粗糙的小牛，这是还愿的村民所扎制的。每当生活中遇到事情，很多人都会求告孙老爷，所许愿望实现后，村民定会前来还愿。还愿的形式有多种，最常见的

---

① 〔清〕郭麐：《潍县竹枝词（自注）》，见孙建松编著《潍县竹枝词撷英》，中国戏剧出版社 2012 年版，第 36 页。

是扎小牛和送旗帜。旗帜上面写有村民的谢言和题字，庙委会一般会在正月十四这天将其插在庙宇周围。扎好的小牛一般去庙内孙膑像前烧掉，也有在正月十四庙会这天附在大牛身下一起烧掉的。虽有大牛占据风头，但是村民每年也会品评还愿的人所扎的小牛形态，即便为“小牛”，也必须“有个样法儿”。如 2012 年庙会举办期间，共有两位村民还愿扎制小牛。一位是吕氏人家，一位是丛氏人家。其中吕姓人家是因其家中老父身体不好，祈求孙膑保佑，后扎制小牛谢神，于正月十三晚上在孙膑像前烧掉了。另一位丛姓村民将扎制好的小牛在正月十四庙会时与大牛一起焚烧。据村民讲，扎制小牛是许愿实现后谢神、表达心意的一种形式，平时为孙老爷扎小牛还愿的人也很多，并且单户村民也不可能扎制出庙会中体型较大的牛，因此小牛虽然形貌、技艺都无法与大牛相比，但在情感表达方面有着同样的意义。① 总体来说，小牛在正月十四庙会的亮相，也是向众人昭示着孙膑神灵的灵验性。在农耕社会，牛对于人们的生活生产有着重要的作用，其所诞生的小牛犊还可以卖点钱补贴家用。农家生小牛犊是一件喜事，一笔财富。与牛相关的词语常带有褒义，如“老黄牛”“孺子牛”“牛刀小试”等。在村落生活中，伦理道德价值在人们的心目中占有重要地位，“小牛跪乳”为人们诠释了伦理含义，“大牛”生下的“小牛”会给人一种相关的联想，是一种伦理价值的彰显。

令人不解的是，辛辛苦苦扎制的“圣物”缘何被付之一炬？实际上，这其中寓含着乡民的一套宇宙解释观念。牛，固然是被村民附会为孙膑之神奇坐骑，但亦是村民在仪式中延续其农耕情结的载体。牛，既被仪式所选中，不大不足以显其“神圣”，不烧不能够实现“意义”。作为仪式最后环节的“烧大牛”活动，恰恰是整个仪式价值得以圆满实现的标志。大牛被焚烧的时刻，观看人群开始沸腾，在日常生活中郁积的种种不快似乎也随之消逝。焚烧“圣物”有着一套叙事逻辑，即“圣物”充当着媒介，只有烧掉后神灵才能知晓村民的意愿。正如村民所言：“不烧的话，孙老爷

---

① 访谈对象：丛兴孝；访谈人：李海云；访谈时间：2012 年 2 月 6 日；访谈地点：孙膑庙。

咋骑牛上天？烧了，他才能骑着青牛上天。”① “扎了就得烧了它，意思就跟老了人（去世）烧纸一个样。”② 虽然村民精心扎制一月有余的大牛被付之一炬，似觉可惜，但在这一仪式过程中所衍生的“神圣感”可以绵延良久。

庙会时，还有很多来自外地的游客结伴前来烧香祭拜。2015 年来自昌邑柳疃镇后官村的赶会人员约 50 位，来到孙膑庙内烧香祭拜。领头的为中年男性，其余多是中老年妇女，并焚烧带来的孙膑庙祈愿文疏。

每年正月十四庙会时，本村村民都会请相对专业的人员负责录像，费用大约为 1000 元，最后免费发给参与大牛扎制与捐款较多的村民。那些外来赶会的人，自然无法得到这些寓意吉祥的庙会纪念品，不过他们却可以购买现场拍摄的大牛照片，售卖大牛照片的小摊摊主是一位来自平度的村民，他每年都会来给大牛拍照，拍完以后再卖给赶庙会的人，每张照片 10 元钱。外村村民多会购买并带回家，贴在自家的墙壁上，似乎也沾了点福气。

近些年孙膑庙会影响逐渐增大，前来赶庙会的人们越来越多。2015 年正月十四庙会人数有近 3 万，其中主要有游客、摄影爱好者、媒体人员、学者等，还有不少旅行团、驴友团出现，甚至还有从青岛开车过来的。可以说，每年定期举行的“烧大牛”仪式，会吸引众多外地的参与者，他们的到来已成常态，并逐渐成为当下仪式活动的一部分，村民早已习惯了他们的参与，并且已成为村落与外部世界沟通交流的一种重要途径。村民丛延俊说道：“俺们从腊月初八就开始扎，一直到正月十四，精神劲儿很大，都盼着你们到来。”③ 村民言语中透露出一种亲切感，一年之中大多数时间他们在村里度过，难得春节期间可以与较多的外来者相见。2015 年《中国

① 访谈对象：吕瑞孝；访谈人：李海云；访谈时间：2015 年 3 月 2 日；访谈地点：孙膑庙。

② 访谈对象：齐乃信；访谈人：李海云；访谈时间：2013 年 7 月 18 日；访谈地点：玉皇庙。

③ 访谈对象：丛延俊；访谈人：李海云；访谈时间：2015 年 3 月 3 日；访谈地点：孙膑庙。

节日影像志》项目课题组进入村落拍摄“烧大牛”仪式，在村内引起不小的动静，村民们对之充满了好奇。每年昌邑电视台、报纸等媒体多会进行采访，这也在某种程度上促进了这一仪式活动的发展。

“烧大马”

与丛、吕家族的“烧大牛”仪式类似，齐氏家族的“烧大马”也有着一套相对完整的仪式活动，大致可分为四个阶段：扎大马，文艺献演，摸大马，最后才是烧大马。不过与“烧大牛”仪式相比，“烧大马”的仪式略显简单。

大马扎制地点选在村东玉皇庙中，一进腊月，大马扎制工作便开始启动。据说，齐家最初还邀请过西庙丛、吕家族的人参与扎制，如手工极好的吕世杰以及以扎纸草为业的吕兴茂等。据村民吕兴茂说，每年春节庙会期间扎大马时，他都会前去帮忙，并且在他看来，大马的扎制技艺极为重要。同时，基于姻亲关系，有很多嫁入齐氏家族的丛姓、吕姓妇女也把剪制手艺带入齐家，为东庙扎制大马。后来，扎制技术逐渐熟练，大马体型也逐渐增大，直至今日高达 7 米。扎制大马的原材料与大牛几近相同，主要是竹竿、竹劈、苇秆等。扎制大马也有明确的分工，男性村民负责扎制大马骨架，女性负责马毛、马鞍、灯笼、佩剑及各种装饰花卉图案的扎制与剪裁等。这些工作多分散在家户中进行，完成以后再拿到玉皇庙。有意思的是，村民还会扎制马心、马肝、马肺等“内脏”，一般由村民刘秀英及村内的老年妇女负责，在大马扎制完工后，再从大马腹部所留的小口中塞进去，然后再用纸糊好。大家白天聚在一起扎制大马骨架，裁剪大马身上的装饰品，晚上则抽出时间准备年货。扎制过程中，大家说说笑笑，非常开心。正如村民所言：“扎马的时候大家都很舒心。”① 大年初五左右，村民齐聚玉皇庙，开始组装大马。正月初九一大早，青壮年会将大马由庙

① 访谈对象：齐彭涛；访谈人：李海云；访谈时间：2015 年 2 月 3 日；访谈地点：玉皇庙。

墙内抬出，而后再把马腿、马头安在大马身上，完成最后的组装工作。每年大马扎制完以后，还需要进行一项“特殊仪式”，一般是由村民刘凤英操持。她拿一根银簪子比划着，还要念叨一套话语：“开开眼，开开腿……”经过了这番操作，大马就被赋予了生命和灵性，便能奔驰了。正月初八晚上，齐氏家族的村民会在玉皇庙前举行晚会活动，庆祝大马扎制完工。晚会参与人员以本村人为主，大约 2 个小时后结束。

正月初九早上 8 点，游大马活动开始。游大马的队伍由玉皇庙出发，大致围绕齐家聚居区绕行，最后停在玉皇庙前空地上。村内的南北主街道，是丛、吕家族大牛巡游与齐家大马巡游的共同区域。然而，大马仅巡游了一年便终止了。村民解释，因为马与牛的形体不同，马头太高、马脖子又长，无法通过村内的电线等障碍物进行巡游。因此，近些年，大马也就不再巡游了，村民在庙会这天直接将大马停放在庙前的空地上。不过，有村民认为，尽管马脖子、马头很高，大马扎制时也可以在前腿部借用钢管，正如大牛那样，大马也是可以巡游的。① 也有村民提出建议，从东边沿着阜康河岸巡游，避开电线，再绕回庙里。但这些建议都没有被采纳。2015 年村内电线统一加高，东庙大马依然没有巡游。或许是大马不巡游的缘故，前来赶玉皇庙会的人明显要少，庙会收入也要比孙膑庙少很多。

正月初九上午 9 点左右，文艺活动开始在玉皇庙前上演。本村的文艺表演队伍，包括东庙齐氏家族的龙灯队以及西庙丛、吕家族的秧歌队、高跷队等。西永安、远东庄、渔洞埠等外村的文艺队也常来助兴。在各种文艺节目表演期间，人们不断前来摸摸大马，祈求一年平安。同时，庙委会人员将四五十箱鞭炮放在大马周围，准备燃放。

11 点左右，村民开始举行“烧大马”仪式，当地俗称“发马”。发马之前，由庙会主管人员致辞，表达祝愿。

广播喇叭，在“烧大马”仪式中扮演了重要角色。2015 年庙会期间，庙宇广播不仅传达祝愿，还曾广播玉皇庙的历史，内容为齐忠华撰写。这

---

① 访谈对象：吕兴茂；访谈人：张士闪；访谈时间：2014 年 11 月 7 日；访谈地点：吕兴茂家。

些文字被村民打印出来，装裱挂在庙内办公室墙壁上。① 村民齐忠华的这些文字宣传板，挂在本就不大的庙宇接待室内，格外显眼。每当外来者进入接待室内，大都会注意到这些宣传板。庙委负责人也会解释这是何人所作，并常常附上一句“俺们这庙也很有历史了”。

广播结束后，早已做好准备的村民点燃大马腹下的香纸锞，烧及马腹时，火光腾然而起，再加上鞭炮的燃放，大马“腾云驾雾”而去，整个场地仿佛仙境一般。有些村民手持高香，跪在地上“送驾”，直至大马燃尽，方磕头作罢。

无论何时，只要一谈起村落中的两个庙会，村民的自豪感和愉悦感总是溢于言表，仿佛庙会刚刚发生过一样。村民除了强调庙会活动的盛大外，对庙会所特有的仪式程序与热闹氛围亦记忆犹新。正月的“耍景”使村子变得年味十足。庙会期间，很多村子会组织队伍来“耍”，颇受村民喜爱。如村民所言：

> 我好凑热闹，冬天没有活儿了，我就凑着扎扎马，帮帮忙，凑一起热闹热闹耍耍。②
>
> 主要是看耍，正月里都没事，咱去看看大牛去吧。③

---

① 具体内容如下：改革开放，广大村民奔小康，生活更加富裕了。一些“善人”议建庙之事，广大村民积极响应。五湖四海的“善人”捐钱捐物，出工、出力，1997年动工，1999年建成。两殿更加雄伟壮观，青松绿柏，傲然耸立，彩旗飘扬，旧貌变新颜。每年腊月初一，广大村民自愿到庙集会，为弘扬民族文化、发扬正气，有的扎马，有的剪花，有的耍龙灯，有的打锣鼓，有的跳舞跑秧歌，用实际行动发挥出自己的正能量。金龙腾飞，象征伟大祖国欣欣向荣，蒸蒸日上；锣鼓喧天，说明人民意气风发，斗志昂扬；载歌载舞，反映民族团结，幸福安康，心情舒畅，红马奔腾奔小康。在伟大的中国共产党的坚强领导下，为社会和谐、国家稳定，为实现中华民族伟大复兴中国梦，实现四个现代化的宏伟目标而努力奋斗，期待更加辉煌的灿烂的明天。昌邑市都昌街道东永安村齐忠华。

② 访谈对象：齐彭涛；访谈人：李海云；访谈时间：2015年5月25日；访谈地点：玉皇庙。

③ 访谈对象：吕成英；访谈人：李海云；访谈时间：2012年2月3日；访谈地点：孙膑庙。

咱们过年得有个“耍景”啊，光打扑克牌也没意思，大老爷们一块玩玩，有个过年的样儿。①

这些“耍景”自然形成了一种竞争对比，却并不会导向冲突事件，而营造出其乐融融的热闹场景。在东永安村，尽管“烧大牛”“烧大马”在扎制阶段相对独立，但在庙会烧祭仪式举行的当天，并没有家族边界的制约，并且相互参与非常自然。两大仪式活动，是一个开放性的平台，代表了乡村生活中的“非常”时段。平时，村民多是“关起门来”劳作，年节时拜年乃是家族之间的交流，但是更多的情感的表达与情绪的抒发则需要走向社区。村民的生活是有节律的，这不仅表现于“日出而作，日落而息”“春种秋收，夏长冬藏”等生计活动的安排，还有与个人、家庭、家族以及社区的个体与群体的情感律动，由此交织为世俗与“神圣”的双重律动。当仪式结束后，庙会所带来的热闹逐渐远去，村民重回到日常生活节律中，但与庙会相关的记忆仍然留存。村落两大庙会各有所属，家族之间的边界若隐若现，但这只会使得村民在年度生活中有着不同“面向”的转换，日常生活中的话题更加鲜活而已。

被仪式“圣化”的空间

空间是人类活动的基础，也是其获取人生意义、建立社会秩序的前提。“空间的表征并非只是一种物理的表现，它涉及了个人对于空间讯息的思考、推理和操作。因此，透过空间表征所表述的空间就不再是静态不变的物质，也非纯然的想象，而是社会关系的产物。人们不断透过空间的分类、解释、实现和挪用的‘过程’，建构出种种社会关系。此一分类、解释、挪用的过程，经由叙述形成一种用空间架构的

① 访谈对象：齐彭涛；访谈人：李海云；访谈时间：2012 年 1 月 31 日；访谈地点：东永安村。

理想世界、集体记忆和个人情感的书写模式，由此积淀出重要的文化论述。”① 段义孚曾用“恋地情结”来定义人类对于物质环境的所有情感纽带，并以“地方”含括人类的空间经验：“也许人类对于环境的体验是从审美开始的……人对环境的反应可以来自触觉，即触摸到风、水、土地时感受到的快乐。更为持久和难以表达的情感则是对某个地方的依恋，因为那个地方是他的家园和记忆储藏之地，也是生计的来源。”② 显然，作为人们生于斯、长于斯的特定空间，“地方”首先是作为一种生存资源而被感知，此后经过岁月轮回而发生情感联系，并因地方社会发展而逐渐获得更富理性的运用。在东永安村，对于土地、水资源等的感知，除了与祖先崇拜、天地全神等建立联系以外，还被赋予某种特殊的意味，即与孙膑崇拜联系起来。当“烧大牛”仪式以孙膑崇拜的名义，年复一年地在正月里操办，就不仅是为整个村落营造热闹红火的年味，还意味着村落生活中文化秩序的发生。丛、吕两家借助对大牛地位的彰显，强调井然有序、有主有次的现实生活秩序，并非仅仅是简单意义上的民俗传统延续。下面将主要以东永安村的“烧大牛”仪式为深描对象，从独特仪式、审美情感与理性法则等维度予以分析，发掘与阐释村民在这一活动中的特别体验、情感想象与理性运用，试图以小见大地理解乡村民俗传统的发生、传承与建构机制，也可促进对基层乡村社会的文化逻辑与组织形态的深度认知。

从仪式空间的运用来看，“烧大牛”主要是借助巡境路线和庙宇空间而完成的。具体而言，“烧大牛”仪式的巡游路线并非围绕全村，而是仅仅围绕丛、吕家族的居住区域，呈正四方形，显示出两大家族的近缘关系，以及由此结成的“神缘”关系。尽管这一巡游线路所含括的空间为村民日常生活中所熟悉，但此时此刻被用作仪式空间，“圣物”巡游仪式所经过的每一家户、每棵树木就有了不同平常的特殊含义，从而凸显出丛、

---

① 李丰楙、刘苑如主编：《空间、地域与文化——中国文化空间的书写与阐释》，台湾“中研院”中国文哲研究所 2002 年版，第 1 页。

② ［美］段义孚著，志丞、刘苏译：《恋地情结》，商务印书馆 2018 年版，第 136 页。

吕家族所居空间的“圣化”地位。①

再看“烧大牛”仪式在庙宇空间中的建构，不仅包括庙宇本身，也包括庙宇东侧专门设置的存放大牛之所、庙南献祭场地和用以“烧大牛”的庙西空地。作为村民专门辟作安放“圣物”的地理空间，它们之间是相通的，建构逻辑也基本一致，即以意象符号呈现“圣物”之庄严，并进而“圣化”自身。孙膑庙内的壁画，以孙膑的传奇经历为题材，并刻意强调其装饰功能。在这些壁画中主要有三类意象，即祥瑞符号、仙道器物、孙膑故事，以此营造一种超乎寻常的世界。庙宇之外，东侧专门用于扎制大牛骨架的仓库，西侧用以停放大牛并予以焚烧的空地，以及南侧献祭表演场地，共同构成了集庙中行祭、歌舞献祭、“圣物”焚祭等三位一体的空间。特别是到了正月十四这天的中午，伴随着锣鼓声、鞭炮声以及村民跪拜礼仪中的唱经声，精心扎制的大牛被付之一炬，昭示着村民与“孙膑”所代表的神灵世界之间的契约在新的年度重新缔结。节日祭祀仪式过后，村民重新回归日常，但每当路经此地，就多了一份敬畏感。

村民在这一节日传统活动中的情感活动，对于这种仪式而言是不可或缺的。上述意象与仪式符号的象征性使用，无一不指向“圣化”情境的营造，但又无时不在调动人们情感的呼应。比如在扎制大牛各个部件的过程中，都讲究工艺精良，形象逼真，并承载着村民的诸多吉祥寓意。游大牛时，通体呈金黄色的大牛在村落中缓慢穿行，格外引人注目，给人一种视觉上的冲击力。在村民看来，大牛之所以扎成金黄色，是因为家庭饲养的牛多为黄色，故采取了一种夸张的亮黄色，既代表着与实物的接近，又承载着美好的祈愿。但“圣物”毕竟要与现实之牛区别开，村民便将牛角设定为奇长的独角，用质地较软的苇秆，弯折成一定弧度，以增强整个“牛角”的美感，造型颇为俏皮。直指苍穹的大牛独角，似乎代表着这一“圣物”与天相通的神性。此外，大牛身上还有诸多纸糊装饰物，如吉祥花卉、葫芦、燕子等，整个扎制过程费时费力。然而，却正是借助共同协作

① “圣地”概念源自葛兰言的相关阐述。详见［法］葛兰言著，赵丙祥、张宏明译：《古代中国的节庆与歌谣》，广西师范大学出版社 2005 年版，第 161 ~ 169 页。

扎制大牛的过程，村民之间形成了一种迥异于日常的情感交流时空。笔者注意到，无论是参与扎制大牛的哪个部件，村民都乐于扎堆操持，在忙活中闲谈，笑语阵阵。在丛、吕家族村民的心目中，他们在“烧大牛”仪式中的必然“在场”，象征着他们在村落—家族社会生活中的不可或缺，其家族认同感由此得以增强。换言之，村民对于仪式程序及细节的操持与玩味，已经成为一种调适性的文化选择，虽非强制，却乐于遵从，同时在仪式化的程序中赋予个人情感的自由表达，并内含于仪式之中。村民的手工操作，在外人看来不免单调繁琐，但他们乐在其中。村民在娴熟的技艺操持中，既有对过去村落扎制传统生计的重温，也有对作为“衣食父母”的自然环境的一种关联想象，以及对保佑一方水土风调雨顺的大牛“圣物”的酬谢，成为一种绵延的乡土社区传统。但这种传统在村落中的凝塑成形，离不开村民的情感注入。

放眼整个东永安村，包括“烧大牛”“烧大马”在内的诸多烧祭仪式，承载着村民优越、自豪与艳羡、攀比等复杂情感或情绪。每年一度定期举行的巡游仪式，固然体现出对日常生活诸多边界的抹平与超越的努力，但又导向新的边界的划定，如对家族认同、精神归属的刻意强调，只不过这一强调所指向的是一种“差序格局”中的伦理秩序。时至今日，诸多村民依然保留着关于往昔湖区生活的丰富记忆，对曾经的沧海桑田之变津津乐道，显示出地理生态对于地方生活与民众心智格局的深刻嵌入。①

村落社会的仪式象征

村落社会表面看是松散的，其实是有机组织的。透过前述“烧大牛”“烧大马”烧祭仪式，可以看到一村之内三大家族之间合作与竞争的均衡态势。以“烧大牛”“烧大马”为依托，在村落内部构建出两个相似而又有所差别的公共生活空间，并以不同的符号为标志，二者之间有着明显的

---

① 李海云：《空间、边界与地方民俗传统——潍北东永安村人地关系考察》，载《民族艺术》2019 年第 5 期。

区分，同时又保留着相互跨界甚至“越界”“混界”的弹性空间，饶有深意。一方面，村民借助于“烧大牛”“烧大马”仪式的不同参与方式、组织群体、巡游路线以及潜在的消灾祛恶的功利设置，所昭显的家族边界是明确而具体的，使得仪式本身在很大程度上成为家族彰显实力、群体社区能力的表征形式。但在另一方面，家族之间在仪式上相互参与，无论是捐款、参与活动，还是“神圣感”的共同确认，都表现出一定程度的互助、共享特征，尽管这种互助和共享是有限的。

有限的互助和共享，促成了相对稳定但并不固化的庙委会组织。在东永安村，村民每年要花费上千元成本、一个月时间，辛辛苦苦扎制大牛、大马，最后付之一炬，明年再来，既显示出庙委会组织的力量所在，也反映了丛、吕家族联盟的稳固持久。其实，扎制“圣物”仪式的初始，只是在湖边生活的村民，面对湖区水乡的频发灾患，满怀对于国泰民安、天下太平的祈愿，就地取材，主要以苇草、秸秆为原材料扎制小牛小马来彰显一种虔诚的表达。然而，这种虔诚表达的欲望，一旦被家族所借用，成为一种影响村落竞争格局的因素，就会日益兴盛，成为社区生活调适的重要力量。

传统中国乡土社会中的仪式活动，是一个开放性的平台，代表了乡村生活中的“非常”时段。尽管“烧大牛”“烧大马”是以家族为单位所组织的，体现出一定的家族区隔，但在两项烧祭仪式举行的当天，这种家族边界区分并不明显。在格拉克曼（Max Gluckman）看来，社会冲突与平衡是辩证的，并且在仪式中得到极具戏剧化的表现，这是因为仪式往往通过象征性的表演给社会以及个人一种强烈的暗示：“虽然有这么些冲突，社会还是统一的。”① 在他看来，仪式不仅在于表现团结和让人们更能认识社会的价值和情感，也在于夸大社会各种规则之间的真正冲突，并且确定即便在这期间仍有团结存在。② 具体到东永安村，尽管“烧大牛”“烧大马”

---

① 引自王铭铭：《村落视野中的文化与权力——闽台三村五论》，生活 · 读书 · 新知三联书店 1997 年版，第 389 页。

② Max Gluckman, *Rituals of Rebellion in South-East Africa*, Manchester: Manchester University Press, 1954.

在扎制阶段相对独立，但在庙会烧祭当天，并没有家族边界的制约，并且相互参与非常自然。换言之，仪式在某种程度上起着暂时消融边界的作用。

尽管在整个仪式过程中，家族边界似乎得到暂时的消融，但其实又包含着另一重边界关系——主体创造与客体参与的区隔。在庙会仪式举行之时，固然是任何人都可以参与的，但其中依然有举办者与参与者的角色差异。放眼整个潍北社会，庙会活动大都具有跨村落参与的特点。面对赶庙会的外地人，村民多喜欢夸说本村庙会、庙宇的历史之悠久，神灵之灵验，甚是自豪。“烧大牛”仪式所营造的权威，虽未指向某种物质利益的诉求，而只为增强村民内心深处的优越性，而仪式中的主客身份则借此得以凸显。一进腊月，东永安村丛、吕家族的村民便开始组织“烧大牛”活动，关于这一仪式的历史记忆也会相应地被激活或者强化，并以“村落历史”的庄重形式出现，成为村落传统中强大的律令传统，而仪式的主体也借此登场，为这一带乡村社会所瞩目。参与“烧大牛”仪式活动的丛、吕家族，是这一传统的拥有者，是该村村落传统的主人，而村中他姓以及外村人，则被“隔离”在外。不过，整个庙会活动又是开放式的，欢迎本村所有人以及外村人参与。观看仪式者虽未参与庙会活动的主体性创造，却能自由地进入庙会现场观摩游玩。等到另一庙会之期，则会发生主客之间的角色置换，从而在乡村中形成轮流做客的生活节律。因此，边界是乡村生活恒久的存在，而庙会仪式过程中的边界消融则具有相对性，由此构成了乡村边界的丰富含义与多层级关系。

在村民看来，仪式边界的设置并不存在不可逾越的障碍，然而与日常生活的俗规紧密相连。在东永安村一村之内，两种不同的仪式表演使得家族的分界更加明显，强化了村民思想中的家族归属观念，进而促使村落内部仪式活动的后台发挥着增强家族影响力、竞争各种资源以及维护社区之间村落权威的效用。齐氏家族的仕途能人为村落带来了各种文化、经济资源，这种资源引入过程本身即引发了村落内部不同人的评价，包括家族之间的议论，表现为国家政治对于村落社会的外向性塑造。如何利用、运作这些资源，成为村民日常生活中的话题，人们逐渐对于村落之外的更大世界有了深入的了解。与此同时，村内包工头在经营工程中与各级官员打交道，与各路商人团体在利益分配关系上互相磋商，并因此形成大大超越乡土的智慧，并源源不断为村落输入一种超越乡土的知识，累积到一定程度，原有的乡土性就被超越。如此多的乡土知识涌入村内，又促使村子里的一部分人用年复一年的类似“烧大牛”“烧大马”这样的仪式来维系这一带乡土社区的一种传统、伦理道德秩序。村落生活的知识磋商由此处于多维度、多层次的复杂状态，然而只有那些被村民普遍接受并在村民手中被灵活运用、自由表达，亦即获得了足够的艺术性的事象，才能真正进入村落文化体系，积淀为渊深源长的乡土传统。

值得注意的是，东永安村所呈现的家族边界区隔下的竞争，其实是村落现实利益纷争的一种映射，包括村民赖以生存的土地资源等。村民对高埠、耕地等村落土地资源的现实利益竞争，往往借助庙宇、仪式等文化形式予以象征性表达，形成了“有底线的竞争”的地缘政治的动态格局。那么，这种复杂的家族竞争格局是如何形成的，又有着怎样的内在逻辑？长时段的村落地理生态变化，村落土地资源的逐渐开发、利用与再分配，无疑是我们考察的重点。东永安村的土地资源利用类型，主要包括村民居住用地、耕地（口粮田、集体土地）、荒地（碱地、壕沟等）三种。上述三种土地资源，均对村落中的家族关系发生或隐或显的影响，并在居住用地的传统格局与现代变迁以及土地（耕地）分配中表现得特别明显。

中华人民共和国成立以来国家行政干预下的乡村土地资源分配制度，对于村落内部家族关系影响巨大。在这方面，主要包括改革开放后国营潍北农场的归还土地、村民“开荒地”以及到期承包土地的再分配。① 改革开放后，潍北农场归还东永安村及周边村落部分土地，其中，归还东永安村千余亩，很多村民前去承包耕种（也有直接去承包潍北农场田地的），

① “开荒地”，是指村民在承包耕地后，将周围的荒草地、盐碱地予以开拓耕种。在合同到期后，这些土地将被村委会统一收回，作为集体用地纳入下一轮的承包。

是以“叫行”（村民也称“杠地”）的方式实行的。① 每次“叫行”，往往导致村民与村委会之间关系的紧张，因为具体实施起来难以完全公平。

1995 年前后，村委会将村北条台田以“叫行”的方式承包出去（初步核实有 1020 亩，另有部分不长庄稼的土地和零散地 380 多亩），每亩承包费约 600 元。据村委会主任说，所得租费用来维修村内公路等其他公用设施。② 因为国家出台 30 年不动地的政策，村内这些年的新生儿童和嫁到该村的媳妇（共计 520 人）至今都没有口粮田地，恰好 2015 年大部分签订的土地承包合同相继到期，新的村委会领导班子开始着手调整土地，收回到期的承包地，将个人承包地分给没地的村民。对村内外房屋占地、剩余地、沟、壕、池统一处理。③ 这次面向村落内部分配土地导致村民与村委会之间产生矛盾纠纷，除了村民个人的开荒地不愿被收回外，还有所分配的土地有好有坏、面积有大有小等因素。在多次的土地资源分配过程中，我们发现尽管村民往往以家户为单位与村委会之间发生矛盾纠纷，甚至最终以冲突形式发展为私人恩怨，但家族关系的纽带与潜在影响无时不在。在乡村经济资源的竞争中，家族关系与现实功利所对应的其实是村民对其自身利益的长期与短期的考量，这对于村落社会日常运行的影响是巨大的。

---

① “叫行”，是指想承包土地的村民看好田地后，按自己理想的价位出价，竞争同一块土地时以出价高者为标准，签订承包合同。“叫行”的土地由租地双方协商承包费用。近年来，较好的地亩承包费约 500 元，略差的约 300 元，并随着农产品的市场波动而调整。

② “俺们有很多地，春天就开始承包，然后再分给村民。剩下的地再承包出去，赚的费用作为村里维修的费用。俺们也没有乱花钱的，老百姓都相信，我们平常吃顿饭都不舍得。”访谈对象：丛悦明（东永安村村委会主任）；访谈人：李海云；访谈时间：2015 年 2 月 1 日；访谈地点：东永安村孙膑庙。

③ 具体政策规定为：1. 这次土地调查只给新增人口分地，原分地不做调整。清产的收回土地。2. 户口是本村的媳妇，在娘家已有地的，在婆家不再补地，原则是每人只能享有一份地。3. 自己有合同地的、占有集体土地的添地户，必须先从中补地，不够的村委另做调配。4. 因工程占地未补的核实后一起补上（按十年期找补），找补部分签订合同。对新增人口分地各组已张榜公示。对合同地、部分个人已占有的地已公示，如有其他情况村民可反映。资料来源：《东永安村村委会土地调整通知》，2015 年 3 月 29 日。

看似年复一年反复操演，仿佛是在稳守某种传统的仪式展演，其实是长时段的人地互动、国家与民间社会互动的逻辑呈现。仪式活动所表达的村落家族关系格局，透过“神圣化”的边界得以象征性表达，而其背后则以具有悠久传统的村落社会生活为依托。至于仪式传统与村落社会生活之间有何关联，还需要从二者之间更为复杂而富有弹性的实践机制予以观察。

仪式与村落公共性

东永安村“烧大牛”之类的村落仪式，在其公共性意义生成的过程中①，既要借助于信仰的传统规仪，也要借助于其现场操作中自由发挥而产生的艺术感染力。民间信仰经常需要借助艺术表演以增强感染力，艺术则常以精神信仰为旗号，增加自己在现实社会中存在的合理性与权威性。②在东永安村，大牛扎制的过程便是意义生成的过程，而村民对大牛的抬游、叩拜和焚烧等行为，则为其赋予更多的价值。仪式意义的生成，既通过特有的信仰活动，也借助一定的艺术形式。信仰与艺术，有机地融会在同一个仪式之中。就像在东永安村人看来，扎大牛的过程既是在做一件好

① 在中国学术传统中，“公共性”作为中国社会结构分析的一种方法论，却无法回避与社会固有传统的纠缠。“公共性”研究作为一种学术传统，产生于欧美学术界对西方现代化进程的观照，主要以哈贝马斯、阿伦特、罗尔斯等人的思想作为理论基础，包含着较为浓厚的政治哲学意味。20 世纪 90 年代以来，“公共性”等观念舶来中国，产生了一大批学术成果，同时也在本土适用性等方面引起较大争议。国内学界比较一致的看法是：公共性问题的实质是人们的公共生活如何可能的问题；公共性问题产生于个体与他人之间的互动过程中所产生的公共事务，因而可以有不同类型的公共领域；公共活动构成公共性的社会基础；公共理性是公共性得以发生的主体性条件；公共价值是公共性的本质。而当代公共性尤其是当代中国的公共性及其危机，都是极具历史性和复杂性的问题，必须经过进一步深入挖掘才可能理清。参见晏辉：《论公共性的原始发生》，载《教学与研究》2007 年第 4 期；《公共性问题的哲学前提批判》，载《江海学刊》2008 年第 4 期。

② 张士闪：《当代乡村社会中民间信仰活动的艺术化趋势——以山东潍坊地区青州市井塘村为个案》，载《民间文化论坛》2005 年第 2 期。

看的工艺品，也是通过自己的创造让一件“圣物”显形的过程。

在这一带乡土社会，村落庙会一般都具有跨村落参与的性质。① 庙会期间，面对外来的参观者或者媒体，村民总是乐于夸说本村庙会的悠久传统和无可辩驳的仪式感，并在与他村庙会进行的对比中凸显自身优势。不过，东永安村“烧大牛”仪式活动所树立的权威力量，只是增强了村民内心深处的优越性，而并未指向一种物质利益的诉求。这其实与中国村落传统中蕴藏至深的公共性诉求有关。

东永安村丛、吕两姓村民一进腊月就开始操持“烧大牛”活动，关于这一仪式活动的传统记忆也会应时发生，它以村落“历史”的庄严形式出现，与艺术活动本身具有的“神圣性”结合在一起，成为村落传统中强大的律令传统。因此，延续“烧大牛”的传统就不仅是个体自愿自觉的问题，而是律令内化而成为村落宗族的集体无意识。在此意义上，“烧大牛”不仅仅是人对神负责，更是个体对村落传统、对其他村民的责任。“烧大牛”也正是在这样的意义上具有了村落公共性传统的内涵。参与“烧大牛”活动的丛、吕两姓村民，此时就是这一律令传统的主人，是这一堪称荣耀的村落传统的共享者。村落中的其他姓氏以及外村人，则被相对“隔离”在圈外。然而，当东永安村其他姓氏前来观看“烧大牛”活动，或东永安村村民前往他村赶庙会，虽然无缘于庙会活动的主体创造，却能以观者的身份进入庙会现场。领略庙会仪式，既是信仰观摩，又是艺术欣赏，共同汇成一种艺术性与世俗性兼具的混杂的情感体验。事实上，遍布中国乡村的庙会活动，都离不开民众的主体创造与客体参与，既是信仰活动滋生的温床，也是艺术发生的现场，乡土社会中的“公共性”便在这一过程中得以生成。其生成的具体情形如何？

首先，庙会仪式为艺术情感的产生预留了空间。在举行仪式的过程

① 在东永安村一带，焚烧“圣物”的现象较为普遍，邻村之间相互参与。该村东邻的远东庄在正月十二日设有菩萨庙会，届时要烧掉两台纸扎花轿；村西的西永安村则在每年正月十五日举行娘娘庙会，扎两台大轿以纪念老母娘娘；村南的渔埠村每年正月十六为孙膑庙会日，以传统的生产队为单元扎制三头独角黄牛烧掉。具体论述详见第五章。

中，仪式的操持者和观者之间有一种完美的默契，操持者需要恪守仪式的种种规仪，才能获得观者的认可。除此之外，仪式操持者只要不破坏既定规仪的章程，即兴做一些自由发挥，是可以被观者所接受的，甚至比一味刻板地遵从规仪更受欢迎。“烧大牛”的仪式意义的顺畅生成，其实与它所营造的肃穆感与充满艺术因素的表达形式是分不开的。笔者在调查中注意到，对“烧大牛”仪式过程中所发生的一些意外、突发情况，民众群体都能给予宽容、体谅甚至是鼓励。此种仪式参与心理，正是仪式活动中情感滋生的基础。

其次，当仪式活动宣告结束，庙会中的热闹渐渐远去，重归日常生活的村民依然保留着关于庙会的记忆。在庙会上，人们将日常的烦忧、小我暂时退隐到次要的位置，而产生一种艺术性与世俗性相互交织的心理体验。“烧大牛”仪式，基于村落家族的传统律令而发生，经由村民的灵活操持与自由发挥，最终产生了超越原初功能的文化意义。

再次，“烧大牛”活动还意味着村落之中不同的人群，以此为话题而反复交流与磋商的过程。“烧大牛”代表着村落生活的一个特殊时段，从腊月十六开始的组织扎制、启动到“游大牛”“烧大牛”等仪式程序的展开，村民不仅广泛参与，而且众议沸腾。一年之中，“烧大牛”都是村民的热门话题。这种谈论夹杂着民间社会的各种意见，蕴含着与村落日常生活实践相联系的种种知识。人们谈论的是大牛，寄托的是个人心事，最终凝结的是意义丰富的民间哲理。或者说，以大牛为话题而形成的情感交流与生活交际，已在村落生活中搭建起一种特别的公共空间。理解这样一个村落公共空间，必须将之置放于百年区域历史的框架之中。“烧大牛”所代表的民间社会传统，曾经年复一年地顺畅进行，后来虽有所断裂，但如今正处于缓慢的复兴状态。这种复兴并不是面向传统社会语境而进行的，而是面对着乡土社区的现代化、全球化的社会转型，它不得不有所变通，通过多种形式的改变来维护传统仪式的权威感，以实现当下的实践性。

可以说，乡土仪式以“神灵降临”的方式创造了村落集体中的趋同情感、节律化生活与公共性议题，并由此产生了村落公共性传统，这是传统乡土社会中至为珍贵的文化生态。中国传统村落中的乡土仪式，借助村落群体与“圣物”的交流，落实到村落群体中人际关系的交流，其实质是以“固有传统”为前导而引出了“公共性传统”。循此思路，我们就能理解，为何民众总是努力为各类神灵寻找“在地化”的依据，乐此不疲地将文物遗迹、传说、仪式、日常体验、非常经历、外来人的造访等予以“神圣化”“传统化”。如果能够领悟这些“证据”所蕴含的更深层次的公共性诉求传统，便能明白一般民众是在找寻、创造人与人之间的交流契机，“崇神”是为了“联众”。人们对于“烧大牛”活动的反复品评与回味，是为了寻找与强化它对于乡土社区的表征意义与文化生产能力。这是一种知识的磋商与生产、传播的过程，伴随着情感的共鸣，最终成为营造艺术、塑造灵物的资本，落实在乡土公共性的实现。

时至今日，乡土庙会的仪式感日益淡化，赶集购货、情感交流、人际交往等世俗诉求日益成为庙会最重要的公共职能，这是乡土生活变迁与文化调适的结果。以此为背景，村落仪式虽然依旧是以神灵崇拜为主题，但更多地表现为对一种村落—家族传统的共同参与和磋商，从而产生了一种更富有弹性的公共性。信仰的“神圣性”与情感的世俗化，两者在庙会上并不矛盾，同样是以村落—家族为单元的表达，只不过前者是面向神灵的对于仪式细节的尽量恪守，后者则是面向仪式传统的自由发挥。此外，在面对外来者的更具开放性的社会语境中，当代乡民通过这类“烧大牛”仪式对村落悠久传统的展现，以及对“国泰民安”“风调雨顺”等祈福心愿的表达，更多的是在仪式表演名义下对其意志情感的表达、对日常生活的评价和未来合作的预期等。如上种种，都可视为当代村落公共性的生成样态。①

一个庙会仪式活动，是在本村还是在他村进行，在村民心中激起的感受完全不同。一进腊月，东永安村村民操持起“烧大牛”活动的谋划和大牛的扎制，关于这一仪式活动的昔日记忆就会涌上心头。参与“烧大牛”活动的丛、吕两姓村民，此时就是这一仪式的主人，是这一堪称荣耀的村

① 李海云：《信仰与艺术：村落仪式中的公共性诉求及其实现——鲁中东永安村“烧大牛”活动考察》，载《思想战线》2014 年第 5 期。

落传统的共享者，他们生活在这一轻松裕如的精神家园之中。村落中的其他姓氏以及外村人，则被“隔离”在外圈。然而，当东永安村村民前往他村赶庙会时，他们就成了实实在在的看客。

其实，村落知识本来就是多元而复杂的，总是处于不断的新生与选择状态，并在高频度的人际交往活动中实现共享性。比如通过每年四时八节以及各种纪念日期间的走亲戚、人生仪礼、过节等，乡民之间通过各种形式的磋商求同存异，形成了关于村落知识的某些共识，当然这些共识有时仅仅表现为一种文化或思维的模式，而不见得就是结论或定论性的东西。换言之，村落共同体是个强大的文化怀抱，它通过年复一年、不断反复进行的节日习俗、人生仪礼等生活实践，“和而不同”地将生活细节融会到村落知识的既定框架之中。在这一过程中，每个人的情绪或者个性可以被有分寸地包容其中，按照村民的话来说就是“到了过节的时候就得过节，到了走亲戚的时候就得走亲戚”。此时此刻那些平日里再不合群的人也会被纳入这样一个地方性的节日流程和人生仪礼的传统框架中，即使这些人对于节日传统或人生礼仪表现得不屑一顾，但是在他们心头依然存在一种浓烈的节日意识和人生礼仪观念，而且只要他们久居此地，就会不断受到亲邻的提醒。这种提醒就具有民俗的规训性质，也带有村落知识的教化性质，村落社会的公共性由此凸显。当然，就村落知识的总体而言，如果长期不能在村落生活中获得形式化的展现，不能成为村民在习以为常状态下的悉心玩味与自由表达，即不能获得一定的艺术性，就不能表现为村落公共领域的社会实践，而仅仅体现为一种个体化的怀旧式的情绪体验，那它很快会自我否定掉，最终退出村落社会生活的舞台。即使是再完美的仪式活动，如果不能成为村落生活的常态，不能在村民的日常生活框架中获得艺术化的自由表达，就很难在村落社会中获得文化意义。

第五章 仪式边界与乡土秩序建构

前述东永安村的“烧大牛”“烧大马”活动，是潍北区域社会内较为普遍的烧祭仪式传统的一部分，其背后则以地域性神灵崇拜传统为支撑。比如“烧大牛”，就是以祭拜孙膑为名号而举行的仪式活动。笔者注意到，正是潍北一带流传的“孙膑封地说”，为这一带烧祭传统提供了非凡的助推力。但若想解释清楚这一现象，就不仅要追溯孙膑崇拜的口述传统与历史渊源，还需要在更大地域范围内，考察国家正统化礼仪对于地方社会生活的渗透与推行，即从神灵崇拜的在地化过程这一视角，来理解一村一族的仪式传统。与此同时，乡村社会如何因应国家礼仪下行态势，对这一文化资源予以选择、吸纳、运作，也是必须考量的因素。在当地人的心目中，“孙老爷”是神灵，“大牛”是“圣物”，与他们的世俗生活有着多重边界的区隔，却又可以通过恰当的方式相通联，由此创设出丰富多样的文化表达。

本章将以“烧大牛”仪式中的核心问题——孙膑崇拜、东永安村仪式系统、潍北地区焚烧“圣物”现象等为基本关注点，关注仪式边界对于区域社会生活的文化意义，分析国家与地方社会之间历时性的文化嵌套与叠加过程，以理解地域社会的等级结构与文化网络。

孙膑崇拜的正统化脉络

在华北地区民间崇拜的诸多神灵中，玉皇大帝、关帝、观音、三官、地宫老母、土地神等较为普遍。其中有的神灵被普遍供奉，如由历史人物而成神的关羽，华北地区几乎村村为之修庙，甚至在一村之内有多座关帝庙。相形之下，有些神灵则少有供奉，如曾为战国时期军事家的孙膑就是如此。① 然而在东永安村，孙膑庙是最显赫的神灵空间。每谈及这座庙宇，村民总是一遍又一遍地讲述一则“孙膑显灵烧退捻军”的神奇传说。在村民看来，发生在清咸丰至同治年间的捻军入境事件，已足以证明“孙老爷”的灵验无比，何况还有更多的佐证。但捻军过境事件只是促使了孙膑信仰的兴盛，“孙膑显灵烧退捻军”的故事也只是此后对这一信仰的持续强化。② 孙膑崇拜在这一地区的最初渊源又如何呢？事实上，这在很大程度上与同处于长时段的潍北自然环境、信仰传统，特别是宋元以降与东永安村相距仅 10 公里的瓦城“孙子庙”的存在，有着莫大关系。③ 当然，历史上的孙膑，曾被列入国家正祀，大致处于边缘状态，并有入祀、退祀的多次反复，所有这些都对东永安村孙膑崇拜有着微妙的影响。换言之，东永安村的孙膑崇拜及烧祭形式表达，其实是处于国家正祀的地方化进程与地方社会主动运用国家政治资源的态势之中。近年来，“孙膑崇拜”列入市级、省级非物质文化遗产名录，在某种程度上说也是这一态势的延续。

---

① 就全国范围来看，孙膑崇拜的地区多分布于木秀水丰、环境优美的山林，并在某些地域较为集中，如山东地区，大致分为三大中心区域：其一，传说中的孙膑故里，鲁西南地区鄄城、郓城、阳谷一带。其二，孙膑封地，鲁中昌邑地区。其三，传说中的孙膑隐居之所，鲁东南（日照莒县、临沂莒南一带山区）、鲁中山区如淄博等。这些地方山清水秀，适合隐居，在当地有多处孙膑洞等古迹，并流传有大量的孙膑故事。在 20 世纪 90 年代左右，“台湾有供养孙膑的庙宇 40 多座，孙膑的崇拜者达 40 万人”。引自徐雨：《孙膑故里研究述评》，载《史学月刊》1992 年第 5 期。

② 这段捻军入境的历史被记载于庙内的两块光绪石碑上，碑刻记载此前庙宇“无僧风扫地，无油月为灯者”，可见捻军入境之前，庙宇已颓败倾圮，无人照料，这次神验之后，人们方重新妆塑神像，并添灯演戏酬神。

③ 对于东永安村与孙膑的关联，中华人民共和国成立前的文献资料并无确切的记载。王蔚成主编的《昌邑文化博览》中有所提及，东永安村西的孙老爷庙所处位置，是孙膑隐居时渔猎的苑囿。在当地人看来，这一地带水草丰茂，孙膑还常来此钓鱼。“瓦城村是孙膑的封地，东永安村、西永安村、渔埠村，包括申明亭村一带都是水湾，芦苇茂密，孙膑常来钓鱼，还用木头搭了一个棚子，孙膑在永安住过。”访谈人：李海云；访谈对象：李云龙；访谈时间：2013 年 2 月 23 日；访谈地点：东永安村孙膑庙办公室。另见王蔚成主编：《昌邑文化博览》，齐鲁书社 2000 年版，第 102 ~ 103 页。

史载中的孙膑，① 齐国人，历经齐威王、宣王时代，约与孟轲、商鞅同时，大致属于战国中期。据《韩非子》载："孙子膑脚于魏……此十数人者，皆世之仁贤忠良有道术之士也，不幸而遇悖乱暗惑之主而死。"②《吕氏春秋》载："孙膑贵势。"③

西汉时，司马迁在《史记》中较早载录了孙膑颇具传奇色彩的人生经历，但未单独成传。《史记·孙子吴起列传》载："孙武既死，后百余岁有孙膑。膑生阿、鄄之间，膑亦孙武之后世子孙也。孙膑尝与庞涓俱学兵法。庞涓既事魏，得为惠王将军，而自以为能不及孙膑，乃阴使召孙膑。膑至，庞涓恐其贤于己，疾之，则以法刑断其两足而黥之，欲隐勿见……"④ 其中关于田忌赛马、桂陵之战、马陵之战的描述极为生动，塑造了孙膑才智过人的军师形象，而未提及其最终归处。

稍后，刘向《战国策》在描写田忌面临成侯邹忌排挤陷害时，提及孙膑曾为田忌筹划"袭齐都临淄，匡正齐君"之策："孙子谓田忌曰：'将军可以为大事乎？'田忌曰：'奈何？'孙子曰：'将军无解兵而入齐……然后背太山，左济，右天唐，军重踵高宛，使轻车锐骑冲雍门。若是则齐君可正而成侯可走。不然，则将军不得入于齐矣。'"⑤ 不难看出，国君似对"功高震主"的田忌集团的心态暧昧不明，而孙膑之计看似自保，亦有欺

---

① 历代以来人们认为"孙膑"并非其真正之名，如明代周祈《名义考》载："齐将孙膑名逸不可考。'膑'非名也，孙足为庞涓所断，故称为孙膑。'膑'乃肉刑去膝盖骨之名。"参见〔明〕周祈：《名义考》卷八《孙膑黥布》，影印文渊阁四库全书本。

② 〔战国〕韩非：《韩非子·难言》，中华书局 2010 年版，第 26 页。

③ 〔战国〕吕不韦：《吕氏春秋·审分览》，中华书局 2011 年版，第 617 页。

④ 〔汉〕司马迁：《史记》卷六五《孙子吴起列传》，中华书局 2010 年版，第 4491 页。

⑤ 〔汉〕刘向：《战国策》卷八《齐策一》，中华书局 2012 年版，第 247 ~ 248 页。另，关于田忌是否听从孙膑计策的问题，《战国策·齐策一》："田忌不听，果不入齐。"但汉司马迁《史记·田敬仲完世家第十六》载："田忌闻之，因率其徒袭攻临淄，求成侯，不胜而奔。"另《史记·孟尝君列传第十五》亦载："成侯与田忌争宠，成侯卖田忌。田忌惧，袭齐之边邑，不胜，亡走。"故田忌攻齐都临淄应确有其事，并且北宋司马光《资治通鉴·周纪二》中提及"田忌不能自明，率其徒攻临淄，求成侯。不克，出奔楚"。

君谋反之嫌。

此后历代史家对于孙膑的载录，与司马迁所述略同，如唐欧阳询等撰《艺文类聚》、北宋司马光《资治通鉴》、北宋张预《十七史百将传》、北宋李昉等撰《太平御览》、北宋王钦若等撰《册府元龟》等。值得注意的是，宋人曾巩在《〈战国策〉目录序》中说："卒至苏秦、商鞅、孙膑、吴起、李斯之徒以亡其身。"由此看来，尽管孙膑对齐国强盛做出了杰出贡献，却很有可能因有忤逆表现而未得善终。①

大致说来，史书载录中的孙膑内容主要包括：拜师鬼谷子求学；膑脚，为刑余之人；善谋善战，为兵法家，其军事实践突出表现在"田忌赛马"与"桂陵之战""马陵之战"等战役中。历史上对于孙膑的评价颇不相同，大致可分三类：

其一，高度评价孙膑的计谋和功绩。如《孙膑兵法·擒庞涓》云："孙子弗息而击之桂陵，而擒庞涓。故曰，孙子之所以为者尽矣。"②南朝范晔《后汉书》云："信如卞和，智如孙膑。"③宋代罗烨《醉翁谈录》云："说征战有刘项争雄，论机谋有孙庞斗智。"④明时，孙膑被明成祖朱棣视作"身残志不残"的典范。《明实录》载："甲戌，行在兵部尚书方宾言，幼官袭者有免缺，例不应袭。上曰：命武臣，当察其勇智怯懦及武事如何，岂当论相貌？孙膑既刖足，智尚可用，况立军功者皆望禄及子孙，一不得袭即禄绝矣。此人将来生子当不复免缺，岂可绝其禄？命袭之。"

---

① 杨善群：《孙子评传——孙武、孙膑、司马穰苴》，南京大学出版社1992年版，第365页。

②〔战国〕孙膑：《孙膑兵法·擒庞涓》，中华书局2006年版，第111页。《孙膑兵法》的编定，和一些先秦的其他古籍一样，当出于其门弟子之手。自然，也不必排除这样一种推断，即《孙膑兵法》的一部分或大部分是孙膑的原著，最后经过他的弟子增补编定。但无论如何，编定的年代，当在孙膑死去以后了。参见杨伯峻：《孙膑和〈孙膑兵法〉杂考》，载《文物》1975年第3期。

③〔南朝〕范晔：《后汉书》卷七〇《郑孔荀列传第六十》，中华书局1965年版，第2266页。

④〔宋〕罗烨：《醉翁谈录·小说开辟》，古典文学出版社1957年版，第5页。

其二，视为善行奸诈之术、缺乏仁义之人。如汉班固《汉书·刑法志》云："雄桀之士，因势辅时，作为权诈，以相倾覆。吴有孙武，齐有孙膑，魏有吴起，秦有商鞅。"且班固认为，孙膑正是因为有道德方面的亏缺而不得善终："孙、吴、商、白之徒，皆身诛戮于前，而国灭亡于后。报应之势，各以类至，其道然矣。"颜师古注："孙武、孙膑、吴起、商鞅、白起也。"① 宋人曾巩在《〈战国策〉目录序》中也曾议论商鞅、吴起、李斯的被杀，而且将孙膑和他们并列。

其三，将其功过两分。如唐房玄龄《晋书》云："若乃衰周之末，贵诈贱诚，牵于权力，以利要荣。故苏子出而六主合，张仪入而横势成，廉颇存而赵重，乐毅去而燕轻，公叔没而魏败，孙膑刖而齐宁，蠡种亲而越霸，屈子疏而楚倾。是以君无常籍，臣无定名，损义放诚，一虚一盈。故冯以弹剑感主，女有反赐之说，项奋拔山之力，蒯陈鼎足之势，东郭劫于田荣，颜阖耻于见逼。斯皆弃礼丧真，苟荣朝夕之急者也，岂道化之本与！"② 在这里，孙膑被描述为战国乱世中安定齐国的关键人物，但终究是贵权术、缺乏仁德之人。宋司马光《资治通鉴》在评论武成王庙配祀时说："自孙、吴以降，皆以勇力相胜，狙诈相高，岂足以数于圣贤之门而谓之武哉！"③ 元人戴表元在《剡源集》中的评论颇具代表性：

> 按太史公不为孙膑特立传，而附于孙武，盖其事微耳，而世人称之常过实。夫膑以刑余之人而投齐，佽佽然求得其当以报魏，不啻郤克笑躄之仇、范雎折胁之愤也。故其从田忌也，一举救齐，再举救韩，皆不以取救为急，而急于乘梁之虚而残之者。此其志，无一饭不在梁也。马陵之役，耻幸仅伸，而终膑之身，不闻他业可纪。就言兵

① 〔汉〕班固：《汉书》卷二三《刑法志第三》，中华书局 1962 年版，第 1089～1090 页。

② 〔唐〕房玄龄等：《晋书》卷五一《皇甫谧传》，中华书局 1974 年版，第 1413 页。

③ 〔宋〕司马光：《资治通鉴》卷二一三《唐纪二十九》，中华书局 1956 年版，第 6796 页。

者窥之，尤浅之为丈夫哉。①

在戴表元看来，孙膑与范雎一样是睚眦必报之人，不可评价过高，其“围魏救赵”“马陵之战”皆是为报私仇，司马迁未对其单独立传是恰当的。

总体来说，活跃于战国时期的孙膑，虽足智多谋、功绩彪炳却难以入圣，其“刑余”之身、诡诈兵术以及“匡正齐君”的谋策使其充满争议。他在史籍中的形象颇显矛盾，进而影响到他在唐宋以降进入国家祀典后的状况。

自唐代始，孙膑进入官方祀典，在武成王庙中作为配祀，此后或立或废，经历了多次反复。唐肃宗上元元年（760），朝廷尊姜尚为武成王，选历代良将十位为“十哲”配祀，但未有孙膑。建中三年（782），采纳礼仪使颜真卿的建议，增列历代良将64人，作为武成王庙配祀，始有孙膑：

> 建中三年，礼仪使颜真卿奏：“治武成庙，请如《月令》春、秋释奠。其追封以王，宜用诸侯之数，乐奏轩县。”诏史馆考定可配享者，列古今名将凡六十四人图形焉：越相国范蠡，齐将孙膑，赵信平君廉颇，秦将王翦，汉相国平阳侯曹参、左丞相绛侯周勃、前将军北平太守李广、大司马冠军侯霍去病……②

此为迄今将孙膑列入官祀的最早记载。不过，到了德宗贞元二年（786）二月，朝廷采纳刑部尚书、知删定礼仪关播的建议，孙膑等诸将不再配享，“唯享武成王及留侯，而诸将不复祭矣”③。此后，群臣对武

① 〔元〕戴表元：《戴表元集》卷二二《孙膑附传》，浙江古籍出版社2014年版，第442页。

② 〔宋〕欧阳修、宋祁等：《新唐书》卷一五《礼乐志第五》，中华书局1975年版，第377页。

③ 〔宋〕欧阳修、宋祁等：《新唐书》卷一五《礼乐志第五》，中华书局1975年版，第379页。

成王庙制多有非议，频发辩论，反映了文人群体对以武立国风气的怀疑。①

宋时沿袭唐制，仍设武成王庙，在武将配祀人选和等级位次上多次调整。其中，孙膑能否作为武成王配祀争议很大。乾德元年（963）四月，终于撤掉孙膑作为武成王配祀资格：

> 初，上（赵匡胤）幸武成王庙，历观两廊所画名将，以杖指白起曰："起杀已降，不武之甚，胡为受飨于此？"命去之。左拾遗、知制诰高锡因上疏论王僧辩不克令终，不宜在配飨七十二贤之列。乃诏吏部尚书张昭、工部尚书窦仪与锡别加裁定，取功业始终无瑕者。癸巳，昭等共议……退魏吴起、齐孙膑……凡二十二人。②

纵观其事，早已作古的孙膑等是否有配祀资格，其实是朝廷政治导向的"棋子"。宋太祖先是对"起杀已降，不武之甚"的秦将白起极为不满，下令去除。知制诰高锡为了投合太祖心理，又揪出"不克令终"的王僧辩也不宜配享，于是宋太祖设定"功业始终无瑕者"的考核原则，裁撤大批名将的配祀资格。显然，唐末五代以来的藩镇割据、武将跋扈在宋太祖心中阴影未消，他不仅直接采取了"杯酒释兵权"等强硬措施，而且通过调整武成王庙配祀人选和位次的方式，显示了皇权的绝对权威。与此同时，他还通过提高文官及士大夫的地位和提倡儒家伦理道德等方式，达到贬抑武功、彰显文治德治的政治目的。③ 当然，并非所有朝臣都明晓宋太祖的这一政治意图，也有大臣对此不表赞同，认为是在

---

① 于赓哲：《由武成王庙制变迁看唐代文武分途》，见武汉大学中国三至九世纪研究所编《魏晋南北朝隋唐史资料》第十九辑，武汉大学文科学报编辑部，2002 年，第 133 ~ 141 页。

② 〔宋〕李焘：《续资治通鉴长编》卷四《乾德元年》，中华书局 1979 年版，第 92 ~ 93 页。

③ 胡文宁：《礼制与政治：宋代武成王庙中管仲陪祀地位探析》，载《科学 · 经济 · 社会》2013 年第 2 期。

吹毛求疵。[①] 秘书郎、直史馆梁周翰就在奏言中以孙膑等人为例，认为其尽管是“刑余之人”，难称完美，但其功业已为乡野樵夫熟知，去除武祠并非善策。这一奏章的结果，是“上以升降之制，有所惩劝，不报”[②]。武成王庙配祀有所升降，意在对朝臣敲山震虎，有所惩劝，宋太祖对梁周翰的奏章当然不会批准。

时过境迁，宋太祖在武成王庙配祀方面又有调整，显示出灵活政治导向的一面。开宝三年（970），他又让人重新评定历代功臣名将。有言官将孙膑等24人列为“勋德高迈，为当时之冠”者，又有“为之次”者8人、“又次之”者3人，一起上报。最终，孙膑等23人，各置守坟三户，“为之次”者各置守坟二户，“又次之”者禁樵采：

> 又诏前代功臣、烈士，详其勋业优劣以闻。有司言：“齐孙膑晏婴……等，皆勋德高迈，为当时之冠。……”[③]
>
> 开宝三年十月五日，诏前代帝王已创兴祠庙，修葺园陵，仍据事迹高卑，各置守陵庙户外，其功臣烈士，今定名德高者二十三人，各置守坟三户。孙膑、陈平、韩信、周亚夫、长孙无忌、魏徵、李勣、尉迟敬德、浑瑊墓十，并破损……所置守坟户，并以侧近中等以下户充，二税外免诸色差役。庙宇常须洒扫，无致摧圮；坟陇林木，常禁侵伐，无林木者，常令栽植。委逐县检校，每岁终，具有无破损申州。[④]

---

① 如梁周翰奏言：“臣闻天地以来，覆载之内，圣贤交骛，古今同流，校其末年，鲜克具美……今若求其义类，别定否臧，以羔袖之小疵，忘狐裘之大善，恐其所选，仅有可存……若一旦除去神位，摈出祠庭，吹毛求异代之非，投袂忿古人之恶，必使时情顿惑，窃议交兴。”参见〔宋〕李焘：《续资治通鉴长编》卷四《乾德元年》，中华书局1979年版，第93～94页。

② 〔宋〕李焘：《续资治通鉴长编》卷四《乾德元年》，中华书局1979年版，第95页。

③ 〔元〕脱脱等：《宋史》卷一〇五《礼八》，中华书局1977年版，第2559页。

④ 〔清〕徐松：《宋会要辑稿·崇儒六》，上海古籍出版社2014年版，第2882～2883页。

至宋庆历年间（1041—1048），孙膑恢复配祀地位，“自张良、管仲而下依旧配享，不用建隆升降之次”①。此后，孙膑地位有所提升，于宣和五年（1123）获封“武清伯”：

> 宣和五年，礼部言：“武成王庙从祀，除本传已有封爵者，其未经封爵之人，齐相管仲拟封涿水侯，大司马田穰苴横山侯，吴大将军孙武沪渎侯，越相范蠡遂武侯，燕将乐毅平虏侯，蜀丞相诸葛亮顺兴侯，魏西河守吴起封广宗伯，齐将孙膑武清伯……”②

宋宣和五年的这次赐封，与大军北伐收复燕云地区的战役大有关系，朝廷借封祀显示对于武功的重视。不过总体来说，随着军功集团的乍盛乍衰和文官当政格局的形成与稳定，武成王庙逐渐被赋予儒家道德内涵。将武功纳入文德范畴的结果，使武成王庙礼制逐渐低于文庙，内中从祀武将亦多有裁撤之举，最终演化为文庙之附庸。③ 此风延至元代，“武成王立庙于枢密院公堂之西，以孙武子、张良、管仲、乐毅、诸葛亮以下十人从祀”④，武成王配祀仅保留“十哲”，孙膑配祀资格被取消。善于征伐天下的元代，其实是特别注意复兴儒学礼仪的。

明洪武二十一年（1388），太祖诏以历代名臣从祀帝王庙，对唐宋元以来所祭祀的武成王“罢庙祭，去王号”⑤，相沿600多年的武成王庙制度被废除，武成王遂成为附祀历代帝王的三十七名臣之一，孙膑被排除配祀之列，消失于国家礼制之中。

显然，朝廷礼制意在彰显皇权意志，前朝武将入祀与废祀之变，其实

---

① 〔元〕脱脱等：《宋史》卷一〇五《礼八》，中华书局1977年版，第2556页。

② 〔元〕脱脱等：《宋史》卷一〇五《礼八》，中华书局1977年版，第2556～2557页。

③ 陈峰、胡文宁：《宋代武成王庙与朝政关系初探》，载《中国史研究》2012年第2期。

④ 〔明〕宋濂等：《元史》卷七六《祭祀五》，中华书局1976年版，第1903页。

⑤ 〔清〕张廷玉等：《明史》卷五〇《礼四》，中华书局1974年版，第33页。

是国家政治的一部分。多谋善战，功绩显赫，是孙膑得入朝廷祀典的资本，而他所秉持的“良臣择主而事”的先秦社会观念与难言善终的结局，则是导致他在国家祀典中始终处于边缘位置并最终撤废的主要原因。不过，孙膑从明代始在国家祀典中的退出，则又为他在民间信仰中的崛起打开了方便之门。

潍北瓦城的孙膑崇拜

瓦城大庙位于潍北地区昌邑市龙池镇瓦城村，是迄今所知较早为孙膑单独立庙的庙宇群。瓦城村地处潍河下游、渤海莱州湾南岸，古称“鄑（訾）城”，曾是春秋时期纪国鄑邑的治所，有过辉煌历史。[①] 清末民初时，瓦城大庙占地 30 余亩，有正殿、配殿、寝殿、山门等共 30 多间，终在 1948 年被拆除。

据明《莱史》载，该庙始建于宋熙宁四年（1071）：“神宗熙宁……四年，建孙子庙于昌邑瓦城。”[②] 赵士喆依何而记不得而知，考察《莱史》相关历史记载，皆似有据，因此此条记载应较为可靠。不过，方志文献却多将熙宁年间的这次修庙描述为“重修”，同样难知所据。

> 孙子庙，在县西北三十里瓦城社。宋熙宁四年重修，内有古槐二株，老干虬枝，盘绕如云状。（《大明一统名胜志》卷七《莱州府志胜》）
>
> 孙子庙，在县西北三十里瓦城社。孙膑仕齐，食邑于此，故祠之。宋熙宁四年重修，内有奇槐见在。八景谓“孙子庙奇槐”，即此。顺治十七年道人孙守德重修。（康熙十一年《昌邑县志》卷三《建置志》）

---

① 《齐乘》载：“訾城，昌邑县西北海滨……杜注：‘北海都昌西有訾城。’则鄑地，俗呼为瓦城，半为水渐。”〔元〕于钦：《齐乘》卷四《古迹》，中华书局 2012 年版，第 309 页。

② 〔明〕赵士喆：《莱史》卷四，东莱赵氏楹书丛刊本。

瓦城现存碑刻也支持这种说法，如瓦城社人孙际凤（生于1834年）所撰《孙庙奇槐赞碑》载：

> 此槐不记年载，相传先槐后庙，而庙亦不知建自何时。详考碑记，唯宋熙宁时所立者为至远，然亦系重修，则此庙之建未必自宋始，而槐之由来，更不知从何朝代矣。

显然，明代赵士喆以及方志碑刻所载“熙宁四年建”或“熙宁四年重修”，应都与北宋熙宁年间所立的一通碑有关，但所载为何相异？

其实，清人严可均（1762—1843）在《铁桥漫稿》中已大致破解了这一谜团，可能当地士人有意无意中冷落此说，另有所衷。严可均《重刻瓦城王朱轸庙碑（熙宁四年十一月十二日）》一文，断定此碑最初为瓦城王朱轸所立，当时所谓“孙子庙”实为“朱轸庙”：

> 碑在昌邑县西北卅里瓦城邨古庙中。以碑有“减灶”之语，故方志误称孙子庙。元于钦《齐乘》：“昌邑县西北海滨訾城，俗呼为瓦城，半为水渐，城南有孙武庙。”《一统志》云：“内有古槐，甚奇。庙祀孙膑，又谓膑食邑都昌。”是旧为孙武庙，后又祀孙膑，则沿讹已久。
>
> 考昌邑即汉都昌。《汉初功臣侯表》：高帝六年，封朱轸为都昌侯。孙大参星衍据“朱轸以队帅先降翟王，虏章邯侯”与碑所云“大汉”“兴龙”“元祀”及“平暴”“秦川”等语合证，此为朱轸庙，确不可易。
>
> 余验碑文，似元是六朝唐碑，熙宁间重刻，复加改补，故多脱误不可通。然赖此碑尚存，而千年遗庙始能考出，亦快事也。①

严可均所撰碑文持之有据，甚有价值。其一，他推翻了当地士人以讹传讹的说法，即根据《齐乘》“城南有孙武庙”、《一统志》“庙祀孙膑”

---

① 〔清〕严可均：《严可均集》卷一二《文类十》，浙江古籍出版社2013年版，第371~372页。

等文献，所推断的“旧为孙武庙，后又祀孙膑”之说。其实，瓦城大庙从来就不曾是“孙武庙”，当地士人有关“旧为孙武庙，后又祀孙膑”的说法，应是对于钦《齐乘》卷六一段话的误读：“孙武子，潍州昌邑县北海滨有庙。武孙膑，齐军师。”① 显然，于钦所言“孙武子”即指齐国军师孙膑。因此，严可均所言“（瓦）城南有孙武庙”，是说元代时瓦城庙宇即为孙膑庙的意思。

其二，严可均推断瓦城庙宇最初为“朱轸庙”。经过现场考证，他赞同清人孙星衍（1753—1818）的分析，即依据“朱轸以队帅先降翟王，虏章邯侯”与碑上字样“大汉”“兴龙”“元祀”及“平暴”“秦川”等，断定瓦城大庙最初应是朱轸庙。显然，该碑名“重刻瓦城王朱轸庙碑”应仅为严可均随文使用，而非原碑名，否则孙星衍也就不必与《史记》合证断为朱轸庙，严可均也就不会有“千年遗庙始能考出”的欣喜。

其三，严可均较圆满地解释了“旧为孙武庙，后又祀孙膑”这一说法何以会长期以讹传讹。他认为，因该碑文中有“减灶”字样，使得容易误解为孙膑事迹。孙膑在马陵之战中曾以“减灶”之计大败庞涓，后人常以此指代孙膑或喻指杰出军事才华，成为常典。② 宋熙宁碑文中的“减灶”一语，严可均认为是用以颂扬朱轸的杰出军事才华。不过，这也说明，至迟在元代，孙膑已成为瓦城大庙主神，而朱轸信仰几近消失。③ 可见，瓦城大庙从“朱轸庙”到“孙子庙”的转换，大约就发生在宋元之间，此后即“以讹传讹”长期流传了。

显然，此前朱轸庙已有相当长的历史，或为六朝所立，甚或更早。朱

---

① 〔元〕于钦：《齐乘》卷六《人物》，中华书局2012年版，第555页。

② 如唐李世民《经破薛举战地》诗，即以“减灶”为典：“沉沙无故迹，减灶有残痕。”唐《韦君靖碑》载：“减灶得孙膑之谋，投箸秘留侯之策。”宋张预《十七史百将传》卷一《齐孙膑》：“膑因魏轻齐而减灶示怯是也。”

③ 瓦城大庙内主神由朱轸易为孙膑的具体年代难以确定。宋淳化二年（991）《新修东岳天齐王庙碑铭并序》，在描述天齐王庙周围地理形势时载：“斯庙也，东望胶潍二水，屈伸而状若青龙；西通臧望两台，昂藏而形如白虎；北有瓦城大庙，作玄武之灵；南有寒浞故亭，卓为朱雀之像。”可见淳化年间瓦城大庙已相当有名，并具有一定规模，成为一方标志物，但此时庙内主神不得而知。

轸是何许人？为什么在瓦城一带会为之修建庙宇？据《史记》载，朱轸为西汉立国功臣，汉高祖刘邦赐封为侯，列第二十三位。① 他随刘邦起沛，因“降翟王，虏章邯”定三秦之功，封为都昌侯，食邑为都昌国，传朱率、朱诎、朱偃、朱辟疆，累世封爵，五世后国除。都昌即为今昌邑之地，也就是说朱轸食邑于此。② 至元康四年（前62），朱轸的玄孙朱先又获得祭祀祖先的资格，以“公士”身份被诏复家。③ 不过，朱轸后人在昌邑一带修庙祭祖之举起于何时，尚不得而知。

至于神主易变的原因，除因朱氏家族衰落外，更重要的应与国家礼制变迁，以及孙膑、朱轸在潍北地区社会影响力的此消彼长有关。自唐代以来，孙膑被纳入国家祀典，赐予封号，虽屡有进退，但社会影响逐渐扩大应无可疑。宋时，多地出现附会孙膑的风物传说，显示出孙膑崇拜的兴盛，如宋人提及的“孙膑坡，在和顺西一百二十里，西接马陵关，即孙膑伏兵处”④，“孙膑山，在州南，因上有孙膑寨，故名”⑤。相形之下，朱轸除在汉初封侯，历朝历代一直未纳入祀典。此外，与孙膑足智多谋、功绩显赫的传奇形象相比，朱轸也逊色不少，这些都是能否在地方成神受祀的重要因素。

孙膑崇拜为什么会在潍北瓦城一带兴起，乃至隆重修建庙宇以祭祀？在当地方志中，多载有昌邑之地旧为孙膑封地的说法。迄今所见的最早记载，为明景泰七年（1456）《寰宇通志》：“孙子庙，在昌邑县西北三十里。县志孙膑仕齐，食邑于此，故祀之。”⑥ 那么，孙膑是否确有都昌封地，还是人们因瓦城孙子庙香火旺盛而引发的想象呢？有学者注意到，战国时期的齐国虽广行赏赐，但只是对文人赏赐丰厚，异乎寻常地忽略了军功赏

---

① 〔汉〕司马迁：《史记》卷一八《高祖功臣侯者年表第六》，中华书局2010年版，第1577页。

② 对朱轸食邑于都昌，文献多有记载。如元于钦《齐乘》、明《山东通志》、清《读史方舆纪要》、清《山东通志》、清《昌邑县志》等。

③ 〔汉〕班固：《汉书》卷一六《高惠高后文功臣表第四》，中华书局1962年版，第556页。

④ 〔宋〕潘自牧：《记纂渊海》卷二三，影印文渊阁四库全书本。

⑤ 〔宋〕潘自牧：《记纂渊海》卷二四，影印文渊阁四库全书本。

⑥ 〔明〕陈循等纂修：《寰宇通志》卷七六《莱州府》，景泰七年（1456）刻本。

赐，甚至没有建立明确的军功赏赐制度。在整个战国时期，齐国屡有征战，立军功者绝非少数，然而见于史籍记载的赏赐屈指可数。细搜史籍，未见威王对孙膑的任何封赏。① 前述元《齐乘》中提及都昌曾为朱轸食邑，作者于钦长期生活于齐地，如孙膑确封于此，应不至漏载。显然，都昌为孙膑食邑的说法应是一种后人因附会而生的地方想象。

尽管如此，后世方志文献却乐从此说，对孙膑封地之说言之凿凿。如《大明一统志》："孙子庙，在昌邑县西北三十里。孙膑仕齐，食邑于此，故祀之。"②《大明一统名胜志》："昌邑县，古都昌之地，齐七十二城之一也……逄丑父、孙膑、霍光之食邑也。"③ 明《山东通志》、清《嘉庆重修一统志》、清康熙《昌邑县志》等大致类同，大都是因袭旧说。

孙膑封地之说，其实贯穿着将民间传说"在地化"的叙事逻辑，学界在这方面研究成果甚多④，在此不赘。上述关于孙膑封地的言说，应是基于提升地方影响力而为。这一集体记忆的建构，意在彰显地方历史之丰富、悠久，而不受历史真实标准的羁绊。其操作机制往往是，以援引国家礼仪为手段，构建地方权威以资教化，从而呈现出国家正祀的地方化过程。⑤

---

① 赵泮：《春秋战国赏赐制度研究》，吉林大学2011年博士学位论文。

② 〔明〕李贤等：《大明一统志》卷二五《莱州府》，三秦出版社1990年版，第420页。

③ 〔明〕曹学佺：《大明一统名胜志》卷七《莱州府志胜》，齐鲁书社1996年版，第569页。

④ 如岳永逸：《乡村庙会传说与村落生活》，载《宁夏社会科学》2003年第4期；万建中：《传说记忆与族群认同——以盘瓠传说为考察对象》，载《广西民族学院学报（哲学社会科学版）》2004年第1期；王加华、代建平：《家族传说·村落历史·族群关系——山东省莱阳市小姚格庄口头传说的"在地化"探讨》，载《民俗研究》2008年第2期；刁统菊、郭海红：《孟姜女传说"在地化"后的传承特征分析——以山东淄河镇的孟姜女传说为例》，载《民俗研究》2009年第4期；叶涛：《民间传说的在地化》，载《中国艺术报》2013年8月19日等。

⑤ 张士闪："民间艺术中的礼俗互动态势，就其本质而言，既是民众向国家寻求文化认同并阐释自身生活，也体现为国家向民众提供认同符号与归属路径。换言之，借助民间艺术等文化形式，民间社会始终发挥着对主流传统文化的葆育传承能力。"文中虽是就民间艺术而言，但其实也适用于广泛意义上的地方传统。参见张士闪：《眼光向下：新时期中国艺术学的"田野转向"——以艺术民俗学为核心的考察》，载《民族艺术》2015年第1期。

尽管孙膑在国家正祀中时有进退，但入祀封爵本身就已意味着一种难得的资本；地方社会的修庙行祭，既是对国家礼制的迎合，又在整肃地方社会秩序方面具有意义。于是，在元代甚或更早，瓦城即成为潍北地区孙膑崇拜之圣地，此后当地官员、文人多有作诗为文推波助澜之举，“孙膑封地说”几成板上钉钉的“历史事实”。如清康熙年间县令许全临诗：“孙子祠堂岁祀供……勋业昔时消作梦，神灵此日回能通。溟沧一望墩台远，为奠波涛巩旧封。”清乾隆年间县令周来部诗：“功成当日此分封，犹有双槐覆荫浓……”曾任知府的徐培琪在清光绪二十三年撰碑：“升平郡王庙创建有自来矣。考之，孙子建功于齐，食邑于鄑，鄑人共沾其恩泽，故立之庙而祀焉。”

在当地村民口述中，“孙膑封地说”更是活灵活现，甚至连“瓦城”之名也被附会到孙膑身上。笔者近年来在当地的田野访谈中，采集到多种传说。如历史上这一带地贫人穷，赋税繁众，海潮频袭①，齐国军师孙膑来此地做官，组织人们烧砖筑垒，以防海潮。② 在当地口述资料中，孙膑

---

① 瓦城因临近渤海，中华人民共和国成立前常遭海潮，“海堤，在瓦城社北二十里，相传始于周末，沿海一带，资其防卫，是为古堤。乾隆三十五年大潮……六十年，瓦城王始文倡修护庄小堤，而故堤遂弃。道光、咸丰、光绪间，瓦城赵钦、赵梦全、孙际唐，潮海社恩贡生孟广名等，各于护庄堤先后重修。十年复大潮，堤尽没，嗣遇大潮，海滨以南三十余里，田皆成卤，三年后乃可耕种”。参见光绪《昌邑县续志》卷二《堤堰志》，光绪三十三年（1907）刻本。

② “听老人说，孙膑被皇上批到这个地方了。那时候没有皇上，叫国王，打了胜仗以后，有了功，就到这了，嘉奖他的，看好哪个地方就去哪。结果一看，渤海南岸是穷苦地方，盐碱地啊，就选了这个地方。那些好地方他都不去，这里荒无人烟，容易得民心。他跟老百姓要税少，（老百姓）得了好处了，这不就慢慢地富裕了。后期又有些村民迁来，俺们都是洪武二年迁来的，从四川老槐树底下迁来的。后来孙膑没了以后，（我们）就想起这个孙膑老爷来，人这么好，人们就给他盖个小庙。”“他（孙膑）就是俺这地方的，骑着牛，管辖这一块……有灵验啊，保证海水不上涨淹庄稼……再早孙老爷有个前殿和后殿，孙老爷踩着一个海眼，掀开下面就是咕噜咕噜的海水，就跟井似的。孙老爷在那，潮水就过不来。”访谈对象：傅正铎；访谈人：李海云；访谈时间：2014 年 11 月 6 日；访谈地点：山东省昌邑市瓦城村瓦城大庙。“升平郡王是封的孙膑啊，马陵战役胜利后就封在这里了。到咱这里后，老百姓该拿税时孙膑不让拿，老百姓就给他修个庙。”访谈对象：赵玉荣；访谈人：张宝辉；访谈时间：2014 年 10 月 3 日；访谈地点：瓦城大庙。

是一个清廉务实、体恤百姓的地方官，很符合人们心中“青天大老爷”的形象。的确，旧时瓦城一带土地盐碱化严重，赋税繁重，明代兵部左侍郎葛缙曾有这样的描述：“邑地广而人稀，河决海淤，二十里之外沙碱荒芜，一望无际，且赋重差繁，贫无蓄积，里无百金之产。”① “孙膑封地说”的民间建构当与此有关。

孙膑还兼行雹神之职，亦是同理。瓦城《莱州邋遢官庄进香碑序》曰：“遥想孙子焉，人也。事鬼谷……减灶战庞涓，而威名震一国，庇我一方……执使冰雹之神也。”② 在更多的民间传说中，孙膑是“全神”，是农业神、靴业和皮革业的行业神、善于治病尤精治腿疾的医神等。在民间叙事中，孙膑因身体残疾更显传奇，几乎是无所不能，与历史正祀中对孙膑形象“吹毛求疵”的风格大不相同。这其实正是孙膑崇拜由国家礼制向地方化表达的表现，潍北地区“孙膑封地说”则是其中的特别表现而已。无独有偶，尽管孙膑自宋宣和年间即获封“武清伯”，此后再未见册封，但在瓦城大庙碑刻中，常常提及其“升平郡王”封号：

徐家庄碑记

鄑乎，盖古鄑邑也，多胜概焉。伟人达士，往之旅之，登台四知，越过阜三贤，荷香，升平郡王殿有奇槐于阶，古厝苍老，形似风龙，不知几历，年所□堂，郡王……为同社人……

康熙三十一年正月十四日立

该碑刻字很浅，模糊不通，是瓦城大庙所存最早的碑刻。碑文中提到的徐家庄，在瓦城村南邻，相距约1里。据村民口传，在晚清民国时期的瓦城大庙山门外，悬有“升平郡王”的旗帜。“升平郡王”之名不知起源于何时何地，但被堂皇悬之于旗，用之于庙殿之名，显然与“孙膑封地

① 〔明〕葛缙：《陈尹去思碑记》，见康熙《昌邑县志》卷八《艺文志》，康熙十一年（1672）刻本。

② 该碑立于瓦城大庙内，看不清年代，刻字密集，线条粗糙，且刻度较浅，似为普通民众所立。

说”相关，属于地方圣地建构行为，则无可疑。

至晚在清代，瓦城每年都会举办盛大的山会。清乾隆《昌邑县志》曰：“瓦城会：正月十四日，九月初一日。”① 两次庙会，以正月十四期间为盛。每年正月十四这天，瓦城大庙都会举行盛大的孙膑出巡仪式活动，人们抬着神像从庙宇出发，往各村巡游。瓦城庙会，在这一带有着新年度“开山会”的象征意义②，从而显示出区域中心的权威性。显然，正是在地方乡绅与民众的互动过程中，“孙膑（都昌）封地说”与孙膑崇拜仪式相结合，促成了晚清民国时期瓦城大庙的盛况，成为区域社会的中心。此外，潍北瓦城孙膑崇拜“圣地”的建构，特别是宋元之间以瓦城大庙神主转换为代表的孙膑崇拜的在地化过程，和“孙膑（都昌）封地说”的明清成型，不应仅仅视作与孙膑入祀有关的国家正祀向民间社会的渗透，还与元代以来民间文艺中孙膑题材的大放光彩有莫大关联。元代以来，与孙膑相关的话本、戏曲、小说等大量涌现，为其在民间社会的“神化”培植了深厚土壤。如元话本《乐毅图齐七国春秋平话后集》，元杂剧《庞涓夜走马陵道》《后七国乐毅图齐》，明小说余邵鱼《春秋列国志传》、冯梦龙《新列国志传》、吴门啸客《孙庞演义》等，清代以孙膑为素材的白话小说数量远超前代，主要有蔡元放《东周列国志》、杨庸《东周列国志辑要》、杨景淐《鬼谷四友志》，以及佚名所撰《走马春秋》《锋剑春秋》等。在这些作品中，孙膑被塑造为足智多谋、呼风唤雨、撒豆成兵、演草成阵的神仙形象，孙膑的功业被无限夸大，甚至还有得灵丹医好跛足、功成隐退、修道山林的完美结局，而孙膑形象由此更加脍炙人口。这些曲艺小说影响所及，丰富了关于孙膑的知识系统，并为民间社会用于孙膑崇拜的叙事建构。比如作为孙膑坐骑的“独角神牛”，出于元明清时期话本戏曲小说的演绎，并为瓦城一带的孙膑崇拜活动所普遍吸纳，就

① 乾隆《昌邑县志》卷二《市集志》，乾隆七年（1742）刊本。

② 傅正铎：“九月一日是孙膑老爷的庙会，是秋后开山门的第一天，这里不开庙会，别的地方都不能开，我们开了以后，其他地方的庙会陆陆续续开始了；正月十四也是开山门的。一年开两次……”访谈对象：傅正铎；访谈人：李海云；访谈时间：2014年11月6日；访谈地点：瓦城大庙。

是一例。

综上所述，孙膑作为一代奇人，曾在朝廷正祀中占有一席之地，并大致处于边缘地位，直至明初退出。然而，曾列入国家正祀的历史事实，被地方乡绅视为一种独有资源，建构为地方传统，以资教化。与国家正祀所代表的官方叙事不同，在孙膑身上所体现出来的“良臣择主而事”的战国时期社会观念，并未成为地方社会建构孙膑崇拜的障碍；孙膑自身的残疾特征，与正史中缺乏明确记载、难言善终的人生结局，更为其赋予了传奇色彩。显然，国家之礼与地方之俗之间的差异是明显的，但又有着密切关联，这其实与中国社会“礼俗互动”的独特文化传统有关。在潍北瓦城一带，瓦城大庙由朱轸到孙膑的神主更易，与“孙膑封地说”的在地化过程，显示出国家礼制渗透与地方传统再造之间的互动态势，其中地方社会对于国家礼制的主动对接的一面，尤可玩味。在悠久的中国社会历史上，国家行政运作与地方社会发展交织而成的文化整合，当是常见现象。具体到潍北区域社会，大大小小孙膑庙的修建，以及焚烧“圣物”的民间仪式活动，正是贯穿着类似的文化逻辑。①

1949 年以后，瓦城大庙作为孙膑崇拜区域中心的往日辉煌已成历史，代之而起的是相距 20 多里的东永安村。时至今日，每年正月十四东永安村都会举行祭祀孙膑的“烧大牛”仪式，吸引游客数万人，在潍北一带声名显赫。这种信仰中心地的转移，与两村的经济发展有着密切关联。东永安村自 20 世纪 90 年代经济迅猛发展，村民思想开放，见识多。相形之下，瓦城村曾为革命老区，滨海盐碱地严重，经济相对落后，村民思想较为保守。对于瓦城大庙以前的“正统”地位，以及现今东永安村孙膑崇拜活动的兴盛，瓦城村人感慨颇多：

> 俺们见人家永安办这个事，才敢开放办庙会。永安评上“非遗”了，还有电视台采访报道，外地人都以为孙膑庙“正地方”在它那，

---

① 李海云：《孙膑崇拜的正统化脉络与地方化过程——以山东潍北地区瓦城大庙为个案》，载《华中师范大学学报（人文社会科学版）》2017 年第 1 期。

其实是在咱这边。就全国来说，瓦城大庙过去也是规模最大的。①

俺们寻思着瓦城大庙才是“正地方”。永安现在烧一头纸扎大牛，俺们这以前也有大牛大马。俺们这是正神，来俺这里烧香的也不少，像柳疃、姚徐邓、利渔村、龙池、白塔村。②

永安以前就是个小庙。改革开放以后，他们起步早，比俺们早了几年，所以人家在县里就有名了。不过，孙膑原址就在咱这。③

在村民看来，孙膑崇拜的中心地尽管转移至东永安村，但还是要强调本村与孙膑的特别关系，即拥有千年历史的瓦城大庙，才是孙膑崇拜的“正地方”。因此，村民不仅会反复讲述瓦城大庙往日的辉煌，有时还会强调瓦城大殿与北京金銮殿的建筑格局的类似，以“国家在场”的隐喻，凸显本村庙宇在周边乡土社会中的中心地位。庙内石碑、庙外民居墙壁上遗存的拴马石等，在村民口中一并成为村落辉煌历史的佐证，成为优势符号。

对于瓦城大庙和东永安孙膑庙的关联，瓦城村民的心情是复杂的：一方面相信本村庙宇为祖庙，这是确凿无疑的事实；另一方面也认可孙老爷在东永安村显灵的神迹，并在 2012 年本村庙宇未重修前，也常去东永安村朝拜孙老爷。显然，乡村社会中的有力叙事并不一定要指向独占独有，而是注意共享格局中的不同角色。但我们也注意到，随着当代非物质文化遗产保护制度的推行，当东永安村以“孙膑崇拜”的名义获得市级、省级非遗名录，获得市级、省级传承人资格后，瓦城村的竞争意识就被极大地刺激起来。近年来，部分瓦城村民也开始积极运作非物质文化遗产的申报事宜。

---

① 访谈对象：傅正铎；访谈人：李海云；访谈时间：2014 年 11 月 6 日；访谈地点：瓦城大庙。

② 访谈对象：于春兴；访谈人：张兴宇；访谈时间：2014 年 11 月 6 日；访谈地点：瓦城大庙。

③ 访谈对象：赵玉荣；访谈人：张宝辉；访谈时间：2014 年 10 月 3 日；访谈地点：瓦城大庙。

潍北地区的烧祭传统

东永安村的“烧大牛”“烧大马”仪式活动，在潍北平原一带并不是孤存的文化现象。每逢年节，许多村落都会通过焚烧特定的纸扎“圣物”，如牛、马、轿、辇等，祭祀各种神灵，俨然构成了一种以焚烧“圣物”为特征的地域文化现象。

“圣物”与一般物什的最大区别，在于其无可争辩的“神圣性”。“圣物”并不意味着物之巨大，而在于使人产生神圣的联想或激发出神圣的情感，因此值得尊敬和敬拜。这类物品在“圣化”的过程中，都会以种种生动、奇异的种种传说来支撑，由此被赋予驱逐妖魔鬼怪、引人超凡入圣的神奇效力，最终以恒久存在的普通实物来彰显永恒的“神圣性”与无边法力。不过，我们在华北民间崇拜中所常见的“圣物”，并不与此完全叠合，却彰显出某种“即圣即俗”的特征。在潍北乡村社会中，民众常常依据不同神灵而扎制祭品，并最终一烧了之，但并未减损其“神圣”性质。恰恰相反，这些祭祀物品正是通过焚化而实现其价值的。焚化仪式本身，即证明它不归人间所有，而是属于神灵之物，其背后逻辑值得深究。

在中国人的日常生活中，通常所见的祭神现象是烧香烧纸，即无论拜何种神灵，多是通过简单的烧纸锞、香烛等，在神前磕头，祭拜便完成了。① 这种情况在潍北乡村亦有体现，特别是在个体祭拜活动中更加普遍，但与此同时，还有一些村落依据一定的文化逻辑，选择集体扎制较大规模的“圣物”以祭祀神灵，二者形成鲜明的对比。前者如过年过节上坟烧纸、祭神祭祖烧香，丧礼烧纸马、纸屋、纸钱等物品，后者则呈现出更复杂的情形，特别是在选用“圣物”祭品方面各自有着特殊的讲究，如祭祀孙膑而焚烧独角纸牛，祭祀关公焚烧纸扎枣红马，祭祀观音菩萨、老母焚

---

① 柏桦从中国民众的生活世界入手，考察烧钱这一习俗中所蕴含的物质精神。详见［美］柏桦著，袁剑、刘玺鸿译：《烧钱：中国人生活世界中的物质精神》，江苏人民出版社 2019 年版。

烧纸扎（或布扎）花轿，祭祀海神焚烧纸扎宝船，祭祀财神焚烧纸扎猪羊等。即便是在不同的村落中，或为不同的神灵扎制相同的“圣物”，或为同一神灵扎制不同的“圣物”，其叙事逻辑却体现出异中之同，即基层社会对于国家“正统”的贴近。值得注意的是，乡村焚烧“圣物”活动一旦成为稳定的传统，就会被其他村庄视为“正统”而看重或追随，从而成为国家礼仪下行的另类表现形式。

潍北地区的焚烧“圣物”传统有着久远的历史，最早可追溯至明代。元末明初文人谢肃《潍阳道中》诗曰：“白狼（浪）河上发牛车，两岸长风走碧沙。”① 此诗描绘的是人们于潍县东关（建有孙膑祠）白浪河畔焚烧纸牛、祭祀孙膑的仪式活动，其一直延续至中华人民共和国成立初期。《潍县志稿》记载：“（正月）十六日……东关碧霞元君庙（俗呼作‘娘娘庙’），内附有孙膑祠，相传凡人遇腿脚生疾，即许愿于是日，送以纸牛，亦间有灵验，以故所送之牛堆垛如山，午后则运于河边焚之，火焰腾天，观者如堵，亦异俗也。”② 裴星川《潍县竹枝·春节即事百咏》曰：“为求两腿病全瘳，孙膑庙前烧纸牛。一片青烟笼火海，欢声震动石桥头。”③ 李家骧《潍阳竹枝词·发老牛》曰：

> 正月十六发老牛，腿病都把孙膑求。十万纸牛成灰烬，马陵余威石桥头。
>
> 李按：正月十六发老牛，由来已久，直到“七七事变”以前尚行之。东关大石桥城门里有一娘娘庙，与围墙相连，高与女墙齐。其东庑祀孙膑，匾额为“威震马陵”，其故事见《东周列国志演义》。潍县凡有腿疾者，都向孙膑许愿求佑。盖旧之迷信陋俗也。每逢正月十六

---

① 民国《潍县志稿》卷三七《艺文志》，民国三十年（1941）铅印本。另，此诗当作于明洪武二年（1369）三月至八月期间，时谢肃在潍州游历。详见和泽杰：《〈密庵诗稿〉校注》，广西大学 2012 年硕士学位论文。

② 民国《潍县志稿》卷一四《民社志》，民国三十年（1941）铅印本。

③ 〔清〕裴星川：《潍县竹枝·春节即事百咏》，见孙建松编著《潍县竹枝词撷英》，中国戏剧出版社 2012 年版，第 159 页。

日为还愿日期，大小纸牛不下十万余只，正午以火焚之。①

莱州湾南岸潍北一带濒临渤海，地势低洼，潮灾洪涝频繁，村民多腿脚不好，这或许为孙膑崇拜在当地提供了广泛的信仰基础。

潍北一带以焚烧“圣物”为特征的庙会活动，往往是以祭祀不同神灵为名义的，主要是以祭祀孙膑为名义的“烧牛”，以祭祀玉皇为名义的“烧马”（或銮驾），以祭祀泰山老母、地宫老母、南海观世音菩萨等女性神为名义的“烧轿辇”，以祭祀关帝为名义的“烧大马”，以祭祀天帝、财神为名义的“烧猪羊”，以及祭祀海神、妈祖为名义的“烧船”等仪式活动。具体组织形成也有很大的不同，有的是同一村落的不同家族，有的是同一家族的不同分支，有的是不同的村落，还有的是多个村落联合举行，彰显着不同的群体边界认同。

正月十二，为远东庄村的菩萨庙会。远东庄位于东永安村东侧，两村相距 1 里。该村旧时同样位于芙蓉池的北岸，曾名“芙蓉村”“东永安庄”。村西北角有一土台，海拔较高，故名“芙蓉山”。村中现有人口 1400 余人，以宋姓为主姓，约占 80%，另有李、侯、齐、王、刘等姓氏。目前，村北部有一座菩萨庙，历史悠久。据村民回忆，旧时菩萨庙规模较大，建有钟楼、戏台、山门等。现菩萨庙为 2003 年重修，庙内仅有一间正殿，位于海拔 10 多米的高土埠上，庙宇正门牌匾题有“慈航普度”字样。正神位为南海观世音，由善财童子相随；右边为普贤菩萨、送生娘娘；左边为文殊菩萨、眼光娘娘；东侧位为东方持国天王、南方增长天王、哪吒；西侧位为北方多闻天王、西方广目天王、杨戬。据村民讲述，远东庄修庙时困难重重，埠顶全是杂草，且土台较高，只能用推车运水、运砖。庙宇修完后，在院内树了一块功德碑，但因百元以上捐款者名单被意外烧掉，所以仅刻有“善人捐款”四个大字。菩萨庙内西南角有一块残碑，已看不出年代。每年庙会，远东庄村会焚烧三台扎制的花轿。正月十二上午

① 李家骧：《潍阳竹枝词·发老牛》，见孙建松编著《潍县竹枝词撷英》，中国戏剧出版社 2012 年版，第 182 页。

11 点整，一阵阵鞭炮响过后，烧轿仪式便会开始。

正月十五，为西永安村泰山老母庙会。这天也是该村的集市，人们赶完庙会后便去集市上买些蔬菜、水果回家待客。西永安村，位于东永安村西侧，两村相距约 1 公里。姓氏有马姓、李姓、王姓、刘姓等，总人口约 3000 人，经济实力较强。村东田地中有一座老母庙。据说，该庙有着悠久的历史，旧时规模比现在要大，“文化大革命”时期庙宇被拆毁。目前的庙宇为 2006 年所重修，庙宇分为三殿，正殿、东南殿、西南殿。正殿正位为碧霞元君，左边依次为无生老母、送子娘娘、无忧娘娘、玄女娘娘；右边依次为清凉老母、子孙圣母、地宫圣母、顺天圣母；东侧位为眼光娘娘、痘疹娘娘；西侧位为耳光娘娘、增寿娘娘。东南殿神灵正位为财神爷，另有路神爷、龙王爷、胡三爷。西南殿正位神灵为观音菩萨，另有文昌帝君、北斗老爷、神医九龙哥。每年正月十五是西永安村娘娘庙会日，届时会烧掉两台布扎花轿，随轿的还有一棵“金钱树”和一棵“银钱树”。

正月十六，是渔埠村孙膑庙会日。该村位于东永安村西南方向，两村相距约 3 公里。该村为单姓村，为孙姓，约 400 户，有 1000 多口人，经济比较贫困。村西头有座孙膑庙，为 1992 年所建。庙门牌匾书有“臻福齐域”，庙前立有“升平郡王”碑刻。庙宇规模很小，仅能容下孙膑半身像。庙会这天，渔埠村民会将扎制好的三头独角大牛在孙膑庙前烧掉。据村民说，以前每家每户各扎一头高约 0.5 米的小牛，1992 年重修庙宇后，开始实行生产队合作的方式扎制大牛。该村分为六个生产队，一般情况下，其中第一、二、三生产队合作扎制一头大牛，第四生产队独自扎制一头，第五、六生产队合扎一头。与东永安村一进腊月就开始扎制大牛不同，渔埠村在每年正月初十前后才开始扎制，共需要三五天时间。扎制大牛的成本也较低，三四百元。大牛骨架主要以木棍、树枝条、苇秆为材料。扎制时，先用较粗的木棍支撑起骨架，再用树枝条和苇秆填充，而后用化肥编织袋或者白粗布包裹大牛，用麻绳系好；大牛的双眼常采用劈开的葫芦充当，在上面刷一层白漆，再贴上黑纸作为眼珠；牛毛是用黄色的薄塑料纸剪制而成，然后再粘在裹好的粗布上。整体看来，渔埠村扎制大牛的工艺较为简朴。庙会前夜，渔埠村五、六生产队的村民会举办晚会活动。正月十六清早，各生产队开始从扎制地点将大牛抬至村西孙膑庙南侧空场地，秧歌、腰鼓等各种文艺活动随之上演。到中午时分，村民将大牛烧掉，但有时受制于天气因素也会在下午焚烧。

除上述距东永安村较近的三村外，潍北地区还有诸多村民举行焚烧“圣物”的仪式活动。笔者目前所掌握的情况，具体如下：

长流埠村，正月初九有玉皇庙会，村民“烧马”祭祀。

东金台村，正月初九举行玉皇庙会，届时会烧掉纸扎銮驾。

姚徐邓村，每年正月十四扎一头独角大黄牛，前去瓦城孙膑庙焚烧。该村位于瓦城村南，与瓦城村相距 0.5 公里，村内没有孙膑庙宇。据说，曾有一户村民家中保存有孙膑画像。

孙斜子村，隶属昌邑市围子镇，位于王珂村东北（相距 1 公里），距西小章村 2 公里，距东永安村约 15 公里。该村在每年正月十八，亦举行祭祀孙膑的“烧牛”仪式。最初村民所扎纸牛与日常生活中的真牛大小相差无几，后见东永安村能扎出高约 8 米的精美大牛，便前来学习扎制大型的纸黄牛。[①] 近些年，随着东永安村“烧大牛”的知名度的不断上升，周围很多村子前来学习扎制，如村南的渔埠村、寒亭固堤等。

下营港口，每年正月十五举行祭海仪式，届时村民会焚烧两艘纸扎宝船，所祭祀的海神为海神爷和天妃娘娘。下营，紧邻渤海莱州湾南岸，潍河入海口。该地祭海仪式共有 5 个村落共同举办，包括东下营村、西下营村、裴家村、吕家村和李刘村，其中以西下营村为主。这五个村子坐落空间相互挨着，俗称“老下营”，共有 6000 多人。

狮子行村，每年正月十七，村民会扎制一头高约 1 米的独角黄牛祭祀孙膑。狮子行村，位于山东省潍坊市寒亭区东北约 10 公里处，阜康河西岸。明洪武初年，赵姓由山西洪洞县迁此定居，因村前曾有两行石狮子，故取村名为“狮子行”，后演称为“柿子行”，1980 年地名普查时，又恢复原名。该村耕地面积 107 公顷，有 221 户，685 口人。村内至今保留有

---

① “孙斜子村也扎牛，有一年他们前来学习，看看怎么扎大的。”访谈对象：吕成英；访谈人：李海云；访谈时间：2015 年 2 月 26 日；访谈地点：东永安村孙膑庙。

许多老房屋，村落经济相对落后。旧时，该村孙膑庙内碑刻众多，“文化大革命”时被损坏了，庙宇东侧还修有一座钟楼，钟声洪亮，1958 年被拉去炼钢铁。目前的庙宇为 2011 年所重修，庙宇正神位为孙膑，左右为两位书童，一侧是李牧、袁达，另一侧是田忌、马升、井泉龙王，庙内还塑有一头高约 1.5 米的独角石牛，憨态可掬。

北埠子村，正月十八日为孙膑庙会日，届时会扎制一头独角黄牛和一匹枣红马烧掉。北埠子村，隶属于寒亭区，因居于高土埠北侧，故称“北埠子”。该村有 9 个姓氏，以孙、徐为主，另有潘姓等少量家户。在村政系统中，以孙、徐家族成员为多，村民谓之为“孙徐当家”。旧时，村内庙宇有前殿和后殿，分别为孙膑庙、关公庙，庙内曾有铁牛、铁马，1958 年被拉去大炼钢铁，如今庙址已成为学校，村民便在庙址对面的空地上焚烧祭拜。据村民说，本村扎牛的历史有三四十年了，以前之所以不扎制是因为铸有铁牛。① 20 世纪 80 年代后，村民开始扎起大牛、大马，高度约 2 米，以苇秆、高粱和玉米秸秆为主，整个扎制过程需要三四天。值得注意的是，每年祭祀孙膑的大牛主要由孙、徐家族扎制，祭祀关公的大马则由潘姓家族负责扎制。不难看出，潘姓作为后迁户，为了区别坐地户孙、徐家族，便独自扎制大马。

此外，潍北诸多村落焚烧纸扎猪、羊以祭祀财神的习俗尤为普遍。每到大年三十午夜时分，诸多家户都会举行“发马子”的仪式，届时会烧掉纸扎的一头猪和一头羊，所谓“猪驮金，羊驮银”。清代裴星川曾描绘：“朔风烈烈满城厢，腊八家家煮粥忙。顿觉年关已渐近，街头叫卖纸猪羊。”② 可见，纸猪羊在人们的年节生活中有着重要的意义。对于潍坊年节期间“烧猪羊”的习俗，一位潍坊人回忆：

---

① 北埠子村孙大爷：“四十多年了啊，以前在庙上是铁的，铁铸的啊。有铁牛了，不用扎啊。”访谈对象：北埠子村民；访谈人：李海云；访谈时间：2014 年 2 月 13 日。

② 〔清〕裴星川：《潍县竹枝·春节即事百咏》，见孙建松编著《潍县竹枝词撷英》，中国戏剧出版社 2012 年版，第 101 页。

从前，农村有些穷苦的人家没钱置办年货，就调侃道：包顿饺子，“买上对猪羊就算过年了!”当然，说者听者都知道这猪羊并非活蹦乱跳的真猪羊，而是用纸扎制的。……在我们潍坊老家，过年除了要置办各种吃的穿的、年画对联等年货，祭祀品也是必不可少的，各家会根据自己的情况买些香烛、金银箔之类的东西。无论多么穷苦的人家，祭祀品里总少不了一对纸扎的猪羊。大年夜的时候在天井里和金银箔一起烧掉……纸扎是很古老的民间手艺，是用纸和其他材料，扎制成各种形态的物件，所需扎的，是物件的骨架，纸仅用作外形的蒙糊。纸扎艺人多数是世代相传，有的已传承了四五代，有的还开了颇具规模的纸扎店。当然，这些以纸扎为业的手艺人并不屑于做扎纸猪羊的小生意。每逢年关将近，倒是其他手巧的闲人扎了纸猪羊赶年集卖，换些钱过年。纸猪羊的扎制很简单，就是用高粱秸扎出骨架，再在外面用纸糊上，我记得以前卖的那些纸猪羊，一般是黑色的猪，白色的羊。①

时至今日，这项习俗在潍北地区依然盛行。值得注意的是，那些不符合逻辑的“圣物”扎制，常常受到人们的评判质疑。② 扎制“圣物”，蕴含着村民的丰富想象，其既是村民对于事物的认知和理解，也是其情感的抒发。每年一度“烧大牛”“烧大马”以及焚烧纸猪、纸羊的仪式，是在祭拜神灵的名义下进行的，设想以此获得庇佑。显然，在对猪马牛羊之类家畜形象予以“圣化”的过程中，最后的焚烧环节是至关重要的。“圣物”扎制普遍的地区一般有着丰富的原材料，如蒲苇、柳条等，便于就地取材，此地的手工业如纺织、编制等较为发达。河湖交织的潍北社会就是如此。

焚烧“圣物”作为一种文化现象，并非潍北地区所独有，然而在这一

---

① 王春玲：《纸猪羊》，载《新安晚报》2014 年 1 月 24 日。

② 如与东永安村相距约 3 公里的东侯富庄，该村建有一座狐仙庙，每年正月十六为狐仙庙会，村民会扎制大马焚烧，以祭祀狐仙。此举在当地其他村民看来，颇为滑稽，认为祭祀狐仙不应该“烧马”。

带表现得更加普遍多样。当我们走进潍北平原具有焚烧“圣物”传统的具体村落，就会发现这是各村村民基于历史记忆而做出“合理性”的信仰神灵及仪式的选择，从而表现出“和而不同”的文化景观。

那么，为什么不同村落或家族会选择不同的神灵祭祀？事实上，在焚烧“圣物”现象的背后，是村际、一村之内不同家族之间的群体边界的划分，并以庙宇设置与仪式形式予以表征。再往大处看，这一现象又与当地区域社会的历史发展过程密切相关。在潍北平原上，不稳定的自然资源、生态环境对地方历史发展影响甚巨。历史上，这一带濒临渤海，地势低洼，河湖交织，涝灾频繁，更兼土地盐碱化程度严重，资源的竞争尤为激烈。人们迁居此地后，随着人口的繁衍，资源竞争逐渐增强，需要建立明显的边界区隔，而庙宇设置其实就意味着土地资源的天然所有权，定期举行的抬“圣物”巡游仪式就是对领土边界的昭示，或是强化既有的边界意识。这种依托庙宇及“圣物”焚烧仪式而进行的边界区隔，是这一带乡土社会的边界划分机制，内中寄寓着某种相处智慧。

在东永安村，焚烧“圣物”反映出村民建构家族边界的传统。尤其是20世纪80年代以来，随着乡村经济的复兴，家族的烧祭传统被村民进一步运作为村落的文化个性。我们在这一过程中发现，家族的边界是以一种文化认同的方式来建构的，仪式设置则是文化认同的最重要的形式。毫无疑问，仪式设置是由人来完成的，离不开群体组织的反复考量、商榷与实践中的调适。当然，除较为凸显的丛、吕家族与齐氏家族边界区隔外，丛、吕家族内部，齐氏家族的不同家支之间乃至家庭与家庭之间亦有着类似界定。同样，在地域社会中村落之间不同层级的边界设置及其文化表达，亦大致如此。

诚然，建立在村庄文化基础上的地方文化之间的差异性，恰恰是各个地方独具竞争力的自身特色和天然优势。① 村落传统，虽然是由村落内部群体组织的反复考量、商榷与实践，似乎具有一定的选择性，但因为处于

---

① 陈文胜：《论城镇化进程中的村庄发展》，载《中国农村观察》2014 年第 3 期。

特定地域的时空之中，也就必然具有一定的规定性，以及与此相关的积淀传承的稳定性。比如，在潍水下游一带地区，焚烧“圣物”仪式中对于牛的意象的选用，与以火焚之的仪式形式的选择，其实是有着一定的必然性的，并将之与村民内在情感的抒发与村落公共生活的追求联系在一起，最终积淀为村落文化的个性化传统。20 世纪 80 年代以来，潍水下游民间信仰仪式纷纷兴起，而以“烧牛”“烧马”“烧轿”“烧辇”等烧祭形式最为普遍，也就不难理解了。

显然，以东永安村为中心所构建的乡土社会中存在着“烧牛”“烧马”等不同类型的焚烧“圣物”现象，这些仪式活动在凸显村落个性的同时，也由此形成了村落或者家族之间的边界区分。村民在年节期间组织的“烧牛”“烧轿”等不同烧祭仪式，其背后包含着他们对于各自村落生态、历史、信仰、经济等诸多方面的考虑与运作，有着不为外人所知的“后台”生活。在周边乡土社会中，与焚烧“圣物”相关的多样化仪式活动，交织成层级不同的文化象征体系，而潍北地区的文化生态由此形成。人们基于地方资源，谋求和谐相处，努力使生活更具滋味，因之凝结为“和而不同”的各种乡土智慧。

乡土边界的仪式表达

置身于乡土田野之中，我们经常会发现多种边界的存在。在东永安村一村之内、家族之间，“烧大牛”“烧大马”是最为凸显的仪式边界，而东永安村与周边村落之间，该村所代表的乡土社会与毗邻的城市生活之间，又因焚烧“圣物”构成了不同层级的边界。边界设置究竟有什么意义？与社区生活的维系与运行之间有何关联？乡土社会秩序的建构与边界有何关联？本节试图在前述个案描述的基础上做出回答，并试图借助村落研究反思已有的边界理论，探索边界的本质特征。

人是善于区分与运用边界的动物，设定边界是人类群体生活的基本前提。人类制造边界，与动物的领地意识有所不同，一般会使用复杂的文化象征符号。美国社会学家蒂利（Charles Tilly）提醒我们注意区域内边界双方的身份关系，包括“边界两边之间贯穿那个区域的不同关系”及“在每一边，自身共享的陈述”。① 可见，双方相处所确立的身份关系与叙事评价，对于解读社会边界现象有着何等重要的意义。那么，在东永安村，以口头叙事与仪式行为强调家族边界的背后，双方的实际心态又如何呢？这种边界有着怎样的本质性含义？首先必须承认，我们一般多注意由边界划分而区隔的两个群体之间的竞争关系，却常常忽略双方在边界划分中隐喻的等级关系，迄今为止只有很少量的学者有所注意。正如布拉克特·威廉姆斯（B. F. Williams）所说，原生论者查理斯·凯思、工具论者阿伯乐·库恩等人看到了族群是在资源竞争和利益对峙中生成的组织或群体，但忽略了存在于这些竞争中的不对称权力关系。② 在东永安村，边界划分中隐喻的这种等级关系是有明显体现的。

我们不妨将边界看作一种表象，探究它所指向的实质性内容。在传统村落社会中，如果人们在空间划分一条线，其实就已经有等级区分的含义在内，因为分隔本身就已经在制造等级或建构等级秩序。譬如横亘在村中央的高土埠，不仅是一道自然地理意义上的分界线，更是区隔埠西—生存高位、埠东—生存低位的家族居住格局的分界线；由于埠东地势低洼多水，居于埠西的村民（丛、吕家族）的优越感是不言而喻的。尤其是洪涝灾害频发、战乱频仍的年代，埠东村民（齐氏家族）常常需要去作为村落制高点的村西西虎埠避难。长此以往，这种自然边界便逐渐渗入村落共同体的集体观念意识之中，“埠西”“埠东”也就有了等级的含义。即使高埠已经被移除，但这种等级意识依然会有所延续，只不过会寻找新的表达形式。居于埠西的丛、吕家族，在操持“烧大牛”仪式过程中所体现出来的优越感是显而易见的；居于埠东的齐氏家族，尽管在现实生活中处于权威地位，但依然会悉心组织“烧大马”的仪式活动，以显示自身并不缺乏与一方水土密切结合的“神圣”传统。这正是我们理解村民边界意识的关键

① ［美］查尔斯·蒂利著，谢岳译：《身份、边界与社会联系》，上海人民出版社 2008 年版，第 140 页。

② 周传斌：《概念与范式——中国民族理论一百年》，民族出版社 2008 年版，第 213 页。

所在。这种边界意识固然是基于村落地理与日常生活，糅合着村民心中的等级观念意识，其实也与整个区域中譬如潍河的动荡、别画湖的干涸等有关，这就注定了围绕边界的竞争不仅关乎当下，也关乎历史，不仅发生在村内，也发生于村外更广阔的世界，从而形成了一个复杂可变的网络系统。在这样的意义上，边界实在与边界观念融合为一种比较稳定的传统，恒久地存在于村落生活中，但与边界相关的等级关系是可以改变甚至易位的。

具体到乡土社会中，其边界既有地理空间意义上的有形实体界线，也存在经由村民刻意建构而成的文化界线，譬如仪式。仪式活动中的边界设置是微妙的，既存在于群体组织之间，也存在于更小的组织单元或是组织内部的个体之间，而且不同边界之间经常是一种相互制约的关系，呈此起彼伏之势。当群体之间的边界趋于消泯，往往就是群体内部个人之间边界的凸显之时，而当不同群体之间的界限凸显之时，群体内部个人之间的边界往往就容易淡化，呈现出凝聚的倾向。

在东永安村的日常生活中，家族之间的边界似乎并不凸显，然而到了村落干部选举、土地分配、民间纠纷等发生之时，包括家族关系在内的各种层级的边界就有可能被有意强调。时过境迁，上述由干部选举、土地分配、民间纠纷等村落“非常时刻”所激发的紧张关系并未完全消失，需要有一个排解的常规渠道，节庆仪式其实就担当了这样一种弥合社区、凝聚人心的功能。不过，在“烧大牛”“烧大马”这样的仪式活动中，并不是简单地营造一种喧闹狂欢而企望家族边界的模糊或消泯，而依然有意识地保持家族边界，象征性地展开家族之间的竞争，同时保留着家族之间相互参与、随时交流的渠道，其规则颇为细密而巧妙。其巧妙之处在于，正月期间次第上演、家族轮流举办的“烧大牛”“烧大马”等仪式活动，表面看来依然是日常生活中真实的家族关系的延续，但是选取了家族之间复杂关系中与社区公共性相联系的部分要素，并在神灵祭拜的名义下予以铺陈、渲染。非此不能解释，尽管“烧大牛”仪式明确地由丛、吕两家主办，“烧大马”仪式由齐家独立操持，且双方在“圣物”扎制的规模、活动热闹程度等方面竞相攀比，却都以“天下太平”“老幼平安”等宏大叙事为号召，并欢迎对方前来观礼。

不过，村落—家族之间边界的仪式表达，不能仅仅从当下生活中予以理解，还牵涉在较长时段里所形成的村落社会结构。在东永安村，齐氏家族在中华人民共和国成立后的崛起，打破了传统的村落社会格局。尤其是齐氏家族依托在村政系统的强势，可以利用多种方式示“强”，这在丛、吕家族村民的言谈中屡屡提及。① 显然，曾经的“强者”不甘示弱，曾经的“弱者”奋发图强，是乡土社会中的常见现象，社区活力也有赖于斯。近几十年来东永安村略显激烈的仪式竞争，就是如此。在可以预见的未来，乡村社会中与边界有关的等级观念依然会长期存在。对于村民而言，边界与等级是其实现自我内化、生活稳定、社会有序的一个重要因素。可以说，当高埠消失后，人们更加需要仪式来强调等级或者保持等级的心理。仪式是人们以边界区隔的方式聚在一起，通过一种竞争以实现“共在”，即在竞争中形成有差序、有等级的社区认同。其实质是，村民在顺循天然本性中的竞争倾向的同时，将包括家族差异在内的种种“不同”予以权威化，在有意设置的与“不同”有关的展演中确认自己的身份，形成或强化他们心目中合乎天然秩序的等级，在半虚半实的等级秩序中自在地生存。此时，与边界表达有关的叙事话语与仪式行为，其实就充当了社区生活秩序的“公共契约”的作用。试想，如果没有边界的区隔，没有等级的参照，乡土社区秩序如何建立？村落活力如何保持？

我们再往历史的纵深处看，“烧大牛”仪式是以祭祀战国军事家孙膑为名，但反映的是村民对其社区生活的组织机制与文化表达。东永安村对孙膑崇拜的选择，首先与同在潍北地区、历史悠久的瓦城村孙子庙有莫大关系，该庙是目前所知当地最早为孙膑单独立庙之地，长期作为当地孙膑崇拜的区域中心而存在。在瓦城一带，以瓦城庙宇由朱轸到孙膑的神主转变，与“孙膑封地说”的地方化过程为表征，彰显出国家礼仪渗透与地方

① “丛、吕两家和齐家也噶（凑）不到一块儿，好像齐家自强似哩！就是说自个儿认为强，恁们反正赶不上俺。从我记事，书记大都是人家齐家，乡长、‘能人’也都在他那边。”访谈对象：吕姓村民；访谈人：李海云；访谈时间：2016 年 10 月 10 日；访谈地点：东永安村。

传统再造之间的复杂互动态势。潍北瓦城孙膑崇拜“圣地”的建构，不应简单视为国家正祀向民间社会的单向度渗透，而应联系地方社会对“孙膑封地说”的创造，特别是民间庙会游神仪式的进一步推动，并与元代以来民间社会以通俗文艺的形式对孙膑传奇的多种演绎有关。这说明，在长时段的国家礼仪进程中，理清地方传统中多重嵌套的历史脉络，关注与地方民众相关的文化创造与生活实践，分析其不同的角色扮演显得至为重要。20世纪90年代末，东永安村复建孙膑庙，并扎制高大的“圣物”，逐渐替代瓦城成为潍北区域孙膑崇拜的中心地，则是上述历史脉络的延续。

整个潍北社会内，不仅很多村落修建行宫，崇拜孙膑，而且还沿袭了瓦城的一套逻辑模式，如神灵与特定“圣物”（“独角牛”）烧祭等。以祭祀不同神灵为名的“烧马”“烧牛”“烧轿”“烧船”“烧辇”等成为潍北地区普遍的习俗。这一带乡民有着共同的神灵想象，因此才选择相似的文化符号，并将其植入现实之中。可以说，焚烧“圣物”背后依托的是庙宇（神灵）的区隔，这种依托庙宇（“圣物”焚烧）边界的区隔，是群体社会的一种相处机制。依托烧祭仪式所形成的边界区隔，与乡土社会中的其他边界形式如庄界、地界等，有着不同的逻辑呈现，但都在促成一种“有底线的竞争”的态势，整体指向群体社会的和谐相处。由此，我们可以大致看出潍北社会的结构层次。

简言之，边界划分的表象是区隔，实质却是等级，唯有等级才能形成竞争中的合作。边界的实质绝不在于区分你我之界，而是在区分你我的过程中确立一种等级，并试图赋予这种等级以程度不同的“神圣性”。顺循这一思路可以发现，边界的意义主要是在三个层面发挥：一是边界作为区分的意义；二是边界以区分的方式形成交流；三是在边界以区分的方式形成的交流过程中，人与人之间的等级意识或价值得以产生或凸显。因此，通过边界的视角，可以观察到村落生活的表象、本质与机制——真正的乡土公共性是有差序的“共在”，“共在”的方式既包括日常生活中的种种边界，也包括特定时空中的口头叙事和仪式展演，从而将边界所寓含的等级内化于乡村生活的“共在”之中。换言之，围绕边界而形成的规约形式，总是蕴含着一定的等级观念在内，乡土社会结构及其文化意义由此得以表达。

尼尔·保尔森认为，群体组织是由复杂的、动态的社会系统构成的，其中存在着各种相互依靠的关系网络，这种关系既有个人之间的，也有群体之间的，群体或个人之间的边界以及由此导致的竞争问题会不可避免地出现。在组织内部应该相互依靠的规约安排下，个人很少脱离其所在群体而单独发挥作用。① 可以说，两种仪式活动既在家族或家族联盟内部具有一定的封闭性，又在家族的边际交往之间具有相当的开放性。在扎制“圣物”的过程中，以及“游大牛”“烧大牛”等环节的角色分工中，每个仪式群体的内部都有一定的调适机制，而这正是日常生活中身份关系的延续与表达，但在公开的展演活动中，这些被隐藏了。在东永安村面向外部世界上演“游大牛”“烧大牛”等仪式活动时，三大家族之间也同样如此，由此呈现出乡村社会的一种热闹、有趣的“民俗风情”或“乡土年味”。

村落内部有着各种边界的呈现，村与村之间同样如此。我们在整个潍北地区的焚烧“圣物”现象中发现，群体或个人之间竞争因素的存在，既会导致各地仪式逻辑层面的趋同性，也会促使人们在文化表达形式方面做有意区别，这是以仪式建构边界的又一证明。这种边界，不仅以实体物质形式呈现，还包括人们在文化阐释层面的区分，而仪式象征符号所具有的弹性恰能满足这一需求。此时的设界，是一种包容差异性的“文化共在”状态，并不妨碍共同价值观的认同，诸多仪式活动的轮流主办与相互观演恰恰是有助于此的。

因此，东永安的“烧大牛”“烧大马”甚至整个潍河下游的烧祭现象，相互之间的有意区分和竞争意识固然存在，如牛马扎制的美观、大小，庙会的独特资源及热闹程度等，但并不导致恶性事件的发生，其奥秘就在于此。因为“烧大牛”的评价体系，是基于乡土社会悠久的文化传统磨合而成，与社区道德伦理、民俗信仰观念贴近。纵观整个“烧大牛”的仪式活

---

① ［英］尼尔·保尔森：《“我们现在是谁?”：群体特征、边界和（重新）组织过程》，见［英］尼尔·保尔森、托·赫尼斯编，佟博、陈树强、马明等译《组织边界管理：多元化观点》，经济管理出版社 2004 年版，第 3 ~5 页。

动，其角色分派充满了磋商意味，仪式细节的规定性并不强烈，却正营造出自己的权威性。

在东永安村，定期上演的村落社区仪式，其实质是村落社会内部不断运用传统影响现实的事件或过程。现实生活中本有边界，边界容易引发纠纷，村民利用仪式，消泯纠纷，也让生活（特别是过年）有滋味。由此观之，仪式就是将日常生活中个人和群体的显在的关系，利用特定时空（春节、庙宇）演出的一幕幕“社会戏剧”予以表达。在日常生活中，广泛发生于个人与个人、个人与群体、群体与群体之间的“心理游戏”不断进行，主体间的边界则若隐若现；在特定时空上演的“社会戏剧”，使得主体间的边界不仅被有意强调，而且被夸张化彰显，这反而降低了人们对人际边界的敏感性。从仪式中返归日常生活的人们，自然就会淡化社会边界的现实隔离意义，而强化其游戏色彩。于是，当仪式借助肃穆的内容设置与世俗的喧闹形式，延伸到日常生活中，就对现实中的社会关系发生潜移默化的影响。仪式在乡土社区年复一年地上演，其社会关系也就实现了定期的刷新式调谐。

有底线的竞争

乡土社会秩序的维系是有着多种形式的，边界及相关底线的设置就是一种，其内核是民众约定俗成、传承已久的一套道德伦理规范。在村落共同体内部，村民同属一村，有分有合，所呈现的是一种既有合作又有竞争的态势。村民日常相处的边界底线，皆与村落社区共同体的观念有关，并外化为一种依靠伦理约束的规约形式。人们设置边界，边界区分群体，依据边界而形成的不同群体以不同的文化认同相区别，并通过一系列的活动予以强化。群体边界的存在，自然会导致一种竞争态势，但如果群体之间都能遵守一定的底线，整个社区就能保持和谐相处的均衡态势。何谓“底线”？在村落社会中，这种底线往往是以一套约定俗成、传承已久的“老礼”“老规矩”等为表征的道德伦理规范。人们的行为如果受到这些“底线”的制约，乡土社会便得以正常运转，否则就会对社会秩序形成挑战。

当村民之间因日常纷争或经济纠纷而彻底断绝交往，“老死不相往来”，就是突破“底线”的表现之一，这是村落社会生活中努力予以规避的。

笔者在东永安村所看到的，是一村之内的不同家族依托各自的民俗传统、组织形式和优越资本，以年节期间的集体动员与仪式表演的表达形式，通过“有底线的竞争”等边界建构与共享设计，延续塑造乡土社区的公共精神。村落中丛、吕两个家族过从甚密，这与家族最初迁徙的先后及由此形成的居住格局密切关联。东永安村北部至莱州湾几无村落，三大家族先后迁徙而来，占据的居住环境有优劣之分，奠定了村落定居的基本格局。具体说来，明初丛、吕两个家族自文登陆续迁来，栖居于埠子西部高地，基于这种街坊地缘关系，两家共事较多；齐家较晚迁来，居于埠东地势低洼之地，因为中间有土龙埠的相隔，而与丛、吕家族交往甚少。共居在同一地片结邻而居，在有限度的自然资源竞争中，三大家族的关系是非常微妙的，表现出同一个村落生活共同体的“割裂”状态：居住高地的丛、吕家族，与地势低洼的齐家相比，生存条件当然就比较优越；处于较低生态位的齐家，少有翻越土龙埠而与丛、吕家族交往之举，只在晚清时期为避捻军入境，偶有跨界到西庙避难之举。然而自20世纪以降，在国家行政持续渗透基层社会的大背景下，此前东永安村相对隔膜的家族关系终于被逐渐打破。具体来说，现代民族国家建设为相对弱势的齐氏家族参与地方事务提供了更大的舞台，该家族乘势而起，开始与丛、吕两个家族分庭抗礼，乃至后来居上。特别是在20世纪80年代初，在社会主义新农村建设的潮流中，齐氏家族占主导的村委会试图通过村落格局整体规划，重构村落社区居住空间，实现社区秩序的再造。然而，正如借助地方政府行政而实施的土龙埠平整工程，所移除的不过是村落家族之间有形的自然边界，却难以真正消除家族关系的心理边界一样，此番对于民间社会的改造也并未达到预期。在笔者近年来的持续观察中，村落中因地缘关系过从甚密的丛、吕两姓，依然继续借助庙宇分属、仪式展演等文化表达，不断强化“丛吕不分”的叙事，并大致形成了一种与齐氏家族之间村落制衡的态势，以维护村落共同体的内部平衡。这种以家族关系为基础建构起来的叙述话语与传统仪式组织，在现实村落态势中起到了一定的制衡作用，因而具有相当的合理性，尤其是在村落选举、公共设施建设、农耕用地再分配等特殊时期，其抑制村落权力过分集中、缓冲社区震荡等方面的作用相当明显。

村落内以家族关系为基础而形成的居住格局，可被视为比较稳定的群体边界，这就是“丛吕不分”作为一句俗语在该村广为流传的原因。丛、吕两个家族联合起来年复一年地组织“烧大牛”仪式，既是村落历史传统的延续，又是对村落现实家族关系的凸显。或者反过来说，家族组织传统在现实中的延续，是需要借助传统意义上的仪式表演不断地予以表达的。同样设置在年节期间（正月初九），同样是依托独特空间（东庙），齐氏家族后起的“烧大马”仪式，则是因应“丛吕不分”的家族联盟叙事的不断重述、“烧大牛”仪式的定期合办而有意建构的新的组织形式。笔者注意到，因为有了传统道德伦理“底线”的存在，二者在村落内部形成的家族边界表达，被赋予了相互竞比“谁过的日子好”的价值导向，从而在村落社区生活中显得生动而有意义，并未引发恶性竞争甚或导致社区的分裂。

依据科塞的冲突理论，社会冲突不仅有破坏的消极作用，也有为适合新环境而调整既有机制的积极作用。① 在东永安村，民间信仰所承担的社会功能是比较明显的，在既有仪式的不断建构中，指向社区秩序的合理化调适。其可贵之处在于，这种借助仪式活动而形成的社区秩序调适，是在红火热闹的节庆仪式中不知不觉发生的，在盎然年味中“寓教（乡村伦理）于乐”，并由此营造出相对稳定的社区公共空间。这突出表现在通过“烧大牛”“烧大马”等仪式活动的定期上演，形成所谓“有底线的竞争”，使整个社区的公共生活得以彰显。在东永安村，虽然历经现代变迁，原有的居住格局有所打破，仪式的“神圣性”也日益淡化，但在长期的村落生活中凝塑成型、借助仪式而不断强化的传统伦理依然坚韧传承，并在村民心中内化为包括天理、人情、老礼等在内的日常规范。譬如说，村民在谈及本村内部家族关系时，既承认有“丛吕不分”的历史与现状的存在，又说三大家族之间“皆是亲戚”“打断骨头连着筋”，生活中谁也离不

---

① ［美］科塞著，孙立平等译：《社会冲突的功能》，华夏出版社 1989 年版。

开谁，这其实是村落生活共同体伦理“底线”的形象表达。“烧大牛”“烧大马”等仪式活动的存在，在家族系统与村落权力之间设置了一个缓冲地带。因为有了一年一度的仪式，村落态势就在理性竞争格局之外，添加了一个富有弹性的公共空间，而其自身也代表了一种乡土社区公共性的培育与生长。

社会边界的实质，是与组织构建和文化认同所导致的竞争有关的，而竞争的底线或尺度本身也是一种边界。纵观东永安村，因为有三大家族，相互之间就存在着一种差异化格局中的竞争与制衡关系。无论是在历史上还是在当下，几大家族之间势力的此消彼长，家族关系的相应变化，都在围绕庙宇而发生的活动（庙主、神主、仪式等）及变迁中准确体现出来。也就是说，村内庙宇之间的竞争与合作，真切地反映了村内家族之间的关系，由此成为村落社区秩序的表征。从东永安村以庙宇为中心的文化设置所体现出的社区调适智慧，提醒我们不应忽视乡村民众调整与设计社区生活的能力。家族之间的关系，既有暗中的较劲，也有维持和谐的努力，“有底线的竞争”的态势即由此形成。这种在错综复杂的现实社会生活中不忘“老礼”、以传统规矩节制现实生活的社区相处规则，既可以不断地激发村落生活的活力，又有助于维系村落内部的有机团结，对于预防与遏制村内恶性事件的发生有着重要作用。

王斯福认为：“每个人生于斯、长于斯的地方，都会有自己独特的情境、突变以及为此而设置的专门仪式性补救措施。定期的节庆或聚会、戏剧表演以及其他类型的表演和故事，都是在纪念这些情境。……在这种节律中，一种地方性的历史与认同，即与毗邻地方之间的差异便会表现出来。从一点到另一点的生命时间的过渡中，除了由其他的框架所激发出来的认同之外，一个个体可以和许多这类地方性的以及历史的认同联系在一起。”① 显然，当地人的文化观念本身，既是建构社会边界的已有结果，也是当下建构中的动力，因为文化的认同是通过行动比如仪式来表达的，而

---

① ［英］王斯福著，赵旭东译：《帝国的隐喻：中国民间宗教》，江苏人民出版社2008年版，第2～3页。

行动表达又需要人的组织在具体实施时，能够根据具体的现实情形来确定其组织动员的范围与行动表达的形式及力度。

在传统村落生活中，边界的运作多由乡村“能人”操持，进而生成一种相对稳定的乡土传统。其中，乡村仪式的操持者既起着沟通民众的作用，同时又承担着应对外部世界的责任，为了村落社会秩序的保持和优化而有所作为。从长时段来看，这些仪式组织者对于信仰传统的发展、运作与调适所起的作用至关重要，从而使得社区规范得以延续。值得注意的是，也正是在信仰传统的具体运作过程中，乡村“能人”获得了现实生活中的权威地位，在保证村落社会内部秩序的同时，也具有了一定的对外博弈与调谐能力。无论是村落内部的微观关系，还是村和村之间的合理竞争，为什么一般不会演变为极端的恶性事件如械斗，而呈现出相对稳定和谐的乡土景观？显然，是因为在全体村民的心目中，某些道德与行为的规约是必须要恪守的，相关的底线绝不能突破，否则便为全社区的人们所不齿，乡土传统由此形成。这种传统无形却有实，实的一面只有在村落生活实践中才会充分显现出来。东永安村所体现出来的“有底线的竞争”是社区秩序，是使村内不同家族处于均衡态势的方式之一。其实，这种情况在中国乡土社会中极为普遍，每一个村落都自有其保持相对的力量平衡、和谐共处的方式。比如说，在同一村落的不同姓氏之间，或者单姓村中的不同家支之间，长期相处中不免发生纠葛，而村民往往就有着文化认同的多种边界，这其实正是以多种方式淡化差异、化融纠结、温润情感的表现。在村落资源比较紧缺、产权不容易明晰的地区如河流滩地、湖泊区、山地等，竞争态势就越是明显，上述与边界有关的“有底线的竞争”的社会秩序建构就越是重要。作为中国乡土社会中的一种普遍存在，与边界有关的“有底线的竞争”的社会秩序建构的本质，正是一种基于生存而呈现的民间智慧。

在当代村落社会中，如果有人为获取短期的政治或经济利益，不受传统伦理的制约，仅仅将家族或亲缘视为可利用的资源，其社会影响必然会大大下降，更难言权威，否则便会导致村落社会秩序的瓦解，这又反过来证明了乡土底线存在的意义。时至今日，乡村孩子自小在学校里受到的教育，与村落、家庭的一套生活模式依然多有疏离甚或对立。在年轻一代村民的心目中，很容易就会做出这样的判断——村落—家族世代传承的过年祭祖仪式等是“遗毒”，是不科学的。就其根本而言，如何深度认知和准确评估乡村文化传统的意义，在生活层面上认识和理解广大民众传承与创新传统文化的当代实践，理解乡村文化传承对于整体意义上的乡村社会整体发展的重大意义，依然是学界需要认真回答的基本问题。就此而言，向来被忽略的边界之类的观察视角，能够为我们更准确地理解乡土社会提供帮助。

乡土社会中不同层级的边界之分，是与人们基于现实生活的不同考量相结合的。人们划清边界，绝不意味着边界双方彼此交流的中断甚至隔绝。相反，正因为有了边界的存在，彼此之间有了“谁过的日子好”的对比，竞争是人们基于共同传统而在生活追求方面的具体表现，同时辐射到现实生活的方方面面。在村落日常生活中，村民之间毕竟会发生千丝万缕的联系，边界的设定本身似乎就是预备要被打破的。就此而言，边界其实是村民为日常生活所设计的文化工具。毋庸置疑，乡土社会中的边界设置，其意义绝不仅仅在于制造人与人、家族与家族、村落与村落的区隔，也为设定一种交流的特殊境遇。比如在仪式活动中，多层级的边界设置以及“越界”的表演，使其与散漫的日常生活形成对比，营造出一种特别的乡土社会秩序，从而对社区中的家族关系以及广泛意义上的人际关系进行调整，而在仪式过后，社区秩序又会向原有的状态有所回归。可以说，有人群的地方就有边界设置，人们在设定边界的那一刻起，就同时具有越界与跨界的冲动与可能。传统意义上的边界的存在，与现实生活中不断的越界行为，促使边界双方各自进行调整，形成了社区文化与社会的双重耦合。

乡土社会秩序的建构与维系有着多种形式，其中边界及相关底线的设置就是一种，它们是民众约定俗成、传承已久的一套道德伦理规范的表征。在村落共同体内部，村民同属一村，有分有合，所呈现的是一种既有合作又有竞争的复杂态势。村民相处的边界与底线，与村落社区共同体的观念有关，是一种依靠伦理约束的制度体系。值得注意的是，边界中蕴含着等级观念在内，唯有等级才能真正促成竞争中的合作。人们在追求个人利益的过程中发现，只有通过一定的社会合作，个人的利益才能真正得到保障，因为社会合作意味着约束，伦理道德上的约束是社会秩序的基本保障。对于广大乡村而言，现实权威和传统规范的并存，是乡村社会有序发展的保障。这种权威和规范，既在宗族内部对本群体或组织中的成员产生约束力，也在更大空间内对按照非血缘关系而结成的村邻关系发挥规范效用。① 约束和自由，其实就是个人利益与共享利益之间的博弈。乡土社会中的边界划分，是与人们不同的现实考量相结合的。人们划界，并不意味着临界双方彼此交流的中断甚至隔绝。相反，正因为有了边界的存在，双方才有了竞争对比。在村落日常生活中，所竞争的内容除了各种现实生活利益如政治、经济条件等，还有人们基于自身文化传统而在礼仪等方面的具体表现。而无论是前者还是后者，村民之间总会通过频繁的社会交往柔化竞争，跨越边界，似乎边界的设定本身就是预备要被打破的。可以说，边界其实是村民柔化竞争态势的一种文化设置，并形塑着广泛意义上的乡土社会秩序。

被仪式所调整的村落空间，与借助仪式边界而建构的民俗传统，恰好体现出一村之民和谐相处的生活智慧：村民虽然在仪式中设定边界，却同时对外敞开，村内不同家族之间在“看谁会过日子”“看谁过的日子好”的意义上，在节庆仪式活动层面形成竞争的形式，以此促进日常生活中“有底线的竞争”的乡土伦理。这类社区仪式活动的举行，诚如葛兰言所言：“在这些场合中，一个地方共同体的成员会发现他们暂时进入了亲密关系之中，这种关系打破了排外集团间的壁垒，并且暂时抵制了家族排外主义。这种周期性的情感绝不像家族统一所基于的日常情感那么单纯那么确定。地方共同体的复杂的统一，并不是建立在一种持久的确切类似感上，也不是建立在一种经常重演的伙伴感上；它是一种更高的统一，在非常的情境中，这种统一将各种通常表现在对立之中的

① 李晔晔、孙红艳：《20 世纪 20 年代末至 30 年代乡村权力结构的崩溃与重组》，载《史学集刊》2016 年第 4 期。

要素联结起来。”① 显然，群体或个人之间广泛存在的竞争性，既会催生仪式形式与细节方面的差异性，也会导致地方社会中某种信仰逻辑的普遍认同与仪式实践的普遍存在，这是村民依据边界建构仪式、通过仪式边界调谐社会的具体实践表现。此时的边界，不仅以实体物质形式呈现，还借助于村民的文化叙事来表达，仪式符号也因之富有弹性，进而代表了一种广泛包容差异性的文化共在与共享的状态，其不仅不会妨碍“有底线的竞争”的民间伦理规则，反而有助于将其升华为社区共同的价值观。

① ［法］葛兰言著，赵丙祥、张宏明译：《古代中国的节庆与歌谣》，广西师范大学出版社 2005 年版，第 171 页。

结　语

边界在人类生活中无处不在，乃是理解人类生活与文化的基本维度，然而民众多“日用而不知”，学界亦少有深究。在乡土社会中，仪式常被用以划分或强化边界，牵涉社区传统、群体心理与个人身份等的多维认同。在鲁中东永安村，每年春节期间次第举行的“烧大牛”“烧大马”仪式活动，借助仪式的组织运作、巡游路线，以及消灾祛恶的功能预设与文化解释，昭显出村内不同家族之间、周边村落之间、乡土与城市之间的多重边界，营造出多层次的文化意义。其实质是，借助年度节庆活动中烧祭仪式的持续上演，在乡村社区搭建起一方难得的公共文化平台，定期强化“有底线的竞争”的民间伦理规则，由此形成了一种以家族边界为基础、以村落—家族关系调谐为指向的乡土公共性传统，体现出民众主动调谐社会关系、安顿社区生活的传统智慧。顺循这样的研究理念，笔者相信，从边界视角出发的研究，不仅有助于理解乡村民俗传统，而且随着乡村民俗个案研究的积累与讨论的深入，有望使“边界”这一概念所蕴含的学术张力获得更充分的释放。这正是本书研究的初衷所在。

作为潍北地区一种普遍的社会现象，焚烧“圣物”仪式首先证明了特定生态环境对于乡土传统的巨大影响。高埠泽薮相间，盐碱土质遍布，是潍北突出的生态环境特征，长居于此的村民开拓出农业与编织业相结合的兼业生计传统。历经沧海桑田之变，当地编织业渐趋式微，但与此相关的扎制传统在特定仪式中存身并世代传袭，这是潍北地区普遍扎制“圣物”并烧以为祭的地缘契机。与此同时，这一带湖洼广布，历史上涝灾频繁，使得以山埠为代表的土地资源极为宝贵。随着人口的繁衍，人地矛盾愈显严重，使得久居此地的“原居民”的边界意识日益凸显。为了规避不同群体之间的恶性竞争，以庙宇设置、仪式实践、口头传说等为手段的文化叙事就成为必需。时至今日，这类文化叙事所寓含的边界预设意义仍清晰可见。如仅就“圣物”扎制的组织与分工而言，多姓村内往往是不同家族之间的结盟扎制，单姓村内多是不同家支的合纵连横，此外还有多村之间联合扎制的不同搭配等，显示出村与村之间、村落之中人文边界的存在与象征手段的广泛运用。显然，广泛存在于潍北地区不同的群体、个人之间的竞争现象，既会导致烧祭仪式所表征的逻辑认同或行为趋同，也会促使人们在文化表达形式方面的有意区别，这是以仪式建构边界、调谐社会关系的智慧表现。

这也说明，边界不仅可以实体物质形式呈现，还可借助人们的观念表达来区分，而信仰仪式恰能满足这一需求。以此观之，潍北地区普遍存在的烧祭仪式及相关边界设定现象，可以视为其重要社会特征之一。东永安村的烧祭仪式绝不仅仅是一种节庆活动，其意义更在于以家族边界为基础、以家族关系调谐为指向的村落公共性传统，表达了民众主动调谐社会关系、安顿社区生活的传统智慧。诚然，边界是人为建构的，有人的地方就有边界，那么边界的指向也就并非一成不变，而是根据地方社会变迁而具有动态的、多层级的和相对的性质。比如“烧大牛”仪式，显示的是东永安村丛、吕两个家族与另一齐氏家族的边界区隔，而在联合主办的丛、吕两个家族之间，在日常生活中亦有着一定的边界。村落中长期存在的关于“丛吕不分”的口头叙事，是因应处于强势地位的齐氏家族而建构，意在强化丛、吕两个家族之间的密切关系。可见，多层级边界的划分与强弱，与当下社会语境中不同群体的心理面向有关。

上述边界现象并不仅仅存在于一村之内，也不仅仅存在于潍北社会。就根本而言，乡土社会乃至整个人类社会，都是由形形色色的边界交织而成。任何一种边界，总是倾向于将边界以内做模糊的一体化理解，而对临界两侧做清晰区分。作为民俗现象的仪式边界，表现为村民有意为之的社会区隔，却又潜蕴着某种和谐相处、品味生活的乡土智慧，乡土社会结构及其文化意义由此得以表达。此时的设界，就是一种包容差异性的“文化共在”状态，指向某种“有底线的竞争”的价值认同。东永安村一带诸多仪式活动的轮流主办与相互观演，即有力地证明了这一点。具体而言，“有底线的竞争”是为地方社会所共同认可的乡土伦理传统，恪守底线乃是乡土社区人际相处的基本前提。日常生活中村民如有跨越边界的行为，只要不突破“底线”，则会促进相互之间的竞争，并在某种程度上激发社区活力。归根结底，有人的地方就有民俗，就会涉及边界的融合或跨越问题。民俗是借助边界而生成的生活文化，不存在没有边界的民俗，没有边界就无法形成民俗。边界其实是民俗的本质所在，这一点长期以来一直被传统民俗学所忽视。人们提及民俗，总会想到“十里不同风，百里不同俗”所表征的民俗的差异性特征，而容易忽视民俗是在边界的设置与运用中通约而成的一种生活规范，以及逐渐磨合、不断调适的社区公共传统。从人类普遍的边界意识出发，以理解民俗传统运作的深层机制，是否可以成为当代民俗学发展的新的增长点呢?

诚然，村民对于文化边界的设置方式，并非只有既定仪式这一种，但这可能是最重要的一种。以仪式为手段而划分的人文边界，对于村落中“有底线的竞争”的公共性传统意义重大，关乎村落传统伦理秩序的维系。可以说，在村落地理边界大致确立的背景下，文化边界的设置则以程度不同的弹性，塑造着乡土生活的多重组织形态和社区结构。当然，在现代社会转型的过程中，乡土文化边界的设置往往会更多地出现变换与游移的情形，从而呈现出面向不同社会群体之间的文化意义的磋商与生成。但不管怎么说，当边界被用以表达或调谐社会关系，自身也就成为一种“文化工具”，边界的设置就与民俗的形成、传承、变迁等密切相关，或者说民俗本身即与地方社会中的边界融合与跨越问题难解难分。乡土边界的设置与意义生成，是借助传统的名义与村民在仪式中的有意发挥以及阐释的选择性强调而实现的。借助边界的视角，可以观察到村落生活的表象、机制与本质——村民在特定时空中的边界融合，可以在有差序的“共在”中产生与维系乡土公共性。扩而言之，透过边界研究村落，应该成为对民俗学田野研究的一种拓展式探索。

可以说，仪式传统与日常生活构成了村落社会的“一体两面”。仪式传统的传承动力来自日常生活，而其本身也成为村落日常生活的象征性展示。无论是在历史上还是在当下，东永安村三大家族长期存在着一定的竞争关系，而围绕庙宇举行的诸多活动就成为村落社区秩序的表征，体现出民众调适社区生活的传统智慧与设计未来生活的文化创造能力。循此路径，民俗学田野研究或许可以突破狭小地域的个案限定，有助于理解历史悠久、领土广袤的中国社会。笔者相信，这是一条宽阔的学术路径，将在未来相当长一段时间内具有活力。

参考文献

一、中文类参考文献

〔一〕史志文集类

1.〔战国〕韩非:《韩非子》,中华书局2010年版。

2.〔战国〕吕不韦:《吕氏春秋》,中华书局2011年版。

3.〔汉〕司马迁:《史记》,中华书局2010年版。

4.〔汉〕刘向:《战国策》,中华书局2012年版。

5.〔汉〕班固:《汉书》,中华书局1962年版。

6.〔北魏〕郦道元撰,陈桥驿校证:《水经注校证》,中华书局2007年版。

7.〔唐〕房玄龄等:《晋书》,中华书局1974年版。

8.〔宋〕司马光等:《资治通鉴》,中华书局1956年版。

9.〔宋〕欧阳修、宋祁等:《新唐书》,中华书局1975年版。

10.〔宋〕乐史:《太平寰宇记》,中华书局2007年版。

11.〔宋〕李焘:《续资治通鉴长编》,中华书局1979年版。

12.〔宋〕范晔:《后汉书》,中华书局1965年版。

13.〔宋〕罗烨:《醉翁谈录》,古典文学出版社1957年版。

14.〔宋〕曾巩:《元丰类稿》,四部丛刊初编本。

15.〔宋〕潘自牧:《记纂渊海》,影印文渊阁四库全书本。

16.〔元〕戴表元:《戴表元集》,浙江古籍出版社2014年版。

17.〔元〕脱脱等:《宋史》,中华书局1977年版。

18.〔元〕于钦:《齐乘》,中华书局2012年版。

19. 〔明〕陈循等：《寰宇通志》，景泰七年（1456）刻本。

20. 〔明〕李贤等：《大明一统志》，三秦出版社 1990 年版。

21. 〔明〕曹学佺：《大明一统名胜志》，齐鲁书社 1996 年版。

22. 〔明〕周祈：《名义考》，影印文渊阁四库全书本。

23. 〔明〕赵士喆：《莱史》，东莱赵氏楹书丛刊本。

24. 〔明〕宋濂等：《元史》，中华书局 1976 年版。

25. 〔明〕陆釴等纂修：《山东通志》，嘉靖十二年（1533）刻本。

26. 〔清〕张廷玉等：《明史》，中华书局 1974 年版。

27. 〔清〕徐松：《宋会要辑稿》，上海古籍出版社 2014 年版。

28. 〔清〕顾祖禹：《读史方舆纪要》，中华书局 2005 年版。

29. 〔清〕穆彰阿、潘锡恩等纂修：《嘉庆重修一统志》，四部丛刊续编本。

30. 〔清〕严可均：《严可均集》，浙江古籍出版社 2013 年版。

31. 〔清〕彭定求等编：《全唐诗》，中华书局 1980 年版。

32. 〔清〕杨守敬等编绘：《水经注图》（外二种），中华书局 2009 年版。

33. 〔清〕杨士骧等修，孙葆田等纂：《山东通志》，民国四年（1915）铅印本。

34. 〔清〕陈嘉楷修，韩天衢纂：《昌邑县续志》，光绪三十三年（1907）刻本。

35. 劳亦安编：《古今游记丛钞》，中华书局 1924 年版。

36. 常之英修，刘祖幹纂：《潍县志稿》，民国三十年（1941）铅印本。

37. 金曼辉：《我们的华北》，上海杂志无限公司 1937 年版。

38. 曾同春：《中国丝业》，商务印书馆 1933 年版。

39. 胶济铁路管理局车务处编：《胶济铁路经济调查报告》，青岛文化印书社 1934 年版。

〔二〕专著类

1. 聂崇岐编：《捻军资料别集》，上海人民出版社 1958 年版。

2. 中共中央马克思恩格斯列宁斯大林著作编译局编：《马克思恩格斯选集》，人民出版社 1972 年版。

3. 张玉法：《中国现代化的区域研究·山东省（1860—1916）》，台湾“中研院”近代史研究所 1982 年版。

4. 张海鹏编著：《中国近代史稿地图集》，地图出版社 1984 年版。

5. 卞孝萱编：《郑板桥全集》，齐鲁书社 1985 年版。

6. 中国人民政治协商会议山东省潍坊市委员会文史资料研究委员会编：《潍坊文史资料选辑》第二辑，安丘县印刷厂，1986 年。

7. 双台乡史志编纂小组编：《双台乡志》，昌邑县印刷厂，1986 年。

8. 山东省昌邑县志编纂委员会编：《昌邑县志》，昌邑县印刷厂，1987 年。

9. 中共昌邑县委党史征委会、昌邑县民政局编：《昌邑英烈》，昌邑县印刷厂，1987 年。

10. 中国人民政治协商会议昌邑县委员会文史资料研究委员会编：《昌邑文史资料》第五辑，昌邑县印刷厂，1991 年。

11. 山东省潍坊市寒亭区史志编纂委员会编：《寒亭区志》，齐鲁书社 1992 年版。

12. 杨善群：《孙子评传——孙武、孙膑、司马穰苴》，南京大学出版社 1992 年版。

13. 韩渊丰等：《区域地理理论与方法》，陕西师范大学出版社 1993 年版。

14. 鄄城县孙膑研究会编：《孙膑初探》，黄河出版社 1993 年版。

15. 文山诗书社编：《昌邑古县志集》，潍坊市新闻出版局，1996 年。

16. 王铭铭：《村落视野中的文化与权力——闽台三村五论》，生活·读书·新知三联书店 1997 年版。

17. 王铭铭：《社会人类学与中国研究》，生活·读书·新知三联书店 1997 年版。

18. 山曼：《流动的传统——一条大河的文化印迹》，浙江人民出版社 1999 年版。

19. 山东省地名研究所编：《山东省地名志》，山东省地图出版社 1999 年版。

20. 张佩国：《地权·家户·村落》，学林出版社 2007 年版。

21. 王蔚成主编：《昌邑文化博览》，齐鲁书社 2000 年版。

22. 项飚：《跨越边界的社区：北京“浙江村”的生活史》，生活·读书·新知三联书店 2000 年版。

23. 费孝通：《江村经济——中国农民的生活》，商务印书馆 2001 年版。

24. 潍坊市政协、潍城区政协编：《郑板桥在潍县》，中国文联出版社 2002 年版。

25. 周晓虹：《西方社会学历史与体系》，上海人民出版社 2002 年版。

26. 赵旭东：《权力与公正：乡土社会的纠纷解决与权威多元》，天津古籍出版社 2003 年版。

27. 贺雪峰：《新乡土中国——转型期乡村社会调查笔记》，广西师范大学出版社 2003 年版。

28. 李培林：《村落的终结——羊城村的故事》，商务印书馆 2004 年版。

29. 黎翔凤撰，梁运华整理：《管子校注》，中华书局 2004 年版。

30. 天津市规划和国土资源局编著：《天津城市历史地图集》，天津古籍出版社 2004 年版。

31. 张士闪：《乡民艺术的文化解读》，山东人民出版社 2006 年版。

32. 梁永佳：《地域的等级——一个大理村镇的仪式与文化》，社会科学文献出版社 2005 年版。

33. 山曼：《齐鲁乡语谭》，山东教育出版社 2007 年版。

34. 费孝通：《乡土中国》，人民出版社 2008 年版。

35. 周传斌：《概念与范式——中国民族理论一百年》，民族出版社 2008 年版。

36. 杨伯峻编著：《春秋左传注》（修订本），中华书局 2009 年版。

37. 岳永逸：《灵验·磕头·传说：民众信仰的阴面与阳面》，生活·读书·新知三联书店 2010 年版。

38. 杨曦帆：《藏彝走廊的乐舞文化研究》，民族出版社2009年版。

39. 凌纯声：《松花江下游的赫哲族》，民族出版社2012年版。

40. 胡英泽：《流动的土地——明清以来黄河小北干流区域社会研究》，北京大学出版社2012年版。

41. 孙建松编著：《潍县竹枝词撷英》，中国戏剧出版社2012年版。

42. ［美］科塞著，孙立平等译：《社会冲突的功能》，华夏出版社1989年版。

43. ［美］阿兰·邓迪斯编，陈建宪、彭海斌译：《世界民俗学》，上海文艺出版社1990年版。

44. ［德］马克斯·韦伯著，林荣远译：《经济与社会》（下卷），商务印书馆1997年版。

45. ［美］施坚雅著，史建云、徐秀丽译：《中国农村的市场和社会结构》，中国社会科学出版社1998年版。

46. ［德］斐迪南·滕尼斯著，林荣远译：《共同体与社会——纯粹社会学的基本概念》，商务印书馆1999年版。

47. ［法］涂尔干著，渠东、汲喆译：《宗教生活的基本形式》，上海人民出版社1999年版。

48. ［英］埃文思·普里查德著，褚建芳、阎书昌、赵旭东译：《努尔人——对尼罗河畔一个人群的生活方式和政治制度的描述》，华夏出版社2002年版。

49. ［英］霍布斯鲍姆、兰格著，顾杭、庞冠群译：《传统的发明》，译林出版社2004年版。

50. ［英］尼尔·保尔森、托·赫尼斯编，佟博、陈树强、马明等译：《组织边界管理：多元化观点》，经济管理出版社2005年版。

51. ［加］卜正民著，张华译：《为权力祈祷——佛教与晚明中国士绅社会的形成》，江苏人民出版社2005年版。

52. ［挪威］弗雷德里克·巴斯著，黄建生译：《斯瓦特巴坦人的政治过程——一个社会人类学研究的范例》，上海人民出版社2005年版。

53. ［法］葛兰言著，赵丙祥、张宏明译：《古代中国的节庆与歌谣》，广西师范大学出版社2005年版。

54. ［英］克雷斯韦尔著，徐苔玲、王志弘译：《地方：记忆、想象与认同》，台湾群学出版有限公司2006年版。

55. ［英］维克多·特纳著，赵玉燕、欧阳敏、徐洪峰译：《象征之林——恩登布人仪式散论》，商务印书馆2006年版。

56. ［英］简·艾伦·哈里森著，刘宗迪译：《古代艺术与仪式》，生活·读书·新知三联书店2008年版。

57. ［英］王斯福著，赵旭东译：《帝国的隐喻：中国民间宗教》，江苏人民出版社2008年版。

58. ［美］杜赞奇著，王宪明等译：《从民族国家拯救历史——民族主义话语与中国现代史研究》，江苏人民出版社2008年版。

59. ［美］杜赞奇著，王福明译：《文化、权力与国家（1900—1942年的华北农村）》，江苏人民出版社2008年版。

60. ［法］费尔南·布罗代尔著，刘北成、周立红译：《论历史》，北京大学出版社2008年版。

61. ［美］查尔斯·蒂利著，谢岳译：《身份、边界与社会联系》，上海人民出版社2008年版。

62. ［澳］约翰·特纳等著，杨宜音等译：《自我归类论》，中国人民大学出版社2011年版。

63. ［挪威］弗雷德里克·巴斯主编，李丽琴译：《族群与边界——文化差异下的社会组织》，商务印书馆2014年版。

64. ［法］布尔迪厄著，刘晖译：《区分：判断力的社会批判》，商务印书馆2015年版。

65. ［美］段义孚著，王志标译：《空间与地方：经验的视角》，中国人民大学出版社2017年版。

66. ［美］段义孚著，志丞、刘苏译：《恋地情结》，商务印书馆2018年版。

67. ［日］和辻哲郎著，陈力卫译：《风土》，商务印书馆2018年版。

〔三〕论文类

1. 山东昌邑县王家庄子大队:《改洼治碱，八年巨变》，载《土肥与科学种田》1973年第6期。

2. 杨伯峻:《孙膑和〈孙膑兵法〉杂考》，载《文物》1975年第3期。

3. 傅衣凌:《明清时代阶级关系的新探索》，载《中国史研究》1979年第4期。

4. 徐明广:《引黄济青工程沿线浅层第四系沉积相和沉积环境》，载《海洋地质与第四纪地质》1988年第2期。

5. 叶汉明:《十九世纪末潍县的社会经济变迁——山东经济重心东移对地方社会的影响》，载《文史哲》1989年第2期。

6. 徐雨:《孙膑故里研究述评》，载《史学月刊》1992年第5期。

7. 陈春声:《中国社会史研究必须重视田野调查》，载《历史研究》1993年第2期。

8. 刘铁梁:《村落——民俗传承的生活空间》，载《北京师范大学学报（社会科学版)》1996年第6期。

9. 折晓叶:《村庄边界的多元化——经济边界开放与社会边界封闭的冲突与共生》，载《中国社会科学》1996年第3期。

10. 王彬:《科技之光普照潍北大地——'96潍北农场小麦良种观摩会侧记》，载《山东农业》1996年第7期。

11. 王铭铭:《小地方与大社会——中国社会的社区观察》，载《社会学研究》1997年第1期。

12. 余同元:《明代衡王府庄田》，载《烟台大学学报（哲学社会科学版)》1997年第4期。

13. 蒋竹山:《宋至清代的国家与祠神信仰研究的回顾与讨论》，载《新史学》1997年第8卷第2期。

14. 王守春:《历史时期莱州湾沿海平原湖沼的变迁》，载《地理研究》1998年第4期。

15. 科大卫、刘志伟:《宗族与地方社会的国家认同——明清华南地区宗族发展的意识形态基础》，载《历史研究》2000年第3期。

16. 毛立平：《十九世纪中期安徽基层社会的宗族势力——以捻军、淮军为中心》，载《清史研究》2001 年第 4 期。

17. 韩美、张维英、李艳红、张丽娜：《莱州湾南岸平原古湖泊的形成与演变》，载《地理科学》2002 年第 4 期。

18. 张维英、韩美、李艳红：《山东莱州湾南岸平原古湖泊消亡原因初探》，载《古地理学报》2003 年第 2 期。

19. 小田：《庙会仪式与社群记忆——以江南一个村落联合体庙会为中心》，载《民族艺术》2003 年第 3 期。

20. 岳永逸：《乡村庙会传说与村落生活》，载《宁夏社会科学》2003 年第 4 期。

21. 张士闪：《山东村落中"神圣空间"的传统格局与现实效用——以山东淄博市洼子村的"老虎头"为例》，载《民俗研究》2003 年第 4 期。

22. 万建中：《传说记忆与族群认同——以盘瓠传说为考察对象》，载《广西民族学院学报（哲学社会科学版）》2004 年第 1 期。

23. 安德明：《家乡——中国现代民俗学的一个起点和支点》，载《民族艺术》2004 年第 2 期。

24. 赵世瑜：《作为方法论的区域社会史——兼及 12 世纪以来的华北社会史研究》，载《史学月刊》2004 年第 8 期。

25. 刘铁梁：《"标志性文化统领式"民俗志的理论与实践》，载《北京师范大学学报（社会科学版）》2005 年第 6 期。

26. 张士闪：《京西幡会：一个追求"天人吉祥"的联村仪式》，载《民族艺术》2007 年第 3 期。

27. 吴滔：《神庙界域与乡村秩序的重组——吴江庄家圩庙考察报告及其初步研究》，载《民俗研究》2008 年第 2 期。

28. 王加华、代建平：《家族传说·村落历史·族群关系——山东省莱阳市小姚格庄口头传说的"在地化"探讨》，载《民俗研究》2008 年第 2 期。

29. 刁统菊、郭海红：《孟姜女传说"在地化"后的传承特征分析——以山东淄河镇的孟姜女传说为例》，载《民俗研究》2009 年第 4 期。

30. 张小也：《历史人类学：如何走得更远》，载《清华大学学报（哲学社会科学版）》2010 年第 1 期。

31. 毛丹：《村落共同体的当代命运：四个观察维度》，载《社会学研究》2010 年第 1 期。

32. 赵世瑜：《传承与记忆：民俗学的学科本位——关于“民俗学何以安身立命”问题的对话》，载《民俗研究》2011 年第 2 期。

33. 孟凡行：《“村落边缘”——中国乡村研究忽视的维度》，载《社会科学家》2011 年第 2 期。

34. 赵旭东：《闭合性与开放性的循环发展——一种理解乡土中国及其转变的理论解释框架》，载《开放时代》2011 年第 12 期。

35. 马知遥：《非物质文化遗产保护的田野思考——中国北方民间布老虎现状反思》，载《民俗研究》2012 年第 4 期。

36. 张士闪：《灵的皈依与身的证验——河北永年县故城村梅花拳调查》，载《民俗研究》2012 年第 2 期。

37. 徐晓军：《峡山水库昌邑灌区发展问题及对策》，载《山东水利》2012 年 Z1 期。

38. 胡文宁：《礼制与政治：宋代武成王庙中管仲陪祀地位探析》，载《科学·经济·社会》2013 年第 2 期。

39. 刘铁梁：《劳作模式与村落认同——以北京房山农村为案例》，载《民俗研究》2013 年第 3 期。

40. 刘铁梁：《城市化过程中的民俗学田野作业》，载《文化遗产》2013 年第 4 期。

41. 张小军、李建明：《权力互竞交换共同体——贵州水族霞节、艾节和善节的个案研究》，载《民族研究》2013 年第 2 期。

42. 赵旭东：《中国人类学为什么会远离江河文明》，载《思想战线》2014 年第 1 期。

43. 刘艳霞、黄海军、祁雅莉等：《全新世大暖期莱州湾东—南岸古海岸线位置追踪》，载《应用基础与工程科学学报》2014 年第 2 期。

44. 罗志田：《地方的近世史：“郡县空虚”时代的礼下庶人与乡里社会》，载《近代史研究》2015 年第 5 期。

45. 周大鸣：《民间信仰与村庄边界——以广东潮州凤凰村为中心的研究》，载《民俗研究》2016 年第 2 期。

46. 张丽娜：《莱州湾南岸平原中全新世以来古湖泊与环境演变研究》，山东师范大学 2003 年硕士学位论文。

47. 张士闪：《乡土社会与乡民的艺术表演——以山东昌邑地区小章竹马为核心个案》，北京师范大学 2005 年博士学位论文。

48. 栾博：《台田景观研究——以山东东营为例》，北京大学 2007 年硕士学位论文。

49. 孙丽霞：《山东文登丛氏家族研究》，山东大学 2008 年硕士学位论文。

50. 齐飞飞：《东永安村的秧歌活动——山东昌邑地区民间歌舞的个案调查与分析》，南京艺术学院 2008 年硕士学位论文。

51. 赵萍：《春秋战国赏赐制度研究》，吉林大学 2011 年博士学位论文。

52. 陆保良：《村落共同体的边界变迁与村落转型——基于一个城郊村的观察与思考》，浙江大学 2011 年博士学位论文。

53. 吴美云：《寒亭禹王台村狐仙信仰研究》，山东大学 2013 年硕士学位论文。

54. ［瑞士］克洛德·拉费斯坦著，信达译：《构成边界理论的要素》，载《第欧根尼（中文版）》1987 年第 2 期。

55. ［瑞典］乌尔夫·汉内兹著，肖孝毛译：《边界》，载《国际社会科学杂志》1998 年第 4 期。

56. ［挪威］弗雷德里克·巴斯著，高崇译，周大鸣校，李远龙复校：《族群与边界》，载《广西民族学院学报（哲学社会科学版）》1999 年第 1 期。

57. ［英］王斯福著，赵旭东、孙美娟译：《什么是村落?》，载《中国农业大学学报（社会科学版）》2007 年第 1 期。

二、英文类参考文献

1. Georg Simmel, ‘The Sociology of Conflict. I’, *American Journal of Sociology*, *No.* 4, 1904.

2. Fredrik Barth, *Cosmologies in the Making: A Generative Approach to Cultural Variation in Inner New Guinea*, Cambridge: Cambridge University Press, 1987.

3. Michele Lamont and Virag Molnar, ‘The Study of Boundaries in the Social Sciences’, *Annual Review of Sociology*, Vol. 28, 2002.

4. Michele Lamont and Marcel Fournier, *Cultivating Differences: Symbolic Boundaries and the Making of Inequality*, Chicago: The University of Chicago Press, 1992.

5. Graham Day, *Community and Everyday Life*, London and New York: Routledge, 2006.

6. Ulf Hannerz, *Cultural Complexity: Studies in the Social Organization of Meaning*, New York: Columbia University Press, 1992.

7. Sylvia Fuller, ‘Creating and Contesting Boundaries: Exploring the Dynamics of Conflict and Classification’, *Sociological Forum*, No. 1, 2003.

8. Cynthia Fuchs Epstein, ‘Workplace Boundaries: Conceptions and Crestions’, *Social Research*, No. 3, 1989.

9. Daniel Katz and Robert L. Kahn, *The Social Psychology of Organizations* (2nd Ed), New York: John Wiley, 1978.

10. Gareth Morgan, *Riding the Waves of Change*, San Francisco : Jossey-bass, 1988.

11. Robert P. Weller and Adam B. Seligman (eds.), *Ritual and Tts Consequences: An Essay on the Limits of Sincerity*, Oxford: Oxford University Press, 2008.

附录一　潍北东永安村功德碑与捐款榜

以下为东永安村孙膑庙和玉皇庙内功德碑与捐款榜，为便于读者查阅，现将所有碑刻进行编号，孙膑庙简写为SBM，玉皇庙简写为YHM，捐款榜简写为JKB。

SBM－1：

万古流芳

化捐人：刘桂芬　吕瑞婷　宋佩香　徐桂芝　吕瑞孝　吕殿义
丛介训　吕言信　李秀美　丛孟梅　齐秀廷　丛悦娥
丛耀斌　齐秀云　林玲芬　齐素廷　车达豪　马秉霞
周方奎　赵萃霞　王克新　王秀荣　宋国正　刘效敬
杨美芝　陈瑞霞　吕世杰　吕建军

木工：吕瑞东

捐款善人：吕秀武　丛延德　丛梦江　吕志军　吕富英　肖志圣
孙爱田　丛志美　吕浩滨　孙升海　孙军海　孙玉亮
高瑞俊　张圣山　宋达臣　齐乃金　齐安彬　齐汉章
丛浩训　丛乐训　丛忻国　丛兴华　丛湘莲　丛悦东
丛乐孝　丛梦民　吕世胜　吕世杰　吕瑞英　吕言东
宋佩香　吕志廷　吕瑞孝　吕林国　吕世新　吕孟欣
车达飞　吕瑞东　吕建敏　吕世进　吕达旺　吕殿孝
丛悦敖　吕兴起　吕言忠　吕云田　吕言长　丛振玉
丛乐涛

公元2000年4月

SBM－2：

碑阳：

福缘善庆

襄事：吕成英　丛延俊　吕志英　吕言忠　吕建军　吕世能　吕瑞□
吕秀武　吕志军　丛乐涛　吕建国　丛乐训　丛延庆　吕瑞昌
丛悦军　丛悦敖　吕世聪　丛宗训　吕瑞孝　丛兴孝　吕言河
丛兴友　吕世□　吕昆明

世内桃源老人魏金水　篆额书丹

碑阴：

千元以上：吕秀武　姜言民　吕建国　吕志军　吕群英　张宗斌
吕成英　丛伟龙

400～600元的：丛乐涛　吕建军　吕坤良　吕伟义　吕瑞东
丛乐孝

200～250元的：吕佃强　吕世能　吕志英　吕言忠　吕建伟　吕言森
吕世君　丛维仁　丛兴海　丛孟连　丛春阳　吕瑞军
吕占国　吕世庆　吕世新　吕瑞新　吕世长　李长亭
吕小伟　吕英杰　吕言伟

百元的：

吕惠民　吕建敏　吕民生　吕世全　吕建英　吕东英
吕春英　吕志彬　吕言君　吕言增　吕大伟　吕三华
吕世聪　吕世东　吕建华　吕伟明　吕同安　吕世天
吕瑞昌　吕瑞忠　齐学森　魏明周　郝茂森　丛孟汉
吕伟东　吕瑞兴　吕瑞武　吕国庆　吕志圣　吕圣林
吕长安　吕超英　吕言涛　吕金旭　吕圣君　齐鲁松
吕瑞俊　吕占伟　吕世清　吕言庆　吕东升　吕兴武
吕言国　吕言彬　吕山林　吕世增　吕新安　吕言平
吕海英　吕世清　齐学礼　丛孟彬　伊洪祥　齐安路

吕昆明	吕西安	吕世绪	吕言河	吕言江	从孟广
从宗训	从维军	从乐礼	从乐训	从东栋	从延德
从悦东	从传伟	从延彬	从维礼	从悦民	从悦江
从兴友	从新伟	从悦红	从建设	从乐坤	从欣恒
从乐迎	从乐凯	从乐东	从悦泽	从孟华	从跃斌
从悦君	从国民	从兴杰	从欣五	从永军	从兴孝
从正伟	从国亮	从孟兆	从孟太	从乐堂	从孟俊
从兴江	从华田	从悦军	从悦金	从悦东	从孟伟
从孟成	从延忠	从延俊	从悦义	从龙涛	从维忠
从悦圣	从孟宽	从金书	从天津	吕兴国	吕金国
吕金观	吕金才	吕生才	吕　波	吕瑞孝	吕占则
吕瑞圣	吕世五	吕林国	吕瑞和	吕瑞京	吕世友
吕世成	吕世信	吕世涛	吕长涛	吕瑞灵	吕瑞彬
吕世强	吕世敬	赵伟才	赵志兴	董振祥	从乐军

百元以下的：

从顺升	从悦喜	从维志	从孟军	从乐民	从传奎
从福训	从欣普	从孟达	从欣彬	从乐敏	从乐生
从欣泉	从欣忠	从乐恒	从孟胜	从兴信	从　伟
从孟义	从伟平	从建敏	从孟训	从兴国	从忠欣
从乐臻	从乐成	从乐龙	从乐京	从昆明	从新代
从悦贤	从延明	从乐文	从乐忠	从丙国	从沈阳
从悦龙	从乐贤	从乐辉	从欣宝	从欣龙	从顿良
从普文	从欣海	从元国	从庆庆	从延庆	从国强
从和平	从传芳	从传良	从乐朋	从乐廷	从乐成
从伟庆	从乐庆	从湘兆	从湘芝	从湘庆	从乐平
从延圣	从延坤	从福龙	吕言海	吕国英	吕志廷
吕圣伟	吕殿文	吕安华	吕瑞芹	吕言春	吕春伟
吕言成	吕世孔	吕兰军	吕言祥	吕世孟	吕志强
吕鲁伟	吕克亮	吕言孔	徐素芳	吕瑞敏	吕志德

吕世德　吕志能　吕世宗　吕　林　吕佃亮　吕志友
吕言青　吕小圣　马方元　马翠芝　吕秀文　吕伟安
吕君英　吕建五　吕言林　吕佃能　吕伟平　吕言华
吕金城　吕兴龙　吕克友　吕兴文　吕兴海　吕言生
吕伟涛　吕克红　吕言海　吕兴茂　吕鲁波　吕克祥
吕言辉　吕兴凯　吕克江　吕小波　吕瑞平　吕瑞春
吕建设　吕建军　从乐峰　从乐斌　齐鲁华

公元2011年3月

SBM－3：

碑阳：

慈善惠施

潍水文化生态保护实验区·非物质文化遗产传习所

传承领导小组：

组长：吕世敬　吕言忠　吕世能　吕克祥

成员：吕瑞福　从兴友　吕瑞喜　从延明　吕秀武　吕志军　吕群英
吕成英　吕志英　吕建国　吕言国　从延俊　吕建军　从延庆
吕世兴　吕言河　从乐东　从悦军　吕昆明　吕昆良　从维仁
从悦华　吕兴国　从孟兆　吕世聪　吕世起　吕京伟　吕同民
吕世武　吕瑞新　吕吉祥　从乐恒　从杭州　从传伟

会计：吕克祥

现金保管：吕世能

物资保管：吕言忠

日常管理：吕昆明　吕世能

公元二零一五年腊月　榖旦

碑阴：

善　款

5000元者：吕世敬　吕世新　齐学富

3000元者：吕志军　吕群英

2000 元者：吕瑞彬　从悦明　吕言江
1600 元者：齐汉杰
1200 元者：吕伟明　刘祥平
1000 元者：吕世伟　吕瑞新　吕鲁奇　吕世江　吕林国　吕世军
从北平　从乐敏　齐晓亮　吕秀武　吕世武
800 元者：吕世庆
700 元者：马增春　吕伟义　吕京伟　从少帅
600 元者：吕胜伟　吕日光　从乐理　从维忠　齐安正　齐克山
从忻晖
500 元者：吕瑞俊　吕建波　吕世元　吕言国　赵伟才　从百国
从建设　吕兴国　从国民　吕俊达　马设春　吕瑞军
吕言山　吕建廷　吕西安　吕建伟　从伟平　从悦红
吕瑞海　吕继英　从伟新　吕庆伟　吕延孟　从国亮
齐军平　吕世常　吕瑞京　吕世强
300 元者：吕言涛　从华田　吕瑞合　吕友国　从悦龙　从孟彬
吕瑞武　吕世成　吕世芹　吕瑞涛　吕世坤　吕东英
吕言彬　吕世强　吕世俊　吕世清　吕三华　从悦华
齐乃江　吕世涛　从悦金　从京明　吕瑞文　从延忠
吕立军　张泽林　吕胜伟　从悦泽　吕鲁波　从天津
从光明　吕小伟　从欣伟　从孟成　从欣恒　从乐辉
从建敏　从兴军　吕言华　从忠欣　马方元　从彬彬
从欣国　从欣宝　从桂平　齐学涛　吕克亮　从伟理
从欣全　从乐龙　齐龙华　吕世国　吕兴凯　从乐凯
齐汉伟　吕世聪　吕成英　从维仁　齐学理　吕同民
吕同安　从孟俊　从伟军　吕志彬　从乐栋　吕金国
吕世孟　从欣武　从正伟　吕世海　从鲁阳　吕瑞坤
从龙涛　从丰龙　吕言河　吕海英　吕世东　吕志祥
从乐训　齐小伟　从欣普　齐克杰　齐占良　吕幸福
赵伟华　吕孟敬　从丙信　从乐堂　吕建波　从伟庆

从传芳　齐占成　齐安伟　吕国辉　吕建武　吕世绪
齐　奎　从孟汉　吕春伟　吕图武　吕志英　吕海伟
吕战伟　吕言成　从悦明　吕志强　从长伟　吕兴海
吕坤良　从孟连

200元者：吕志廷　吕世明　吕西阳　吕言海　齐学波　齐海阳
从乐迎　从东瑧　从悦胜　吕世孝　吕照英　齐学山
从欣恒　齐安禄　从欣文　齐建伟　吕建华　齐占云
宋卫升　从东永　吕言庆　吕言波　从乐武　齐乃英
齐乃永　从悦贤　吕建敏　吕世信　吕国英

100元者：从乐东　吕瑞平　吕言清　从悦东

YHM－1：

流芳百世

盖闻昊天金阙至尊玉皇大帝，总管三界十方、四生六道一切福祸，凡属黎民莫不矢佑。其扬善疾恶，积德立功者，俱各平安无恙。三官大殿诸神灵，司风调雨顺，人丁兴旺，康泰发运，予以衷肠，求心安理得之乐。时逢盛世升平，安居乐业，乡里众生，虔诚备至，乃重修玉皇三官大殿，顶礼膜拜，弘扬善德，诉诸夙愿，以祈福泽，此乃崇道尚德之事哉。故于一九九八年八月立石以记之。

齐乃庆撰文；塑画：翟玉龙　胡明海

合会齐忠诚、齐长荣、马秉霞、齐乃瑞、齐乃信、齐安彬、齐乃亭、齐汉忠、齐忠正、齐延寿、齐乃宽、齐乃秀、齐乃明、齐安正、齐汉章、齐乃相、齐思勤、齐忠俊、齐克庆合立。

一九九八年八月　立石

YHM－2：

名播千秋

陶　埠　宋有志　齐乃钢

东永安　齐殿彬　刘　萍

辛　庄　史淑善

夏店乡　姜在龙

昌邑石化　史丽珍

双台乡　齐凤兰　丛兴江　齐孝孔　齐乃金　齐忠选　齐安举
齐孔尧　齐广东　齐乃京　丛兴海　丛振玉　丛孟民
陈光明　吕建军　吕秀武　宋述臣　宋建亭　张素琴
李乃彬　宋建全　丛秀梅　齐秀云　齐宗涛　齐学森
高文彬　齐文龙　吕建国　齐乃宗　王凤英　齐元亭
齐学书　纪尊圣　齐忠兴　齐保锋　齐占贵　齐兴元
齐占芳　齐学信　齐殿起　齐作山　齐作虎　齐孔森
齐美娟　齐茄子　齐乃法　齐学蛟　齐殿涛　齐克忠
齐占海　齐安正　马兴梅　林令芬　齐忠福　唐云彪

下营镇　谢明英　谢永贞　董瑞英　谢秀英　王玉英　王伦英
谢秀花　刘京芬　吕勤杰　王玉芳　刘同芬　李洪芝
刘桂臻　吕永伟　刘德芳　刘德珍　李先荣　张翠兰
李桂臻　王玉杰　吕秀香　于凤英　李淑花　刘德华
李洪云　王桂英　谢素芬　傅巧华　邱群宗　赵月娥
吕建华　吕延顺　吕巧华　岳守兰　焦月花　谢洪平
李桂英　张晓荣　谢秀琴　傅巧娣　邱小峰　吕海燕
董瑞华　吕言春　吕淑君　吕占娥　谢淑美　王国勤

青乡镇　张中贤　徐桂贞　陈秋芬　陈学彩　徐桂芝　魏秀香
王玉臻　孟爱玉　徐荣花　薛屯田　孙善明母　孙明堂母
孙淑兰　孙淑华　明瑞芝　王玉芝　孙秋芬　王玉兰
张作梅　范奎有　李少云　孟桂华　张秀英　马秀英
孙桂荣　徐桂山　孟秀霞　孙凤英　刘芝霞　孙桂芳
马凤兰　范淑华　刘长秀　孙翠荣　孙秀英　明福昌
刘金业　王照荣　林桂兰　徐淑琴　徐桂琴　姜玉卿
王凤英　孟庆玉　郭淑芬　郭桂芳　徐云玉　刘正华
傅桂枝　孙凤霞　徐桂芬　刘福邦　刘克奇

柳疃镇	罗灵先	姜素云	高爱香	高文琴	范月凤	常秀臻
	魏成先	魏秀玲	金德玉	史占先	史九莲	姜秀琴
	高桂琴	姜玉珍	史孔春	李玉臻	安桂贞	孙桂乙
	姜贤乙	寇清芬	傅金婵	孙桂云	徐芝芬	傅孝兰
	徐桂秀	刘云先	李宁臣	徐淑琴	郭秀臻	高秀莲
	范秀琴	姜桂英	安述珍	韩英禹	陈秀芳	姚述芝
	刘丽娟	魏兰芝				
龙池镇	赵翠霞	魏秀英	孙志华	齐文兰	张述城	姜瑞荣
	陈瑞霞	齐淑月	陈光英	姜兰芬	刘增兰	王长兰
	王兰芝	陈焕金	陈保家	迟淑霞	王显亮	

YHM－3

善德千载

东永安	齐乃友	齐占乾	齐学礼	马新花	刘秀英	阎秀珍
	齐秀荣					
闫家庵	马秉霞					
城　关	郭有鹏					
二　甲	李宝珍					
大　院	孙金芬	刘万芝				
东永安	齐长明	齐思恩	齐殿栋	齐占芬	齐占芝	齐乃坤
	马素梅	丛孟彬	齐乃继	刘乃美	刘素梅	马素霞
	丛悦娥	丛孟菊	宋玉美	齐占城	齐克永	马金芝
	刘美荣	王爱荣	丛兴华	齐祝涛	齐莹涛	王秀芝
博乐埠	齐广军	齐孔军				
东家乡	蒋秀平	谢玉明	刘东明	邢玉芬	马新芝	吕金霞
	马凤春	马凤菊	李瑞秀	马秉功	赵桂兰	李淑华
	谢凤德	马桂珍	张焕荣	胡云珍	孙玉芬	冯淑芹
	谢素芳	翟建芹	李增君	张春梅	胡照芬	张瑞珍
	姜修德	胡长军	董秀芳	马圣芳	胡延锡	张桂香

董秀惠 刘淑清 谢刚元 曹凤伟 孙云红 朱桂芳
孙桂云 马振民 李云英 李淑珍 邱梦云 李会江
姜玉珍 张尧昌 董述京 严桂芳 刘柱英 胡文斗
胡迎春 马明芹 冯素芹 孙玉辉 李文旭 姜言海
姜志芳

莱州市土山镇 谢桂荣 李玉芳 仁松兰 孙桂芹 孙瑞兰 孙书芳
栾德英 王文英 孙祥顺 仁学芹 李京泉 李玉良
李玉信 李瑞义 马学孔 李永涛 李永进 邱志成
李淑花 王新英 孙鹏高 韩秀荣 杨美花 孙泽刚
李秉松

路旺镇 卞志伟

柳疃镇 刘浩邦 孙玉芬 管启香 梁凤英 齐凤兰 王清云
姜桂芬 傅肖望 车述飞 傅效兰 姜亦秀 孙恩芝
陈淑芹 李明臣

城　关 柳雪梅 夏冬梅 谭金山 刘玉梅 刘玉桂 王新华
王荣华 阎玲玲 郭有珍 李会兰 丁立诚 孙玉兰
宫继武

龙池镇 郝洪斌 李法莹 魏素芹 王法金

下营镇 李云芝 王代第 刘喜章

青乡镇 李瑞海 孙桂花 孟建华 刘汉昌 刘恩善 明瑞芝
徐凤珍 王淑霞 李少云 郭春霞 孙从香

JKB－1：

2015 年扎牛“善人”捐款表①

姓名（吕）	金　额	姓名（丛）	金　额	姓名（齐）	金　额
吕言江	1000 元	丛悦明	800 元	齐学富	2000 元

① 村民所张贴的榜单，有些数额较大的捐款会重复公布，所以该表格是作者依原始榜单为主，重新整理而成。

（续表）

姓名（吕）	金　额	姓名（从）	金　额	姓名（齐）	金　额
吕群英	1000 元	从欣涛	500 元	齐汉杰	600 元
吕秀武	700 元	从春阳	200 元	齐彭涛	200 元
吕世能	300 元	从孟连	200 元	齐乃宗	200 元
吕世敬	300 元	从伟庆	200 元	齐有全	200 元
吕世新	300 元	从孟玉	200 元	齐永涛	100 元
吕瑞彬	300 元	从世伟	200 元	齐汉伟	100 元
吕世伟	200 元	从国宪	200 元	齐占义	100 元
吕建伟	200 元	从国东	200 元	齐忠志	100 元
吕瑞海	200 元	从悦军	200 元	齐忠强	100 元
吕南南	100 元	从兴海	100 元	齐金平	100 元
吕世常	100 元	从建设	100 元	齐学平	100 元
吕维信	100 元	从孟俊	100 元	齐建国	100 元
吕胜伟	100 元	从延德	100 元	齐克恩	100 元
吕世涛	100 元	从悦华	100 元	齐乃江	100 元
吕瑞先	100 元	从乐东	100 元	齐凤杰	100 元
吕言忠	100 元	从悦红	100 元	齐思杰	100 元
吕志刚	100 元	从卫君	100 元	齐安林	50 元
吕世成	100 元	从维理	100 元	齐东营	50 元
吕延孟	100 元	从延 ×	100 元	齐安西	50 元
吕金照	100 元	从继仁	100 元	齐作东	20 元
吕春英	100 元	从乐恒	100 元	齐乃庆	20 元
吕世绪	100 元	从乐礼	100 元	齐安美	20 元
吕世胜	100 元	从　伟	100 元	齐乃臻	20 元
吕世能	100 元	从维欣	100 元	齐淑月	20 元
吕继英	100 元	从延忠	100 元	齐克庆	20 元
吕世军	100 元	从悦泽	100 元	齐学明	10 元
吕瑞军	100 元	从孟汉	100 元		
吕言山	100 元	从维忠	100 元		
吕伟斌	100 元	从乐凯	100 元		

（续表）

姓名（吕）	金　额	姓名（从）	金　额	姓名（齐）	金　额
吕成美	100 元	从乐堂	100 元		
吕昆良	100 元	从华田	60 元		
吕延海	100 元	从五 ×	60 元		
吕言国	100 元	从欣文	50 元		
吕 × 森	100 元	从悦斋	50 元		
吕伟义	100 元	从孟胜	50 元		
吕金城	100 元	从延庆	50 元		
吕秀文	100 元	从悦金	50 元		
吕健军	100 元	从建忠	50 元		
吕保林	100 元	从天津	50 元		
吕世茂	100 元	从欣彬	50 元		
吕日光	100 元	从乐迎	50 元		
吕世起	100 元	从国利	50 元		
吕林国	100 元	从鲁海	50 元		
吕东美	100 元	从京明	50 元		
吕世强	100 元	从正伟	50 元		
吕世清	100 元	从孟逊	50 元		
吕静静	100 元	从孟彬	50 元		
吕兴国	100 元	从祥芝	50 元		
吕建设	50 元	从兴军	50 元		
吕瑞武	50 元	从祥远	30 元		
吕图武	50 元	从乐文	30 元		
吕生才	50 元	从悦寿	30 元		
吕世东	50 元	从孟兆	20 元		
吕延孔	50 元	从乐民	20 元		
吕瑞文	50 元	从欣龙	20 元		
吕瑞俊	50 元	从悦敖	20 元		

（续表）

姓名（吕）	金　额	姓名（丛）	金　额	姓名（齐）	金　额
吕兴海	50 元	丛顺昇	20 元		
吕同安	50 元	丛言俊	20 元		
吕世聪	50 元	丛顺志	20 元		
吕健美	50 元	丛乐训	20 元		
吕鲁伟	50 元	丛耀武	20 元		
吕言彬	50 元	丛维智	20 元		
吕建波	50 元	丛耀斌	20 元		
吕世清	50 元	丛悦胜	20 元		
吕春伟母	50 元	丛耀军	20 元		
吕言生	50 元	丛欣辉	20 元		
吕军美	50 元	丛传芳	20 元		
吕世全	50 元	丛悦龙	20 元		
吕言海	70 元	丛孟杰	20 元		
吕建华	50 元	丛北军	20 元		
吕路忠	50 元	丛波 ×	20 元		
吕言城	50 元	丛乐庆	20 元		
吕国美	50 元	丛沈阳	20 元		
吕言军	50 元	丛传奎	10 元		
吕志胜	50 元	丛乐起	10 元		
吕志强	50 元	丛孟达	10 元		
吕昆 ×	50 元	丛永健	5 元		
吕金许	50 元				
吕世芹	50 元				
吕伟茂	50 元				
吕瑞忠	30 元				
吕山林	20 元				
吕克祥	20 元				

（续表）

姓名（吕）	金　额	姓名（丛）	金　额	姓名（齐）	金　额
吕殿亮	20 元				
吕言海	20 元				
吕世俊	20 元				
吕胜伟	20 元				
吕忠成	20 元				
吕志延	20 元				
吕佃欣	20 元				
吕胜林	20 元				
吕兴武	20 元				
吕胜军	20 元				
吕瑞兴	20 元				
吕瑞圣	20 元				
吕世宗	20 元				
吕世章	20 元				
吕世坤	20 元				
吕　朋	20 元				
吕世友	20 元				
吕瑞平	20 元				
吕西洋	20 元				
吕春伟	20 元				
吕言波	20 元				
吕志法	20 元				
吕瑞民	10 元				
吕瑞东	10 元				
吕瑞孟	10 元				
吕瑞 ×	10 元				
吕瑞军	10 元				

（续表）

姓名（吕）	金　额	姓名（丛）	金　额	姓名（齐）	金　额
吕瑞欣	10 元				
吕言华	10 元				
吕瑞孝	10 元				
吕瑞玲	10 元				
吕兴文	10 元				
总计：10630 元		总计：6515 元		总计：4680 元	
备注：东永安村除三大家族外的捐款有马方友 20 元、赵伟才 20 元、刘新山 200 元、刘乃珍 10 元、肖悦强 6 元、姜尚荣 20 元、庞树富 50 元，潍坊张圣山 100 元、孙永 50 元；潍坊垒盛房地产有限公司郝洪涛善款 2000 元；马渠魏信坤 100 元、姜潍政 100 元、魏德迎 50 元；西柳疃 200 元；柳疃王大海 100 元、刘家礼 100 元；陶卜村郭文东 100 元、刘海涛 100 元；王侯章村王鲁东 100 元；石桥村李悦民 50 元；走马岭翟保全 500 元。					
总额：25801 元					

JKB－2：

2015 年扎马“善人”捐款表

姓名（齐）	金　额	姓名（吕）	金　额	姓名（丛）	金　额
齐汉杰	1000 元	吕秀武	300 元	丛悦明	800 元
齐建国	800 元	吕瑞彬	300 元	丛欣涛	500 元
齐学富	600 元	吕群英	300 元	丛孟俊	150 元
刘秀英	600 元	吕建伟	200 元	丛春阳	100 元
齐鲁文	600 元	吕世敬	100 元	丛中欣	100 元
齐乃利	400 元	吕坤良	100 元	丛延德	100 元
齐军平	300 元	吕世庆	100 元	丛悦华	100 元
齐中秋	200 元	吕建设	50 元	丛乐唐	100 元
齐学涛	200 元	吕志英	30 元	丛伟仁	50 元

（续表）

姓名（齐）	金　额	姓名（吕）	金　额	姓名（丛）	金　额
齐佃起	200 元	吕世胜	30 元	丛延中	50 元
齐乃刚	200 元	吕圣林	20 元	丛伟军	50 元
齐强强	200 元	吕建华	20 元	丛×伟	50 元
齐晓亮	200 元	吕圣伟	20 元	丛××	30 元
齐学蛟	200 元	吕秋梅	10 元	丛顺昇	20 元
齐学良	200 元			丛乐胜	20 元
齐学山	200 元			丛延俊	20 元
齐海洋	200 元			丛孟民	20 元
齐金平	200 元			丛顺志	20 元
齐磊州	200 元			丛传奎	10 元
齐学智	200 元				
齐学飞	200 元				
齐乃宗	200 元				
齐建春	200 元				
齐彭涛	200 元				
齐国栋	200 元				
齐学贵	200 元				
齐汉俊	200 元				
齐克民	200 元				
齐长敏	200 元				
齐波州	200 元				
齐文风	200 元				
齐克山	200 元				
齐克亮	200 元				
齐国庆	200 元				
齐中志	200 元				
齐中保	200 元				

（续表）

姓名（齐）	金　额	姓名（吕）	金　额	姓名（从）	金　额
齐学×	200 元				
齐兴亮	100 元				
齐楠楠	100 元				
齐鲁中	100 元				
齐学乾	100 元				
齐方明	100 元				
齐文龙	100 元				
齐乃江	100 元				
齐学进	100 元				
齐中柱	100 元				
齐克恩	100 元				
齐思杰	100 元				
齐金英	100 元				
齐金霞	100 元				
齐春梅	100 元				
齐中旺	100 元				
齐建平	100 元				
齐佃敏	100 元				
齐新华	100 元				
齐传隆	100 元				
齐东营	100 元				
齐永利	100 元				
齐安美	100 元				
齐文祥	100 元				
齐汉顺	100 元				
齐占义	100 元				
齐占成	100 元				

（续表）

姓名（齐）	金　额	姓名（吕）	金　额	姓名（从）	金　额
齐民	100 元				
齐文龙	100 元				
齐学进	100 元				
齐波洲	100 元				
齐凤杰	100 元				
齐学智	100 元				
齐学政	100 元				
齐修宽	100 元				
齐龙华	100 元				
齐裕辉	100 元				
齐中华	100 元				
齐学书	100 元				
齐克杰	100 元				
齐永涛	100 元				
齐中强	100 元				
齐晓庆	100 元				
齐晓江	100 元				
齐国旺	100 元				
齐乃训	70 元				
齐结合	70 元				
齐汉孟	60 元				
齐占亮	50 元				
齐中联	50 元				
齐占民	50 元				
齐乃夺	50 元				
齐克易	50 元				
齐占敏	50 元				

（续表）

姓名（齐）	金　额	姓名（吕）	金　额	姓名（从）	金　额
齐学玉	50 元				
齐安美	50 元				
齐安孟	50 元				
齐克易	50 元				
齐占义	50 元				
齐占成	50 元				
齐乃禹	50 元				
齐克龙	50 元				
齐兴圣	50 元				
齐占民	50 元				
齐乃铎	50 元				
齐学尧	50 元				
齐国辉	50 元				
齐新华	50 元				
齐安杰	50 元				
齐传隆	50 元				
齐安正	20 元				
齐鲁华	20 元				
齐淑月	20 元				
齐学礼	10 元				
（齐）总计：16070 元		（吕）总计：1580 元		（从）总计：2290 元	
备注：东永安村除三大家族外的捐款有陈修宽 200 元、陈延寿 30 元、刘建廷 100 元、刘芳雪 20 元、栓廷 30 元、×国 200 元、刘东旭 100 元、李建华 100 元；柳疃李乃友 200 元。					
总额：20920 元					

附录二　潍北东永安村孙膑庙会活动记录表

说明：该表格为2014年与2015年东永安村孙膑庙会活动记录，是依据该村孙膑庙宇办公室的记事本整理而成。记事本主要由村民丛延俊负责记录。

（一）孙膑庙会活动记录表（2014年腊月初一至正月十四）

时　间	地　点	活动内容	参加人员
2014年1月1日（腊月初一）	孙膑庙外	写对联、扎大牛	吕瑞福、丛兴友、丛孟华、吕世能、吕克祥、吕世圣、丛延庆、丛延俊、吕佃欣、丛孟杰、丛延明、吕世明、吕言忠、吕瑞孝
2014年1月2日（腊月初二）	孙膑庙外	扎大牛	吕瑞福、丛兴友、丛延俊、吕世能、丛孟杰、吕瑞孝、吕世明、吕克祥、吕世圣、吕佃欣、丛延庆、丛延明、吕言建
2014年1月3日（腊月初三）	孙膑庙外	扎大牛	吕瑞福、丛兴友、吕瑞孝、丛延明、丛孟杰、吕延×、吕克祥、吕世圣、吕殿欣、丛延庆、吕世明、丛延俊
2014年1月4日（腊月初四）	孙膑崇拜传习所	扎大牛、剪牛毛	吕瑞福、丛兴友、吕瑞亮、丛延明、吕佃欣、丛延庆、丛孟杰、吕世能、吕世明、吕克祥、丛言俊、吕言建、吕世圣、齐翠×、吕瑞英、吕言忠妻、陈玉梅、丛瑞钦妻

（续表）

时　间	地　点	活动内容	参加人员
2014年1月5日（腊月初五）	孙膑崇拜传习所	扎大牛、剪牛毛	齐翠×、丛瑞英、丛瑞钦妻、齐美荣、吕言忠妻、陈玉梅、吕瑞福、丛兴友、吕瑞亮、丛延明、吕佃欣、丛延庆、吕言建、吕世能、吕世明、丛孟杰、丛言俊、吕克祥
2014年1月6日（腊月初六）	孙膑崇拜传习所	扎大牛、剪牛毛	吕瑞福、丛兴友、吕瑞孝、丛延明、吕世能、吕世圣、丛延庆、丛孟杰、丛言俊、吕言建、吕佃欣、吕克祥、齐翠×、丛瑞英、丛瑞钦妻、陈玉梅、吕瑞珍
2014年1月7日（腊月初七）	孙膑崇拜传习所	扎大牛、剪牛毛	吕瑞福、丛兴友、丛延明、吕瑞孝、丛延庆、丛正春、吕世能、丛孟杰、吕言顺、吕瑞建、丛言俊、吕同民母、吕言忠妻、吕世岐、吕言建、吕言君、吕延海妻、丛乐东、齐翠×、陈玉梅、丛兴美、齐美荣、吕瑞珍、吕佃欣、孙中福
2014年1月8日（腊月初八）	孙膑崇拜传习所	扎大牛、包布	吕瑞福、丛兴友、丛延明、吕瑞孝、吕世能、吕克祥、吕言建、吕佃欣、丛延庆、吕同民、丛延×、丛孟清、吕世岐、丛乐信、吕世明、丛言俊、丛孟杰、吕孝、丛乐东
2014年1月9日（腊月初九）	孙膑崇拜传习所	扎大牛	吕瑞福、丛兴友、丛延明、吕瑞孝、吕世能、吕克祥、吕言建、吕佃欣、丛延庆、吕同民、丛孟清、吕世岐、吕孝、丛乐东
2014年1月10日（腊月初十）	孙膑崇拜传习所	扎大牛、清理庙院	吕瑞福、吕瑞孝、丛兴友、丛延明、吕世能、吕世聪、丛正春、丛乐庆、吕安、丛永建、丛延庆、丛孟清、吕佃欣、吕言忠、丛欣春、丛兴弼、丛言俊、吕瑞建、吕世聪、吕言杰、丛孟清、吕世明

（续表）

时　间	地　点	活动内容	参加人员
2014 年 1 月 11 日（腊月十一）	孙膑崇拜传习所	打扫卫生	吕言忠、吕世能、吕世明、吕世圣、吕言建、从孟杰、从孟清、从正春、从延明、从孝、从言俊
2014 年 1 月 12 日（腊月十二）	孙膑崇拜传习所	打扫卫生	吕世圣、吕言建、从孟杰、从孟清、吕孝、吕世明、从言俊、吕建美、从正春、吕克祥、吕言忠、吕世宗、从瑞美、吕志圣妻、吕志林母、吕言忠妻、吕×熹
2014 年 1 月 13 日（腊月十三）	孙膑崇拜传习所	打扫卫生	吕世能、吕世明、从延明、从孟清、吕佃欣、从乐庆、吕言增、从言建、从言俊
2014 年 1 月 14 日（腊月十四）	孙膑崇拜传习所	文艺活动	吕世宗、吕世效、吕世增、从伟仁、吕言华、吕言祥、从乐信、齐国杰、齐中顺
2014 年 1 月 15 日（腊月十五）	孙膑崇拜传习所	修井、打扫卫生	吕世能、吕世明、从孟杰、从延庆、吕志胜、吕世胜、吕世聪、吕瑞福、吕瑞君、从延忠、吕言建、从言俊、吕建英、吕世岐、从悦敖
2014 年 1 月 16 日（腊月十六）	孙膑崇拜传习所	修井、打扫卫生	吕世能、吕世圣、吕世明、吕志圣、从孟玉、从延庆、从言俊、吕建英、吕言忠、从言忠、吕世聪、从孟杰、吕志信、吕瑞昌
2014 年 1 月 17 日（腊月十七）	孙膑崇拜传习所	文艺宣传	吕瑞福、吕世能、吕世明、吕伟平、从延忠、吕言建、从言俊、从伟仁、吕世孝、吕胜利、吕志信、吕安宗、吕世增、从延明
2014 年 1 月 26 日（腊月二十六）	孙膑崇拜传习所	文艺活动	吕世岐、吕言君、齐×才、吕志信、吕瑞福、吕言华、从孟瑞、从言忠、从延明、吕言建、从言俊、吕佃能子、吕世聪

（续表）

时　间	地　点	活动内容	参加人员
2014年2月5日（正月初六）	孙膑崇拜传习所	扎大牛	吕瑞福、从兴友、吕世岐、吕世能、吕言忠、吕瑞昌、吕言建、吕世聪、吕成安、从孟杰、吕延庆、吕世明、吕大伟、从悦敖、从言俊
2014年2月6日（正月初七）	孙膑崇拜传习所	扎大牛	吕瑞福、从兴友、吕言忠、从孟杰、从延庆、从延忠、吕世明、吕克祥、吕言祥、吕大伟、从孟清、吕建英、吕世能、从欣文、从言俊
2014年2月9日（正月初十）	孙膑崇拜传习所	扎大牛	吕言忠、吕瑞昌、吕瑞孝、从悦敖、吕瑞圣、吕世圣、从乐信、吕世明、从延庆、吕世武、从延忠、从言俊、从孟杰、吕瑞福、吕世能、吕伟平、吕言祥、吕兴友、吕言君、吕安、从延明、从乐东、吕大伟、吕志全、从孟瑞
2014年2月10日（正月十一）	孙膑崇拜传习所	扎大牛、剪牛毛、糊牛毛	吕言忠、吕瑞福、吕世能、从延庆、吕世聪、吕世岐、吕大伟、从兴友、从言俊、从孟杰
2014年2月11日（正月十二）	孙膑崇拜传习所	扎大牛、糊牛毛	吕言忠、吕世能、吕瑞昌、吕志友、吕世明、从悦敖、吕瑞孝、从乐东、从言俊、从延明、从维仁、从兴友、吕世岐、吕世圣、从延忠、吕瑞福、吕志金、吕大伟、齐鲁华、吕瑞建、从正春、吕瑞圣、从孟清、从孟杰
2014年2月12日（正月十三）	孙膑崇拜传习所	无	从延庆、吕言忠、吕世能、吕瑞孝、从悦敖、从乐训、吕瑞福、从兴友、从延明、从延忠、吕君、吕世聪、吕瑞昌、吕克祥、从言俊、吕世岐、从正春

（续表）

时　间	地　点	活动内容	参加人员
2014年2月13日（正月十四）	孙膑崇拜传习所	孙膑庙会	吕言忠、从延忠、吕瑞昌、从延明、吕君、吕圣、从永彬、吕世能、从延庆、吕大伟、从兴友、吕瑞福、吕言彬、吕春英、从悦敖、吕瑞孝、从乐训、吕述旺、吕世岐、吕世聪、从欣文、从欣武、吕圣伟、吕圣君、吕昆良、吕世清、吕言增、从言俊、吕世明、吕瑞建、吕瑞×、吕安、从沈阳

（二）孙膑庙会活动记录表（2015年正月初五至十四）

时　间	地　点	活动内容	参加人员
2015年2月23日（正月初五）	孙膑庙	扎大牛、文艺彩排、宣传	吕昆明、吕世能、吕言忠、吕克祥、吕瑞福、从兴友、从悦敖、吕建伟、从兴朝、从延庆、从延忠、吕群英、从杭明、吕金城、吕建美、从悦红、吕志强、从延明、吕言祥、吕世武、吕瑞胜
2015年2月24日（正月初六）	西　庙	无	吕瑞福、吕世能、吕昆明、吕新代、吕言建、吕克祥、吕瑞美、吕言忠妻、吕言忠
2015年2月25日（正月初七）	西　庙	扎牛鞍、宣传、扎牛花	吕言忠、吕世能、吕昆明、吕瑞福、从兴友、从杭明、吕瑞孝、吕世武、吕克祥、吕世起、吕世聪、吕建军、吕同安、吕正春、吕三华、从延庆、吕佃欣、从延明、吕言诚、从孟敬、吕孝、吕伟平、从新代、吕群英、从乐东、吕志胜、齐云霞、齐云轻、刘美荣、吕丽丽、吕言忠妻、吕世起妻、吕军发妻、吕龙云妻、吕瑞孝妻、从悦敖妻、齐翠×、齐美荣、刘乃珍、从延德妻、从传奎

（续表）

2015年2月26日（正月初八）	西　庙	扎牛、糊牛毛、剪大花、小花等	吕成美、吕言忠、吕世能、吕昆明、吕克祥、从延明、从兴友、从延庆、吕佃欣、从杭明、吕瑞福、吕瑞孝、从乐恒、吕东美、从延忠、从乐东；糊牛毛、剪花妇女30余人
2015年2月27日（正月初九）	西庙、家户	文艺宣传、糊牛毛、剪花	吕言忠、吕世能、吕昆明、吕克祥、吕瑞福、从延庆、从延明、吕瑞孝、从兴友、从乐东、从新代、从孟兆、吕佃欣、从乐信、从传伟、齐殿参、从乐恒、吕伟平、吕孝、从振友、从正春；另吕述旺家（25人）、吕同安母家（12人）、吕言忠家（10人）、从悦敖家（16人）
2015年2月28日（正月初十）	西　庙	扎牛、剪花等	吕言忠、吕世能、吕昆明、吕克祥、吕世清、吕世起、从延庆、吕瑞福、吕瑞孝、从兴友、吕佃欣、吕言诚、从新代、吕言平、从乐东、吕述旺；另吕述旺家（10人）、吕同民母家（10人）、吕言忠家（12人）、从悦敖家（12人）
2015年3月1日（正月十一）	西　庙	糊牛毛、剪花、剪牛毛等	吕言忠、吕世能、吕昆明、吕世清、吕瑞福、从乐东、从延庆、吕克祥、吕瑞孝、从延明、吕志友、从兴友、从新代、吕孝、从正春、吕述旺、吕世起、从延忠；吕建旺家剪花、吕言彬家剪花、吕言忠家剪花
2015年3月2日（正月十二）	西　庙	扎牛角、扎花等	吕言忠、吕世能、吕昆明、吕克祥、吕瑞福、从兴友、吕瑞孝、从延明、吕世起、吕佃欣、从正春、从新代、吕世清、吕同民、从传奎

（续表）

2015 年 3 月 3 日（正月十三）	西庙孙膑	锣鼓队、文艺队、糊牛花等	吕言忠、吕瑞福、从兴友、吕世能、吕昆明、吕克祥、从延庆、吕佃欣、从孟兆、齐殿参、从维仁、吕城美、吕东美、从乐恒、吕瑞圣、吕瑞孝、从传友、从乐信、从新朝、从新代、吕林国
2015 年 3 月 4 日（正月十四）	西庙孙膑	庙会、接待	吕成英、吕言忠、从延忠、吕瑞福、吕瑞昌、从延明、吕君、吕圣、吕世能、从延庆、从兴友、从悦敖、吕瑞孝、吕述旺、从乐恒、吕瑞圣、吕瑞孝、从传友、从乐信、从新朝、从新代、吕林国、吕世岐、吕世聪、从欣文、从欣武、从延俊

附录三　潍北东永安村神歌经卷目录

该目录为东永安村流传的神歌经卷，共计240篇，主要在村民吕瑞婷及张秀芬家搜集。村民常使用的有十几首，大部分较短，与日常生活较为贴近；篇幅较长的如《地母真经》《地母妙经》等村民并不经常使用。神歌经卷的使用时间主要是庙会节庆，每月初一、十五及日常聚会。村民一般称这类诵唱活动为“唱佛”。现将神歌经卷目录抄录如下：

○《五报经》○《十报经》○《务字开经咒》○《减罪文》

○《佛说弥勒救苦经》○《弓长出世招贤真经》○《白衣大士咒》

○《地母妙经》○《奉劝世人虔诵地母经》○《佛说金刚神咒》

○《密迹金刚神咒》○《太上玄灵北斗本命诞生真经》○《收魂咒语》

○《金刚神咒》○《忏悔文》○《四向偈》○《太阳星君经》

○《太阳星君经》○《消病神咒》○《地狱游记四十一日》

○《老母嘱咐金石良言记心间》○《吕祖劝世歌》

○《天机》○《玄机》○《无生老母金船开》

○《关圣帝君慈训》○《院长指示修道训》

○《吾皇圣南降坛枇留训篇》○《救劫灵章》

○《释迦文佛指示训》○《大成至圣孔夫子指示训》

○《道德天尊指示训》○《基督教主耶稣指示训于彰化菩提园》

○《玉皇大天尊关圣帝君警世文》○《竹山连兴宫天上圣母降》

〇《修道之宗旨》〇《云城歌》〇《九九节经》

〇《劝世佛》（抄于庚辰年五月）〇《敲晨钟》（渔光曲调）

〇《修道五更》（苏武牧羊调）〇《学庸忠恕谈》

〇《采茶歌》〇《十二月佛经文》〇《素食歌》（苏武牧羊调）

〇《叩头经》〇《钥匙经》〇《镇梦咒》〇《修行佛》

〇《法船歌》〇《普陀赞》〇《定身咒》〇《老母曰》

〇《太上老君说常清静经》〇《太上洞玄灵宝升玄消灾护命妙经》

〇《太上灵宝天尊说禳灾度厄真经》〇《无上玉皇心印妙经》

〇《太上玉皇灵宝天尊说救苦妙经》〇《元始天尊说升天得道真经》

〇《太上正乙天尊说消灾龙虎妙真经》〇《太上老君亲留天地经文》

〇《皇经五更》〇《往生咒》〇《玉法号》〇《入心印经》

〇《灵官咒》〇《土地咒》〇《黄氏女宝卷》〇《哭五更》

〇《柳毅山》〇《放风筝》〇《老母娘卖松柴》〇《仙姑打秋千》

〇《知足就好》〇《小棉袄》〇《号船》〇《灶王经》

〇《青石山》〇《小船》〇《西北上打雷阴了天》〇《通天经》

〇《护身经》〇《梦寿经》〇《打新春过新年》

〇《一尊莲花》〇《弟子进佛门》〇《佛祖大道放光明》

〇《葫芦花》〇《五更上蒲坦》〇《五更盼善人》

〇《单道》〇《黑森森》〇《亲爱的道友们》

〇《佛爷留下的地母经》〇《五棵白菜》

〇《为从烧香记心怀》〇《大年佛》〇《想儿》

〇《小小手绢》〇《八登神仙》〇《镇鬼怪符》

〇《南无摩诃波罗蜜》〇《一棵瓜》〇《四向观音菩萨》

〇《观音老母空中暗查访》〇《送生娘娘空中悬》〇《庄农理》

〇《老母娘娘的花手巾》〇《四恶至理歌》〇《敬三官》

○《法船歌》○《敬拜老母娘》○《盼师傅》○《莲花观音》

○《一句弥陀最方便》○《一棵白菜》○《盼老母》○《十个大字》

○《老母保你好家园》○《上蒲团》○《石榴开花满园红》

○《真心拜香案》○《念念阿弥陀佛》○《一个荷叶圆又圆》

○《财神记》○《太阳本是东海生》○《从东来了一位生》

○《跟老母修行》○《无生老母》○《拜香》○《路神老爷》

○《关老爷佛》○《知足就好》○《烧香拜佛保平安》

○《放风筝》○《比孝歌》○《好人歌》○《五修行》

○《湘子出家》○《送莲佛》○《千万别烦愁》○《黄表文书》

○《五开心》○《一棵竹子》○《善人修行》

○《千面汤》○《秧歌小曲》○《观音家门经》

○《豌豆花》○《无生老母传信》○《无生老母救灾难》

○《八仙记》○《八仙观灯》○《皇姑游山》○《地宫路神佛》

○《一炷明香》○《五拜观音》（经常唱的）○《斗转天盘》

○《烧香佛》○《三把钥匙》○《五更盼善人》○《苇笠佛》

○《观音老母三个难》○《弟子进殿》○《初一十五拜神仙》

○《盼老母》○《想师父》○《全神佛》○《十尊菊花》

○《普劝歌》○《十娘娘》○《众位佛祖下山来》

○《姐妹十人逛花园》○《众位佛祖下山来》○《敬三关》

○《地母佛文》○《北斗咒》○《真心烧香靠太安》

○《赶永安山》○《观音老母卖鲜姜》○《无生老母坐莲台》

○《一步真心进佛门》○《中天玉皇关圣帝君指示训》

○《般若波罗蜜多心经》○《天道歌》（苏武牧羊调）

○《观音咒》○《地母真经》○《老母指迷金箴跋》○《佛说眼明经》

○《老母慈悲真无穷》（苏武牧羊调）○《佛目一望》

○《真道妙玄歌》○《师尊归空留念词》（苏武牧羊调）

○《门牌》○《鬼神结缘记》○《却瘟神咒》

○《老母经》○《弥勒古佛真经/佛留经文救劫明心宝卷》

○《老娘批示嘱咐语》○《天然老师批示万教归一经文》

○《正月十五山门开》○《十劝世人》○《供香》○《劝世歌》

○《出门经》○《十大敬》○《护身咒》○《灵符》

○《念阿弥陀佛》○《五更做梦》○《十里门》○《四挡》

○《五进经堂》○《小黄瓜》○《道纲正义指南》

○《低首叩拜地母娘》○《一见道友》○《知足的老婆》

○《关圣帝君救劫度人指迷篇》○《九五更》

○《观音菩萨教过训篇》○《叹修道歌》○《观音母度人》

○《按密食敕令》○《佛祖指示训注参》○《金佛银佛弥陀佛》

○《祥子出家》○《为从念佛烧香喜洋洋》○《一见姐妹石带笑》

○《五更保宝桌》○《鼓打一更泪浇流》○《弓长劝徒训》

附录四　潍北东永安村《应酬本》选

说明：本书于东永安村村民齐忠富家中搜集而得，全书共133页，成书年代大约在清末民初。① 据村民丛乐训说，该书由本村庠生丛立纲所抄写。第1～6页为新纸张，包裹原书，内容为《报丧帖解说》，与原书第1～4页类同（缺损较多），笔迹与其他书写不同，应是后人为避免内容丢失而重新誊写。下文“□”为字迹不清无法辨识者，“Δ”为原书所写，“……”为详细内容省略。

（一）报丧帖解说

书中共罗列了19条丧帖解说，如前2条：

1. 首面先写“讣”字。讣者速也，谓速告丧也。丧父写“先考”，丧母写“先妣”；丧祖父写“先祖考”，丧祖母写“先祖妣”；丧长子写“冢男”，丧余子写“众男”；丧长子妇写“冢妇”，丧余子妇写“众妇”；长孙写“冢孙”，余孙写“众孙”；长孙妇写“冢孙妇”，余孙妇写“众孙妇”。

2. 父殁而丧祖父，则以长孙口气写“先祖考”，自称“承哀孙某人泣血稽颡”；若有叔父在，傍再起一行，落两字写“孤子某人泣血稽颡”。若母亦殁，即写“孤哀子某人泣血稽颡”，接连写“暨孙某人泣血稽首”。若无叔父而有兄弟者，写“承哀孙某人泣血稽颡”，傍再起一行，写“期服孙某人泣血稽首”。

① 因书中同一笔迹提及“光绪二十七年”（1901），故成书应不早于1901年。

另外还有多种情况下的丧帖写作格式，如“祖父在，父已殁而丧祖母”“祖父与父俱殁而丧祖母”“丧子则以父为主，即顺父之口气写”“父母均殁，妻又生子，丧妻主丧，下款可书‘杖期生（或夫）’”等。

（二）殡帖解说

殡帖解说共 10 条，介绍了殡贴写作格式的注意事项，如下：

1. 首面中写“哀启”二字，此主三年之丧说……

2. 殡帖写“台慈座恻”，是承祖父母与父母之丧写的……

3. 殡时之主则写……

4. 请点主官与礼相，用红全帖，首面中写“正”字……

5. 生母之丧写“先生母 Δ 氏”……

6. 若年纪八十九十写“享寿”，六十七十应写“享年”……

7. 妾生之子，承祧奉祀，妾死□家长而无嫡妇，则以家长为主。

8. 谢祭帖，红签盖蓝签，与殡帖同样，为祖父母与父母谢帖，首面中写……

9. 殡后谢大祭帖字，首面中写“正”字，谢礼写在上面，拜名写……

10. 帖末□全帖，回亦用全帖，首面中写“正”字，拜名在上面。

（三）各种帖式示例

本书共列举了 63 种帖式写作范例，主要包括：

丧父报丧帖示例、丧母报丧帖示例、丧继母报丧帖示例、丧祖父祖母报丧帖示例、丧祖母与祖父报丧帖示例、丧妻报丧帖示例、丧长子报丧速殡帖示例、丧中子报丧速殡帖示例、丧长子妇报丧帖示例、丧中子妇报丧速殡帖示例、殡父母会客帖示例、殡祖父母会客帖示例、丧妻会客帖示例、殡父母帖式示例、殡祖父母帖式、殡子帖式、殡子妇帖式、殡生母帖式、谢帖示例、殡祖父母谢帖示例、殡妻谢帖示例、送挽言单帖示例、写挽言拜名式、殡后谢祭帖式、全收谢帖示例、不全收谢帖示例、全不收谢帖示例、光助单帖带套、娶妻单帖带套、邀帖示例、催帖示例、先□日请客全帖式、戏酒请客帖式、请会客帖式、女家请客帖式、娶妻请客帖式、柬式、纳彩帖式、回贴式、馈贶礼帖示例、入学拜师帖示例、送节礼帖示例、接风濯足请帖式、请僧家帖式、请道家帖式、僧请俗家帖式、道请俗家帖式、入泮贺喜传帖示例、贺寿传帖式、贺贡传单示例、为父母贺寿帖、贺贡士帖、贺寿单帖、赠旌帖式、请相礼帖、请做斋帖、割继请帖、娶妻光助帖、邀祭客帖、开荤单帖、开荤全帖式、会点主相礼帖式、谢点祀相礼帖式。

（四）对联

从内容上来看，本书对联主要包括丧礼联、婚礼联、贺寿联、贺生子联、贺门生入泮联、起集对联、谢雨对联等。以下列举几副谢雨对联：

子弟戏谢小雨：益以霡益以霂聊润数亩禾黍　乡里鼓乡里锣也比奏几部笙歌

六月谢雨：报神灵而奏清歌嘒嘒之嶰作唤匽鼍　酬甘澍以彰妙舞翩翩之绣裾映芙渠

才遏七夕庆天泽仍扮天河会上天河配　适当三伏报秋成预唱秋风词里秋风清（此岁闰七月）

六七月：檀板轻敲舞节还随菡萏润　金樽屡磬歌声犹伴匽鼍清

闰七月：时过七夕今节诗歌万舞（流火）回星驾　序入三伏后庚禁奏九阙（大田）报秋成

十月：曲奏梅花弄灵液犹滋大庾岭　歌调白雪词神膏还透小阳天

另有几副关于孙膑的对联，大概是因为村中有孙膑庙，写对联会常用到，笔者抄写如下：

一代威名雄战国　千年风景萃都昌

鬼谷山千年奇术　马陵道万古英雄
名振马陵观将略　道传鬼谷显神机
荡荡浩气固北海　巍巍功勋等泰山
当年事业惊诸国　此日炉烟福二东
独角青鸣齐邦兴　沉香拐举六国寒
七国奇功五万灶　一生神策十三篇
以战止戟补仁义之不逮　杀人安人全天地之好生
师政齐朝巍巍□成功也　灵显鄑境荡荡无能名焉
减灶成功赫赫奇深惊七国　屠龙茂绩巍巍绝业高千秋
花暖青牛卧　松高白鹤眠
屠龙茂伟绩　减灶成大功
沉香拐欲降　独角青长鸣

（五）诗词杂文

本书抄写了许多诗词杂文，如《勤学词》《南阳柴先生训子格言》《乾隆皇帝游金山寺作》《隐士家记》《赐百官》《清明诗》《杭州知府判兄弟争财语》《扇子文》《春词》《张继贤供状》等。

（六）修庙、修桥碑文

修庙缘簿文

邑Δ处旧有Δ庙一座，忆昔栋宇巍严，神像显赫，不独壮观于一方，实能默佑乎万民也。而今前殿后殿以及两廊，皆栋折、檩崩，无一完固。吾等感恩思报，欲复以修理。无奈独力难成，不免叩化四方。善男信女，如施资财，共成盛事，则神之报应固不爽，而吾等之感激亦无穷矣。

又

盖闻神飨馨香，隆四时之祈报，庙宇轮奂，壮一方之观瞻。如Δ乡Δ庄旧有Δ庙一座，诚妥神之灵府，栖真之奥区也。但历年久远，渐即倾圮，风摧栋折，雨蚀瓦崩，□经者犹为伤心，屡睹者更为扼腕，欲加新造，重整旧观。然而大厦将倾，非一木所能支，众神并建，实孤村所难就，为此募化四方，仁人君子同□等缘共襄盛举，集众美以成裘，合群文而为锦。神获凭依之所，功莫大焉。人尽昭假之诚，福无量矣。

修桥碑文

□来江河，济以舟楫，而沟渎则济以桥梁，大抵然也。吾族夹水而居，东西分列，朝夕往来，非桥不能通。旧有一桥，不知始自何年，创自何人，车辙人迹，日就残毁。Δ年族人共议重修，勉余□督，计费万金，悉出本族，并不募诸他乡姓。斩石挑土，月余告成。规模则仍旧，气象则增新。总无雁凿排空之势，而病涉之忧万年可免。工竣之余，刻石记焉。称曰瑞桥。凡捐资之人，悉载碑阴。上者居上，次者居次，非敢施劳也。聊以示世□，无忘修补云焉尔。

大安社修堤河桥碑文

齐唯堂

尝考堤河大桥有五，至今仅存其二。其一在北于违二三里，计同治十年业已重修矣。惟□□河中央，尤为东西往来通衢。潍水溢，水自王老仪沟北下，必经此而注诸海。海水潮来，沿河而上者，逶迤不下数十里，兹适当其冲也。地势洼下，路途泥泞，其宜建□也。桥固□，今去盛而必衰者，天道也，成而必亏者，物理也。念兹岁久断裂，淤泥浸平，往来之人临可返驾，兹有桥而无桥矣。不□慨哉！戊寅冬，诸父老□襄□义举，无奈饥馑荐臻，家室屋空，遂以卒业而不果。幸而慷慨好义者出捐资助，□仍其地而广大之，而此役遂成。夫乃叹物之穷变通矣。兹曰：天命岂非人事哉！

孙子庙碑文

古来能御大灾则祀之，能捍大患则祀之，以劳定国则祀之。仰惟孙子固齐之屏藩也，胸藏韬略，心怀忠直，兵书十三篇。绳其祖武，又复□学于鬼谷先生，故运筹帷幄中，决胜千里外，当桂陵一战，赵国赖以不坠；马陵一役，韩人恃以无恐。救邻之灾，恤邻之患，并能使临淄、即墨间七万户之众，毫无荼毒。功德之赫赫一时者，自足昭昭千古也。况功成即退，道修闾山，至岁余而人忽不见。或以为度之而出世矣，抑知其神化不可测乎？所以绵延至今，崇祀不绝，香烟不断。每逢月正，驾出旬宣，远迩士女，贴拜尊颜。盖以感之深，斯敬之切也。兹于癸未春正月，约善士信人共结香社，建此贞珉，永垂祀典，以志不忘云。

前有四大字“列同霜日”。

（七）乡规民约

禁约　为放麦苗

合庄共议为禁条事。盖闻朝廷有法度，乡党有禁，约条法度，维持天下。禁条爰束一庄，缺一不可也。夫国以民为本，民以食为天。各家及时种苗，急望米成熟，上纳国税，下养父母。此麦之种，性命攸关。近有不法之徒，往往撒放牲畜，践含麦苗，损人利己，深可痛恨。合庄共议，立此禁约。立自以后，如有再放牲畜者，罚钱若干。见者不言，一经察出，亦罚若干。如罚不服，执此禁约，赴官公夺，决不食言。

墓茔禁约

盖闻佳域腾域，幽灵所凭依，芳树瑞草，先人之庇荫。况祖茔尤合族所发祥之地乎。不意有不法之徒，携筐带笼，擅取草木，大犯礼律，最为可恶。因此合族议立罚约，各宜薰论子弟，训诫童稚，勿剪勿伐焉可也。向后如有再犯者，罚钱若干，外具礼仪，呈茔□罪，见之故为隐匿者，罚亦如之为者。如有不服，无论亲疏，合族公夺，决不食言。

墓中栽树罚约

盖闻乔木为故国之光，墓树乃先人之依，理宜培植，不可损坏。如吾族Δ茔在Δ处，新栽Δ树若干株，根力未深，枝叶未茂，不耐伤损。爰立罚约，立告白，全庄人等各宜训诫子弟，勿使摧残剥落。如有不遵约束者，赴官公夺，绝不宽恕。

当老人会文

立罚约人ΔΔ，情因人子事亲送死，尤重于眷生，棺椁衣衾，无财不可以为悦，遂大家共议，特立一会，以备大事。约定凡在会人等，一遇亲丧，即具贴讣，定期会吊，每人奉钱若干。致吊灵前，殡时亦具贴达知，每奉贴仪若干，送殡或人或钱。如有不到者，罚钱若干，大家饮酒。日久年远，或有逃亡拐骗者，大家公摊。或殡时天道不便，同会人等，协力奉重，不许脱逃。吊丧送殡日期，会首持纸以便记账。约定之后，凡在同会，各宜懔遵。

老会文

盖闻竭力者人子之职，通财者朋友之情，孝与义者皆吾人所宜兼尽者也。然孝莫大于送死，而又莫大于助丧。故董永自鬻，孝以久仰于往古，范雍捐租，义举犹钦于今兹。古之人孝义兼尽，良可慕也。唯是同家亲友，约会一党，喜则于庆，丧则于吊，使人子又竭力之资，朋友有通财之义，□务期如古人之孝义兼尽云尔。谨将所订会规开列于后。

分单

立分单Δ人。盖闻江河万流而一源，枝柯分茂而同根，手足之情，无时或异，但因子犹众多，勤惰不一，日后消长难料，苦乐不均。为此，请亲友族人将祖父所遗产业，均分几分，兄弟几人，各执一纸，以为久照。今将所分田宅、器物，开列于左。

又

立分单Δ人，因年老性慵，不能料理家务。为此，请亲友族人将祖父所遗田产物业，品搭均分，各执一纸，以为久照。所分田产物业，开列于后。

继单

立继单Δ人。盖闻由委溯源，理莫先于正派，援条续干，义无有取于旁枝。封三恪以延义农，安不知为疏族，立东楼而续夏辰，岂必果为嫡传。先王制典，继绝之典不其然乎？贤者笃睦族敦宗之情，良有以也。兹因族弟Δ人，年近几旬，子嗣尚缺，幸ΔΔ有子

Δ人，深念宗祀攸关，不忍坐视斩绝。爰依族长公议，兼聆亲友昭训，慨命亲生第几子Δ人，出承其祧三年，早已过房。于今敬书质剂，总属移花接木，实则一本同根，彼此意首心安，各无猜嫌反悔。伏愿自此以往，朝夕承欢，箕裘克振，将庐第之高风弥敦，邓攸之苦楚必释焉。况此子总角，突尔戴弁，目前即是婚期，倘得瓜瓞绵绵，奕世之蒸尝攸赖，诚为天下恩浩。吾族之福泽无疆矣。爰书锦帛，永存证验。

继　单

张松年，原张恩光之子，承其伯父之嗣，因老缺嗣，松年以其长子继之。

主继单人张松年，切念金玉联肩，方显家门之盛；桂兰绕藤，始称世系之隆。无若邓攸之愁苦，可不代为释乎？庐第之高行，更宣有以敦矣。然移花接木，抑或有取于旁枝，而由委溯源，理莫先于正派。兹因吾叔Δ人，年已耄耋，嗣续尚缺，念及承祧，应为预谋。况吾叔原吾生父，吾子即叔嫡孙，更不殊分港别潢，引归沧海，蚁□鹳垤，藉补泰山也。爰是谋之族人，商之亲友，奉古来继绝典灭之规，遵今时选贤择爱之例。谨命吾子Δ人，出继吾叔之祧，即日便使出房，在吾□为割爱，当时便令入室，在叔依旧含饴。伏愿自兹以往，朝夕承欢，箕裘克振，更可瓜瓞绵绵，奕世之蒸尝攸赖。诚为天恩浩浩，吾门之福祚无疆矣。是为继单，永存证验。

招赘单

立招赘单Δ人等，年老无子，又兼近支无人应继，只有一女，年将及笄，权为招赘，以承先嗣。适有Δ人第几子，岁已若干，家贫不能为成婚，情愿为赘，两家俱出意恳。今于Δ月Δ日，同亲友族人共成此事。既成之后，自应一心于照，不可二三其法，夫随妻姓，婿尽子职。男不亲迎而有室，女不于归而有家。二姓合一姓之好，一代延百代之传。凡属姻族，共立此单，以乘永久，以正后记云。

招赘单

常思天下事，有常不能无变，而人之处事，守经又当守权，故有子以承祧者，其常也，无子而过继者，变而不失其常也，惟身无子而又无可过继，则变之中又变也。使不有权以通之，不几终于无后乎？正矣，权之为用大也。兹有Δ人，年若干岁，犹然缺嗣，今无子矣，而又无可过继，非变之中又变乎？幸也尚有一女，年将及笄，凭亲眷说妥，情愿坐招Δ人之子为婿，却不名为婿，而为子。不以甥礼管，而以后嗣托。本系Δ姓，今改Δ氏，养老送终，非异人任矣。所有家业，全属此人，他人不许争执，此所谓通权以违变者也。恐后无凭，立此单存证。

卖妾婚单

立婚单Δ人，有妾Δ氏，年若干岁，独无子女。因妻妾不和，兼之失守妇道，义不容留人。情愿改嫁Δ人为正室，永无违碍等情。异日如有不测，有买主一面全管，不跟卖主相干。后定彩礼，京钱若干，当交不欠。娶后无凭，立婚单为证。

卖妻婚单

立婚单Δ人，自幼凭媒聘定Δ氏为妻，年若干岁，未有子女。因年景饥荒，失守妇道，义不容留。与伊娘门Δ人所议汉协妥，未有异词，情愿改嫁Δ人为正室。如有违碍等，情由买主照管，与卖主无干。后定彩礼，京钱若干，当面交足。娶无凭据，为立婚单存证。

退亲字

立退亲字Δ人，因Δ孙子名ΔΔ病故，遗妻Δ氏，年若干岁，无子又无过继，不愿终守。有彩礼若干，面交无欠，情愿退婚，任其母家另与择配，不于婆门相干，娶无后凭，立字为证。

(八）祈愿文疏

立愿誓ΔΔ为ΔΔ身得急疾，亲口许下口愿，今疾未愈□□，愿他□一身带去于他人，永无系累。Δ年Δ月Δ日　立

疏　文

其疏主人系山东莱州府昌邑县Δ社Δ庄Δ道居住，为ΔΔ□阴锁

一条，未经开释。今逢奠雁/于归良辰，在天地台前对锁符娘娘收锁开释。自此以后，永保平安，感法无极焉。

许替身还愿文疏

都昌Δ乡Δ社Δ庄Δ甲俗人Δ人，为Δ人身患Δ疾，曾以使女许到Δ神案前，以备使用。今将使女送到，以作Δ人之替身。香纸俱全，伏祈！

永保平安　尚飨！

光绪Δ年Δ月Δ日

替身之愿已还而又烧□送给替身使用文疏

都昌Δ乡Δ社Δ庄Δ甲俗人Δ人，为Δ人有疾，曾许替身一个，名叫ΔΔ，业以送到，以备使用。今逢佳节，敬备香烛之仪，□□于Δ神面前，伏祈！

捎去喜钱，务分于替身Δ人使用，永保无恙！

光绪Δ年Δ月Δ日　行疏

未有病生前扎柜子盛艮□烧过去着库官存着贴封皮文疏

都昌Δ乡Δ社Δ庄Δ甲俗人Δ人，为Δ为扎柜子一个，内藏金银财宝，烦车脚力士送之库官收存，以待百年之后自许本人使用。强神恶鬼不准争夺，如有差失，封皮为证。

封皮文

运把钥匙柜上带，不许恶鬼乱于开；待到本人百年后，始得用锁自取财。

光绪Δ年Δ月Δ日　谨封

钥匙经

钥匙经，幽冥通，虔心诚意告神灵。忝为先父/母辞旧世，金柜一樺送阴城，内盛金银共财宝。金锁银钥自获封，强神不许夺，恶鬼不许争，本人到时自开取，诚心敬献钥匙经。

光绪Δ年Δ月Δ日Δ人为Δ人敬献

钥匙经

东西南北十字街，四方铜锁实坚哉！金打钥匙投金锁，手拿双簧两下开。上开天门天门启，下开地狱地狱开。四面八方都开了，钥匙交给主人怀。主人公牢收拾柜，开锁还时主人来。

还 愿 文 疏

都昌Δ乡Δ社Δ庄Δ甲俗人Δ人，为Δ人自得Δ疾，升空祈祷，亲口许到Δ神案前，多少宝物，以□默佑。讵意人有善愿，神即悦之，乃其幸焉。是以吉日良辰，敬备许物，以还前愿，伏异以往，永保无恙，感法无极，恭惟上鉴。

光绪Δ年Δ月Δ日　行疏

死后带愿文

立愿誓Δ人，因Δ人得疾，亲口许下口愿，今病未愈，将所许口愿被他身带去于他人，永无系累。

夺 魂 马 子

荡荡游魂，到处留存。河边野外，庙宇山林。城隍土地，家主灶君。门神户爷，把门将军。引魂附体，重整精神。三日之内，酬谢重银。

吾奉太上老君急急如律令！

许 愿 文 疏

大清国山东莱州府平度州Δ县Δ乡Δ社Δ庄，居住俗人Δ人，因Δ人有升空祈祷，愿许鸟烛白羊□□于天地，自许之后，果获全愈，是固神灵默佑之福也。今于Δ月Δ日敬备所许之物，以还前愿。伏祈常蒙庇佑，永保无恙安康，多寿多福，载法无极矣。

今已三年，前愿还完。

嫁娶开锁文书

都昌Δ乡Δ社Δ庄Δ甲俗人Δ人，身一女子Δ名，年若干岁，有阴锁一条，至今未开，并乘奠雁/于归吉期，叩禀ΔΔ锁符娘娘赐恩开释。自此以后，永保无恙，感法无极。

恭惟上鉴！

烧 纸 文 疏

具文疏Δ人，因Δ名，出生时不正，祈锁一条，今逢吉日，享祀三代宗亲案下，神明开锁大吉，万神默佑，永保平安。

祈雨文

大清国山东莱州府昌邑县Δ乡Δ社Δ庄弟子Δ人等，因旱既□，五谷未植，以祈甘雨，以安民情，故跪而祝曰：大哉ΔΔ，帝君英灵，昭于今古，精诚可告于天地，速显灵威，大施仁法，油然作云，沛然下雨，甘霖本于下土，恩泽遍及于群生。五日以内，诉求力应，演戏之天仰答神庥。将不徒五谷所以树艺，抑且万家永为顶戴矣。

Δ年Δ月Δ日　谨具

祈生男子文

大清国山东莱州府昌邑县Δ乡Δ社Δ庄弟子Δ人，因年逾几旬，未有子嗣，今娶妾氏，怀胎有月，敬奉良辰，谨具香烛之供献，叩恳ΔΔ老母驾前，沛施鸿恩。临盆之时，赐以一男，所以承先祖以启后。不惟生者，合家感法，即没故亦在九泉会恩。迨周岁以后，长命百岁。

弟子斋戒沐浴，亲列□山/□山/□山叩谢鸿恩。伏惟尚飨！

Δ年Δ月Δ日　文具

为除妖邪上城隍庙告阴状式

具呈Δ人，年若干岁，距城几十里，住Δ乡Δ社Δ庄，为妖物作祟，恳恩捕捉事。切身为Δ人，年过几旬，气血馁弱，即强支撑，犹不能料理家务，并因又为妖邪所惑，朝夕迷昏，饮食俱废，日复一日形体难托。延医驱逐，愈伸其虐，昼夜呼号，血脉息忽有忽无，亲见此象，实怆于心。伏思魑魅魍魉，神圣已铸于鼎，土怪山妖，侠客且折其魄。窃意灵赫濯，未有不崇正除邪者也。为此呈明迫叩，仁天恩准捕捉，俾妖物伏法，本人无恙，焚顶上呈！

城隍老爷施行。

（九）药方

主要有治心疼方、治心疼兼治气心疼方、治黄病神效方、治偏口疯方、治蜜蜂子蛰方、治蝎子蛰方等。

后 记

本书是在我博士论文的基础上修改而成的。屈指数来，我对潍北乡村生活的关注已有八年之久。虽然我自幼生活在另一片乡土，但北方乡村那沉甸甸的感觉，直到今天我才略有所感。

故乡在聊城，是鲁西北平原上一个很不起眼的村落。从古到今，父老乡亲惯与土地打交道，只不过由过去的顺循四季耕耘，变成现今的蔬菜大棚操持，不变的是永远的辛劳。好在有过大年的盼头！小时候，父母有条不紊地祭天、祭地、祭祖，我虽不知究竟，却喜欢那份“神圣”与神秘。我喜欢跟着父母走亲戚、参加婚礼，不受拘束，又能享受“美食”。我喜欢听歌谣、故事、小曲、评书，随之喜怒哀乐，好几天都过不去劲儿。我也曾多次目睹兄弟分家、家长里短、邻里纠纷，很替当事人难为情……这一切曾是那么的熟悉自然，仿佛天经地义一般，乃是我所有梦幻的起点。那时我尚不知，自小生活的地方被呼作“乡土”；更不会想到，若干年后“乡土”会成为我的研究对象。

硕博士学习期间，我选择的田野点都是鲁中潍北平原的东永安村，这是个再普通不过的平原村，一如我的家乡。记得初到该村，是2011年初秋时节，那份惶惑记忆犹深——眼前这其貌不扬的村落，我究竟该怎样研究！随着一次又一次的往返调查，看似平凡的村落，逐渐展现出不平凡的一面。乡民们的朴实与坚韧、智慧与幽默，在潜移默化中让我受益良多。长达八年的田野调查过程，我虽然辛苦，但备感充实。

最应该感谢的是善良的东永安村父老乡亲！八年间我不断往返，访谈村民不下数百人次，村民丛乐训、齐忠华、吕瑞孝、吕述增、吕成英、吕世敬、吕言忠、吕昆明、吕瑞婷、吕瑞钦、吕世能、吕世海、丛延俊、丛兴江、丛悦明、齐乃信、齐乃瑞、齐忠诚、齐汉庆、齐彭涛等，都曾多次接受我的访谈，提供了宝贵的口述资料，对我帮助甚大。特别是见多识广、博闻强记的丛乐训大爷，一次次向我叙说村落的历史与民俗，还每每留我在家吃饭；他的老伴吕瑞婷大娘也已年过八旬，不辞辛劳亲自下厨，还经常跟我开玩笑，怕我有丝毫的局促困窘。还有齐忠华大爷，为了便利我的研究，特意绘制了村落规划前后的地理空间示意图……让我难忘的事还有许许多多。在此，谨向东永安村村民表达我的崇高敬意，感谢你们！

由于研究的需要，我还多次赴瓦城村了解孙子庙的历史，瓦城村傅正铎、赵玉荣等多位村民耐心地为我讲述村落历史和民俗，提供了很大帮助。还有附近渔洞埠村、远东庄等村的村民，也曾多次接受我的访谈。在此，我要向他们表示诚挚的谢意！还要提及的是，昌邑市非遗保护中心的王爱海主任、李云龙先生等为我提供了许多帮助；寒亭区政协文史委张宝辉主任，对于潍北社会的熟悉与理解让人钦佩，为我出了不少主意；以乡土画风见长的著名画家刘铁飞老师，曾无数次开车载我下田野，为我的调查提供了诸多便利。他们对我是那样的无私、善良而诚恳，请允许我在此一并致谢！

我在读博期间幸遇三位导师，这可能是我一生最大的幸运！在本科期间，即有幸聆听张士闪教授的艺术民俗学课程，为我打开了一扇学术之窗。从硕士阶段投师门下，再到攻博期间对我特别的“拔苗助长”，我受到了系统而严格的学术训练，大有脱胎换骨之感。如今我虽已是一名高校民俗学教师，自知距他的期望还差得很远。在此，我要向我的学术领路人张士闪教授致以深深的谢意！还要感谢我的合作导师李松主任，他在文化部的工作非常繁忙，却不忘指导我的学业。特别是他在田野中所表现出来的敏锐洞察力与深邃分析能力，每每使我有茅塞顿开、柳暗花明之感。我还受益于教育部“国家建设高水平大学公派研究生项目”，2015 年 9 月远赴美国俄亥俄州立大学（The Ohio State University），接受东亚语言文学系主任马克·本德尔（Mark Bender）教授整整一年的指导。马克教授尽管工作繁忙，却依然每周抽出时间跟我讨论学术问题，为我提供一些难得的外文资料，并带我多次走访俄亥俄州村落社区。谨向和蔼可亲、言谈幽默的马克教授遥致诚挚谢意！

还要感谢赵世瑜、耿波、施爱东、张小军、赵旭东、王琛发、常建华、刘晓春、马知遥、林继富等老师们，他们在我博士论文的开题和答辩之时，提出的诸多宝贵意见将使我受益终生。特别是赵世瑜、耿波二位老师，曾对我的论文给予诸多具体指导，其严谨的治学精神让我深深叹服！我还有幸得到了山东大学民俗学研究所的刘铁梁、刘宗迪、朱以青、王加华、刘德龙、王丕琢、李浩、刁统菊、赵彦民、龙圣等各位老师的指导与帮助，谨向他们致以诚挚的谢意！也感谢山东大学民俗学研究所里给予我帮助的师兄妹，以及其他帮助过我的同学好友！还要感谢山东青年政治学院文化传播学院刘绍芹院长和赵玉亮、王斌等各位老师，他们承担了《“烧大牛”》节日影像志的拍摄工作，为我提供了丰富的影像资料，这为我论文的研究提供了难得的立体视角。另外，不能不提及的是擅长吟诗作画的赵林云老师，他曾多次前往东永安村调查，凭借艺术家特有的直觉感悟乡村习俗，每每率性点评，启我良多。感谢你们！

还要感谢香港中文大学历史系的科大卫、张瑞威、贺喜等诸位老师！在他们的帮助下，我有幸于 2014 年 12 月参加香港中文大学“明清大运河的社会史”学术研讨会，并获得了该校 2015 年“内地及台湾学生暑期研究体验计划”为期两个月的访学机会。博士毕业后，我还有幸前往香港中文大学跟随张瑞威教授从事“中国社会的历史人类学研究”项目（香港特别行政区政府“卓越学科领域计划”资助）博士后的研究工作。这些学术交流活动，对我学术视野的拓展大有帮助。

最后，我要特别感谢我的父母。他们一直在乡下躬耕田亩，却对知识学问极为尊重，对我稍显漫长的求学生涯给予了最大限度的理解与鼓励。这些年学业压力大，我很少回家，父母为我诸事操心。每念及此，心下颇觉不安，幸有哥哥姐姐一大家人陪伴父母左右，天伦情深。我深知，我的梦想也是他们的期望，唯有兢兢业业上下求索，方对得起二老及诸多亲人的恩情！

我知道，乡土砌刻着人类文明的起点，永远是人们难离的家园。村落，是我梦想的起点，也将是我心灵永远的归宿。我深知，村民的质朴与智慧，村落的厚重与神奇，是难以用文字来表述的。匆遽成书，就更是遗憾良多。唯愿将本书当作我新的起点，常常行走在青葱田野，继续听父老悠悠诉说。我愿在乡土之路上，走得更久更远。

李海云

2019 年 7 月 28 日于济南